LEYENDAS
LEGENDARIAS

BADÍA × LOLO × BORRE

ILUSTRADO POR EL DEE

ÍNDICE

AGO-02-2022

Tres aspectos conforman el universo en el que vivimos: lo que podemos ver, lo que podemos entender y lo que permanece escondido. Es este último el que ha motivado a la especie humana, desde sus inicios, a investigar, ponderar y crear.

La compulsión de acercarnos a lo extraño, lo diferente, lo oculto, está muy arraigada en nuestros cerebros; constantemente araña nuestros sentidos, impulsándonos a buscar y a aprender sobre lo desconocido. Queremos hacer visible lo invisible para poder entenderlo; por eso son fascinantes los temas que se tocan en *Leyendas Legendarias*. Lo que algunos llamarán morbo es mera curiosidad, y es la curiosidad la que ha cambiado al mundo.

¿Cuál es el sentido de preguntarnos si las fabulosas naves que son fotografiadas navegando nuestros cielos son producto de una civilización lejana del cosmos que viene a visitarnos, si son artefactos de otra dimensión, o si están tripuladas por entidades inteligentes?: despierta el sentimiento de que no estamos solos en esta piedra azul, al tiempo que siembra la idea de que existe la posibilidad de algún día lograr visitar el cosmos, conocer otros planetas, entidades y, como especie, poder cambiar la estructura primordial del universo gracias a nuestros conocimientos.

Indagar sobre los factores que tuercen una mente humana al grado de llevarla a cometer atrocidades, y explorar sus métodos, como se hace en este libro, nos enfrenta a la complejidad de la psique. Conocer las técnicas que se han desarrollado para identificar y atrapar a los asesinos en serie y otros monstruos reales desarrolla un pensamiento crítico, de deducción y lógica que satisface nuestra necesidad de resolver misterios. Adentrarnos en las mentes de los que han cruzado líneas que no se deben cruzar nos ayuda a entendernos mejor como personas.

Ponderar la posibilidad de que en nuestro mundo existan el fenómeno paranatural, los espectros y los críptidos nos aterroriza, pero más que nada, nos maravilla.

Si considerar que no estamos solos en el universo nos da esperanza, el fenómeno sobrenatural nos puede enseñar, a su vez, que no estamos solos en nuestro planeta, y eso podría acercarnos a la posibilidad de que la conciencia no tiene límites, que la energía corporal puede quedarse «grabada» como un registro holográfico de nuestra historia. El simple concepto de entidades fuera del espectro observable, que rondan por ahí, lanza preguntas que chocan con los límites de la ciencia; lograr sacarlas de esa oscuridad y traerlas a la luz de la comprensión, nos ayudará a entender mejor el lugar en el que vivimos.

████████████ Descubrir las maravillas y las estupideces que hemos hecho como especie es iluminador. ████████████████████

La historia nos ha enseñado que por cada acto de tiranía, por cada catástrofe y por cada acto de terror hay miles de episodios de seres humanos usando su creatividad, inteligencia, bondad, valor y sentido del humor para crear obras asombrosas que han cambiado y mejorado el rumbo de nuestra especie.

Este libro es un pequeño compendio de algunos de esos casos de crimen real, fenómenos paranormales e historias peculiares que nos han inspirado a echar a andar ese motor que nos impulsa a estar en constante movimiento: la curiosidad.

SINCERAMENTE,

José Antonio Badía   Eduardo Espinosa   Mario López Capistrán

¿CÓMO IDENTIFICAR SI TU INVESTIGADOR PARANORMAL ES UN FRAUDE?

EL QUE SE QUEDÓ EN LOS NOVENTA

* Es alérgico a las mangas porque tapan sus tatuajes de 50 pesos.

* Es un mitómano incorregible.

* Sus «casos» son tramas de películas de terror de hace 40 años.

* Se aprovecha de temas mediáticos sensibles para hacerse publicidad.

* Utiliza videos de otros investigadores y los muestra como propios.

* Cobra por cursos para impartir conocimientos que no tiene.

* Se cree *rockstar* pero no sabe afinar una guitarra.

* Les pide a sus ayudantes que hagan ruidos o muevan cosas para grabarlas como «evidencias paranormales».

* No conoce el origen de la güija.

* Todos los casos son culpa de «demonios».

* Inventa organizaciones y acreditaciones para darse validez como «experto paranormal».

* Piensa que *Expedientes Secretos X* es un documental y jura haber trabajado con ellos.

* Defrauda y engaña a personas que realmente necesitan ayuda.

LOS QUE LE ECHAN LA CULPA DE TODO AL DIABLO

ELLA:

* Asegura tener habilidades de clarividencia.

* Atiende mayormente a familias católicas porque «todo es culpa del demonio».

* Inventa historias de empleadas domésticas malditas para culparlas de todo (Bathsheba).

* Finge hablar con muñecas de trapo.

* Obliga a la amante de su esposo a hacerse un aborto para cuidar la imagen del negocio.

ÉL:

* Se autoproclama «demonólogo».

* Le pide a su asistente que se ponga una sábana encima y se haga pasar por «fantasma».

* Contrata a un escritor de ficción para que redacte sus casos.

* Quiere curar todo con exorcismos.

* Se consigue una amante menor de edad y la embaraza.

AMBOS:

* Les importa más el dinero que ayudar a quienes les piden ayuda.
* Ayudan a abogados a convencer a un jurado de que un asesino mató «porque el diablo lo obligó».
* Provocan la muerte de una persona y la encarcelación de otra.
* Ponen un museo con objetos «embrujados» que son baratijas de ventas de garaje.

RECETA
PARA
CREAR UN ASESINO EN SERIE

INGREDIENTES

MADRE CASTRANTE

1. COMIENZA CON UNA BUENA PORCIÓN DE MADRE CASTRANTE.

PADRES AUSENTES

2. EN CASO DE NO TENER UNA, PODEMOS INICIAR CON UNA O DOS PORCIONES DE PADRES AUSENTES.

ABUSO PSICOLÓGICO

3. AGREGA ABUSO FÍSICO O PSICOLÓGICO (AL GUSTO).

4. **DEJA REPOSAR DE SEIS A OCHO AÑOS,** hasta que aparezca la Tríada McDonald:

A) **CRUELDAD ANIMAL**

B) **HACERSE PIPÍ EN LA CAMA**

C) **PRENDER FUEGOS**

DETONANTE

5. **AGREGA UN DETONANTE A SUS 20 AÑOS (APROX.);** por ejemplo, la muerte de un ser querido.

¡LISTO!

6. **YA TIENES UN ASESINO EN SERIE.** Puedes aderezar con autoridades incompetentes para que se mantenga activo más tiempo.

LA MATAVIEJITAS

DESPUÉS DE VIVIR TODA MI VIDA EN MÉXICO ME HE DADO CUENTA DE QUE HAY UNA SOLA PALABRA PARA DESCRIBIRLO: ==SURREAL.==

Si no, cómo explicar la historia de la profesional de lucha libre que era asesina serial y utilizaba las llaves que aprendió peleando en el ring para asesinar a la población femenina geriátrica de la Ciudad de México, desde finales de los noventa hasta mediados de la primera década del siglo XXI.

Es que no se vale, se ponía a pelear en la categoría senil para sacar ventaja.

¿Qué es geriátrica?

Su nombre: **JUANA BARRAZA.**

Una de las asesinas en serie más prolíficas del mundo, y de las pocas que mataban de forma violenta. Una mujer multifacética, vendedora de ropa vieja, enfermera, luchadora y mataviejitas.

Un verdadero ejemplo del poder del *multitasking*.

Además, en su tiempo libre era cerrajera: hacía «llaviejitas».

Pero antes de que existiera la Mataviejitas nació Juana Dayanara Barraza Samperi, un 27 de diciembre de 1958 en Pachuca de Soto, Hidalgo.

Su madre, Justa Samperio, era una prostituta de 13 años quien conoció en un bar a Trinidad Barraza, de 18 años, el futuro padre de Juana. Además de pederasta, ganadero y cobrador de camiones, Trinidad era conocido por «criar chivas y procrear hijos», y el pueblo es sabio, porque de varias mujeres tuvo 32 hijos.

Con este l-a-r-g-u-í-s-i-m-o currículum, Trinidad obtuvo un puesto en la Policía Judicial y luego llegó a ser comandante en Epasoyucan.

Estos dos «padres del año» tuvieron dos hijas: Ángela, la mayor, y la protagonista de nuestra historia: Juana. Tras cinco años de vivir en unión libre con Trinidad, Justa decidió abandonarlo. Ángela, de 2 años, quedó encargada con un familiar, mientras que su madre y Juana, de meses, se mudaron a Villa Margarita, a la casa de la abuela de Juana. Pero la abuela tenía un amante: Refugio Samperio, quien, para sorpresa de nadie, después de un tiempo comenzó a tener relaciones con Justa.

Las chivas fueron los primeros animales domesticados, en el año 10 000 a. C.

> Creo que cuando la gente dice «todo se queda en familia» no se refiere a eso.

A pesar de esto, Refugio era considerado «buen tipo», especialmente con Juana, quien quería mucho a su padrastro-abuelastro. Juana no asistía a la escuela; de hecho, ni siquiera la dejaban salir de la casa, por lo que no aprendió a socializar, ni a leer ni escribir.

> Yo tampoco aprendí a socializar, y ando al cien.

> Al cien cien, no.

> Yo, en el mejor de tus días, te daría como máximo un 73.

Para agregar desgracia a la espantosa vida de Juana, su madre era alcohólica... y un día vendió a Juana, de apenas 13 años, a José Lugo, de 40 años, por la módica cantidad de... medio *six*.

> Perdón, pero creo que saber si las cervezas eran medias o caguamas es de vital importancia.

Las tortugas caguamas viajan un chingo: 12 000 kilómetros al año. Son de las tortugas que hacen viajes más largos.

Su vida con este monstruo fue horrible. Durante casi cuatro años Lugo abusó sexualmente de Juana y ella misma describe que la tenía amarrada casi todo el tiempo a la cama. Quedó embarazada por primera vez a sus 13 años y se realizó su primer aborto. Tres años después, otro embarazo y su primer hijo.

Dios da, Dios quita.

En este caso fue Dios quita, Dios da.

La salvación de esta vida de abuso y esclavitud provino de Refugio, quien buscó a Juana, la encontró y la ayudó a escapar saltando una barda. Juana traía a su bebé en brazos y tuvo que meterlo en una cubeta y lanzarlo hacia el otro lado del muro, donde les esperaba una nueva vida.

En 1980 falleció Justa, a sus 48 años, de cirrosis. Juana no fue a su velorio. Tiempo después murió la única persona que se llegó a preocupar por ella: su padrastro-abuelastro, Refugio. Entonces, sin nada que la atara a Hidalgo, decidió mudarse junto con su hijo a la Ciudad de México.

Lo bueno es que su hijo ya estaba acostumbrado a espacios reducidos.

Sin saber leer ni escribir, sus opciones para empleo eran pocas. Trabajó de sirvienta, vendedora de ropa y gelatinas, incluso estuvo un tiempo, como Jeffrey Dahmer, trabajando en una fábrica de chocolate, pero a diferencia del caníbal de Milwaukee, la estancia en esta fábrica causó que Juana desarrollara un disgusto por el olor a chocolate que le duraría toda la vida.

Sí, hay unos chocolates que huelen como a colita. A mí me pasó cuando trabajé en un restaurante de sándwiches… desde entonces me da asco el olor de ese pan. También huele a colita.

Igual que el olor a colita, los ciclos de violencia son difíciles de superar y Juana es un claro ejemplo de esto. Tuvo dos parejas: un alcohólico que la golpeaba y un chofer de transporte público, que en realidad era un sicario y la abandonó, muy probablemente porque lo ejecutaron.

Pero ella seguía en busca del amor y a los 23 se casó con Miguel Ángel Barrios García, con quien procreó una hija. Como su madre, tras cuatro años de relación se separó de su pareja. Luego vivió casi 10 años con Félix Juárez Ramírez, con quien supuestamente tuvo a sus otros dos hijos.

Más que árbol genealógico, parece maleza silvestre.

Hierba mala nunca muere… pero a veces mata.

Entre todos los trabajos que tuvo Juana, el de vendedora de palomitas de maíz en funciones de lucha libre fue el que cambiaría su vida, la de sus víctimas y la de la historia de México.

Un día, casual, uno de los encargados de la arena le propuso a Juana que se convirtiera en luchadora. Ella no solo era fanática del ring, sino que con este trabajo podría ganar de 300 a 500 pesos por pelea, mucho más de lo que ganaba vendiendo palomitas. Entonces, la muy callada Juana accedió y el mundo vio nacer a la Dama del Silencio.

Dale, ¡con la silla!

Iba a ganar más que un obrero, trabajando menos.

Y vistiéndose mejor. Su primer traje de luchadora fue negro. Su máscara de mariposa también fue negra, en honor a la Santa Muerte y sus íconos.

Pero la vestimenta con la que se haría famosa como ruda consistía en un ajustado traje elástico color rosa fosforescente con vivos en dorado y un antifaz en forma de mariposa, que la hacían ver como villana de los Power Rangers región no-hay-presupuesto. Juana hacía lucir su atuendo, entrenaba dos veces por semana y, en sus palabras, «levantaba pesas, hacía abdominales, llegaba a levantar hasta cien kilos, cuatro series de 10 cada una. También corría, y bajaba y subía escaleras».

Proteína + atún en tupper + jeringa con esteroides = desayuno de campeones.

Tal vez Juana pudo haber sido una campeona, pero parece que su tatarabuela atropelló a una gitana que le puso una maldición a la familia.

S-u-r-r-e-a-l. Porque justo cuando parecía que las cosas estaban saliendo bien, la vida le dijo: «No, ni madres». Y en una mala caída, durante una de sus peleas, Juana se lastimó la espalda tan fuerte que los doctores le prohibieron volver a pelear. Otro golpe y podría quedar paralítica, Juana se retiró del ring y por algún tiempo se dedicó a ser promotora, llevando a varios luchadores a otros estados.

En 1995 nació su cuarto hijo y, desesperada por dinero, Juana comenzó a hurtar; primero artículos pequeños de tiendas y partes de automóvil. Posteriormente comenzó a robar casas. Para esta nueva profesión invitó a su comadre, Araceli Tapia Martínez.

Juana la emprendedora cuajó un plan sencillo pero efectivo: consiguieron ropa de enfermeras y buscaban a personas de la tercera edad. Se presentaban a sus puertas y les decían que eran del gobierno y estaban ahí para ayudarles a cobrar su pensión, entonces entraban a las casas y se robaban artículos de valor.

> Yo hubiera sospechado desde el momento en que escuchara: «Hola, somos del gobierno, venimos a ayudar».

Este *modus operandi* funcionó por un buen tiempo, pero en algún punto la comadre abandonó a Juana para dedicarse a lo mismo, pero por sí sola, decisión que le mordería el trasero en un futuro.

Pasó un tiempo, Juana seguía robando a las viejitas, hasta que la maldición gitana volvió: un comandante de la Policía, de nombre Moisés Flores Domínguez, la capturó, y el hijo de su chingada-parte-del-problema-sistemático-del-país, en lugar de llevarla a la cárcel, comenzó a extorsionarla...

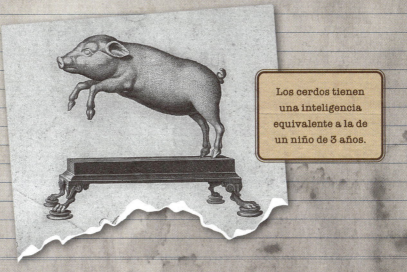

Los cerdos tienen una inteligencia equivalente a la de un niño de 3 años.

Ahora Juana tenía que mantener a cuatro hijos y a un maldito policía, quien de haber hecho su trabajo quizá pudo haber evitado lo que sucedería en los próximos años.

> Se me hace más factible toparme a Bigfoot en la calle que encontrar a un policía haciendo bien su trabajo.

No se sabe exactamente cuándo fue que Juana mató a su primera víctima. Se cree que pudo haber sido desde 1998; aunque oficialmente se dice que su primer crimen fue en 2002. Es muy probable que la primera fecha sea la correcta.

Según los estudios sobre este tipo de criminales, es común que exista un detonante que al final convierte a un asesino o asesina en potencia en alguien que mata en realidad. En el caso de Juana seguramente fue la muerte de su hijo primogénito, quien fue abatido por una pandilla a batazos en un asalto.

> … y el hijo de Juana se va, se va, se fue.

Este *home run* ocurrió entre 1998 y 1999, lo que pondría el detonante, y los primeros crímenes que se sospecha que fueron cometidos por Juana, en un mismo punto cronológico.

Lo que sí es un hecho es que en estas fechas la prensa comenzó a reportar sobre un asesino en serie a quien apodaron el Mataviejitas. Obviamente la Policía capitalina negó cualquier conexión entre los crímenes.

> ¿Ves cómo no hacen bien su trabajo?

> No como Juana, que era bien luchona.

Pero esa relación entre los asesinatos fue imposible de ignorar el 25 de noviembre de 2002. Juana Barraza, vestida como enfermera y haciéndose pasar por una trabajadora social, llegó a la casa de María de la Luz González Anaya, quien vivía en la colonia Alianza Popular Revolucionaria, en Coyoacán. Y con su técnica previamente utilizada para ingresar y robar, logró convencer a la abuelita de 74 años de que la dejara entrar.

En un punto la anciana hizo un comentario denigrante hacia Juana; esta se abalanzó sobre ella y le aplicó una llave de lucha libre para dominarla. Después la arrastró hasta un sillón, donde la estranguló hasta que murió. Dejó allí el cadáver y se dedicó a desvalijar el departamento.

Detective Capistrán, encontramos el cuerpo de una mujer, parece haber sido víctima de una «quebradora».

¿No querrás decir osteoporosis, oficial Espinosa?

Sé exactamente lo que dije.

Los crímenes aumentaron bruscamente después de esto.

Para el 5 de noviembre de 2003 la Policía tenía suficientes pruebas y testimonios para suponer que había un asesino en serie suelto. Entonces un grupo de detectives, forenses y criminólogos armó el «brillante» perfil de quien buscaban:

- Hombre
- Altura: entre 1.70 y 1.75 metros
- Edad: entre 30 y 45 años
- Sumamente inteligente y calculador
- Complexión robusta y facciones rudas, cara ovalada
- Cabello rubio o castaño, lleva las cejas delineadas
- Se viste como mujer o vive rodeado de mujeres
- Probables tendencias homosexuales
- Tal vez vive con su abuelita
- Acaso, es una mujer robusta
- Otra opción es que sean dos asesinos, o uno solo pero con personalidad múltiple
- Definitivamente le gusta la pintura del siglo XVIII *El niño del chaleco rojo*, de Jean-Baptiste Greuze, porque tres de sus víctimas tenían este cuadro en su casa
- Como una de las víctimas era española, es muy posible que odiara España

No cabe duda de que Sherlock Holmes estaría muy orgulloso de estas deducciones.

Con este fabuloso perfil criminal la policía se lanzó a las calles en una cacería y una sarta de abusos, torturas y hostigamientos en contra de todos los travestis que se podían encontrar.

Aunado al culerísimo perfil criminológico, la ineptitud y clara homofobia de los policías, también existía el factor político: esta serie de crímenes se convirtió en un arma en la lucha entre el gobierno federal (PAN) y el ayuntamiento de la capital (PRD). El PAN atacó a López Obrador alegando que los delitos violentos habían aumentado durante su mandato y culpó al plan de salud pública recientemente implementado para personas de la tercera edad como parte esencial del *modus operandi* del asesino serial. El PRD, a su vez, negó que existiera un Mataviejitas y acusó a los medios relacionados con el PAN de sensacionalismo.

Teniendo «otros datos» desde tiempos antiguos.

Hierba mala nunca muere. Y a veces llega al poder.

Y mientras todas las autoridades estaban tratando de encontrar la manera de sacarse la cabeza del culo, Juana siguió perfeccionando su modo de matar.

Primero se ganaba la confianza de sus víctimas, a veces abordándolas días antes del ataque. Una vez dentro de las casas, estrangulaba a las señoras usando llaves de lucha libre. Después cambió su método y comenzó a usar cables de teléfono, cintas de batas de baño, mecates, bufandas o el estetoscopio que por lo regular cargaba, no cabe duda de que era buena improvisando. En algunos casos reportan que apuñaló a sus víctimas y en otros incluso que abusó sexualmente de ellas.

Al ver las fotos de las escenas del crimen se notaba una ira enorme; a veces golpeaba a las víctimas de forma tan brutal antes de asfixiarlas que sus caras quedaban completamente moradas. Sin embargo, en la mayoría de los casos hacía posar los cuerpos antes de dejar la escena del crimen.

Qué cura que odiaba el chocolate y a las abuelitas.

Para desconcierto de quienes estaban tras ella, a veces parecía que no odiaba a sus víctimas. En el caso de Simona Bedolla Ayala puso un banquito debajo de sus piernas para que estas no colgaran de la cama. Lo que indicaba cierto ritual y remordimiento dentro de Juana una vez que había terminado su proceso.

Después de asesinar buscaba objetos de valor para robar; esto no es común en un asesino en serie, porque regularmente su finalidad no es económica...

pero Juana era única: mostraba patologías de asesinos en serie de ambos sexos. Por un lado, «cazaba» a sus víctimas y robaba pequeñas figuras de cerámica de sus casas como trofeos, algo usual en asesinos en serie masculinos; al mismo tiempo mataba en función de una ganancia financiera, algo típico en las asesinas en serie.

Recordemos: ella era una mujer multifacética.

¿Qué tanto le podía robar a una viejecita… rosarios, figuritas de porcelana y tazos de Juan Pablo II?

Yo creo que los tazos los vendió, porque nunca fueron encontrados.

Juana continuó asesinando; al menos a 12 víctimas en 2002, 17 en 2004 y 11 en 2005.

A la Policía capitalina estaba valiéndole madre el obvio patrón de asesinatos y seguía pasándose la bolita entre corporaciones. Continuaron usando la técnica mexicana de arrestar a chivos expiatorios y anunciando que ya tenían a su sospechoso, solo para ser expuestos con otro ataque de la Mataviejitas unos días después. Ese fue el caso de Matilde Sánchez Gallegos, una enfermera del ISSSTE a quien arrestaron en 2004 y luego dejaron ir cuando familiares y amigos lograron que las autoridades los escucharan y comprobaron que Matilde había tenido una histerectomía y había estado convaleciente más de un mes, por lo que no podía haberse involucrado en los asesinatos de los que se le acusaba.

Uff, unos tacos de birria de chivo expiatorio, hay tantos en la historia de México que podríamos acabar con el hambre mundial.

¡Qué rica la birria! Qué ricos los expiatorios y qué rico México.

Otro plato de birria de chivo expiatorio sucedió en 2003, ¿se acuerdan de Araceli Vázquez, la comadre?, pues fue detenida debido a una huella digital recogida de un vaso en casa de una víctima asesinada el 28 de octubre de ese año.

Al ser detenida, la inculpada tenía consigo un anillo y un reloj propiedad de la víctima, así como varias boletas de empeño de objetos robados a otras ancianas estranguladas. A la detenida la identificaron cuatro personas que fueron engañadas con la promesa de recibir credenciales de apoyo y sufrieron robos en sus domicilios. Araceli confesó ser culpable de casi 20 robos pero dijo que nunca había matado a nadie, solo robaba, incluso dijo que «ni siquiera aceptaba las invitaciones a comer por parte de las ancianas, era demasiado robarles como para todavía compartir la mesa con ellas». Obviamente no le creyeron y aseguraron que habían capturado a la Mataviejitas.

El gusto duró poco: 10 días después del arresto de la comadre Araceli, Juana Barraza volvió a atacar, y la Policía dijo:

—Acabamos de cometer un error, Araceli no es nuestra sospechosa, pero de todas formas la culparemos de un asesinato, nada más uno, «por si acaso».
—Y la dejaron en la cárcel.

> Claro, la sentencia «por si acaso» es referida en el código de derecho romano como *sacadis del culis*.

En realidad el perfil criminológico era tan deficiente que la Mataviejitas era definida como una mente maestra criminal...

Juana no era para nada inteligente ni calculadora: dejó múltiples huellas digitales en varias escenas de crimen y fue vista por decenas de personas, incluso una vez pasaron las dos cosas al mismo tiempo: mientras se disponía a atacar llegó la hija de su víctima, quien traía una radiografía porque se había roto el brazo, y al asumir que Juana era enfermera se la mostró para que le diera su opinión, Juana la tomó, dejó sus huellas digitales y se fue después de haber sido vista claramente.

Estaba dejando un camino de migajas y aun así la Policía no podía dar con ella.

> ¿Acaso me estás diciendo que la Policía seguía sin hacer bien su trabajo?, me estoy mareando con tantos giros en la trama.

> No era tan lista, pero bien que traía mareados a los policías.

El 28 de septiembre de 2005 las cosas cambiaron. La Mataviejitas mató a alguien de la clase alta, y así cruzó la línea que en México no se debe traspasar: la línea de la pobreza.

Su víctima fue María del Carmen Camila González, una señora adinerada, y por si eso no fuera suficiente volvió la maldición gitana... porque resultó que ella era la mamá del criminólogo Luis Rafael Moreno González, quien había sido director general de Servicios Periciales de procuradurías locales y federales, y fue así como las palancas de la justicia por fin fueron lubricadas y empezaron a trabajar para atrapar a la asesina.

Oiga, detective Capistrán, sé que ya han matado como a veintitantas viejitas y nos valió madre, pero creo que a esta sí deberíamos ponerle atención.

Claro que sí, oficial Espinosa, usted sabe que, como indica el protocolo, aquí se les da atención inmediata a personas con poder, dinero o influencias.

Así arrancó una campaña para advertir a la gente de la tercera edad, llamada «Operación parques y jardines». Le dieron este nombre porque la Policía asumió que era en los parques y jardines donde Juana cazaba a sus víctimas.

La operación consistió en repartir dibujos del posible sospechoso, uno un poco más femenino que el otro, porque todavía no estaban seguros de si buscaban a un hombre, a un hombre homosexual, a una mujer, a una pandilla o a... para este punto, yo creo hasta consideraron que el asesino podría ser Drácula. Además se elaboró un «retrato hablado tridimensional», que es lo que todo el mundo llama escultura. Aunque podría decirse que más bien era una manualidad para un proyecto de secundaria porque literalmente quien lo hizo solo «compró un busto de unicel, lo cubrió con plastilina de papelería y le puso una peluca».

Ese busto de unicel estaba más calificado para liderar la investigación.

Y estaba mejor hecho que el de Cristiano Ronaldo.

Al mismo tiempo, el procurador Bernardo Bátiz puso en movimiento la otra parte de la «Operación parques y jardines» que consistió en pagarles de 100 a 200 pesos a señoras de la tercera edad para que sirvieran de carnada humana. Para sorpresa de nadie, esta táctica no funcionó.

Ándele, señito, nomás encorve más la espalda y le damos una lana. Si la matan le pagamos el doble.

Oficial Espinosa, ¡no les diga esa parte! No nos autorizaron el presupuesto para las muertitas.

A pesar del presupuesto, las manualidades y la valentía del procurador para arriesgar la vida de sexagenarias usándolas como carnada, la «Operación parques y jardines» fue un fracaso y la Mataviejitas siguió superando a las ineptas autoridades.

Nomás les faltó ponerles una manzana en la boca, rociarlas con salsa BBQ y acostarlas sobre una fina cama de vegetales.

Tal vez eso hubiera funcionado mejor, pero la maldita parcialidad de los policías los mantenía sesgados pensando que estaban buscando a un travesti. El estigma creado por los idiotas criminólogos aunado a la homofobia policial dieron pie a que en unos meses la procuraduría detuviera y fichara a 50 travestis y transexuales, a quienes les robaban alhajas, dinero y celulares, y luego los mantenían presos sin pruebas ni cargos. Hasta que se hizo un plantón de la comunidad LGBTQ+ enfrente de la procuraduría fueron al fin liberados.

Y pasaría un año y varias víctimas más para que la Mataviejitas fuera capturada, incluso para ese momento ya hasta tenía un cómplice, José Francisco Torres Herrera, «el Frijol», quien era su taxista particular a cambio de recibir una parte del botín de los robos.

Pero el reino de terror de Juana no duraría para siempre, y su fin llegaría no por consecuencia de las tácticas utilizadas por las autoridades, el factor que por fin traería a Juana Barraza a la justicia fue... la maldición gitana.

Tú le dices maldición gitana, yo le digo «Viva México».

¡Viva!

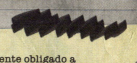

Todo mexicano está moralmente obligado a contestar un «Viva México» con un «¡Viva!».

¡VIVA!

Feggy Ostrosky-Solís narra en su libro *Mentes criminales* la última jornada de Juana Barraza Samperio el día de la captura:

Ana María, una viuda de 84 años, preparaba el desayuno a su joven inquilino, Joel López. Después de tomar el café, cada uno se dirigió a sus labores del día. Joel a cumplir con su trabajo de mesero en un restaurante cercano y Ana María a realizar las compras en el mercado. Alrededor de las 11 de la mañana, Juana merodeaba por la calle José Jasso. Fue entonces cuando vio a la viuda que regresaba del mandado, Juana se acercó a ella y le ofreció su ayuda, la anciana aceptó. Una vez en el interior del departamento, Juana le comentó que se dedicaba a hacer servicios de lavado y planchado de ropa a destajo. La anciana ofreció pagar 22 pesos por la docena de prendas, a lo que Juana replicó que era muy poco dinero. Como respuesta solo escuchó que Ana María refunfuñaba: «Así son siempre las gatas, quieren ganar demasiado».

¡Miau…toestima!

A veces te odio, Espinosa.

Esto al parecer hizo explotar a Juana, que comenzó a golpear fúricamente a la viejita en la cara, luego tomó un estetoscopio que estaba sobre la mesa, e igual que todas las veces anteriores, estranguló a Ana María, y le dio una lección de clasismo.

En el momento que Juana iba saliendo del depa, Joel regresaba de su trabajo, con quien cruzó camino. Joel notó que algo estaba raro, pero no fue sino hasta que entró al departamento y vio a su *roomie* con la cara destrozada y el piso lleno de sangre que corrió detrás de Juana. Se topó con los oficiales Ismael Alvarado y Marco Antonio Rosales, a quienes les contó lo sucedido y fueron ellos quienes persiguieron y detuvieron a Juana Barraza. La Mataviejitas había sido capturada, de suerte, por el acto heroico de un civil.

Al catear la casa de Juana encontraron diversos recortes de periódicos sobre sus ataques. Aunque no sabía leer ni escribir, guardaba las notas que los medios publicaban sobre sus asesinatos. Allí mismo tenía objetos que pertenecían a las víctimas, sus «trofeos». Luego declararía que pasaba horas en una habitación cerrada de su domicilio, contemplando y acariciando aquellos recuerdos.

> Ay, mira, este angelito de cerámica era de doña Inés, muy agradable la viejita, lástima que no pudo contra mi hurracarrana.

> ¿Qué no doña Inés compraba listones? Qué lástima que no aguantó dos de tres caídas.

Junto a sus trofeos encontraron un altar a la santa muerte, a Jesús Malverde y una especie de barril pequeño con la leyenda «Para la abundancia».

Se calcula que el número total de sus víctimas fue de 48, ella solo admitió haber matado a Ana María; al final le pudieron imputar 16 asesinatos gracias a las huellas digitales y otras pruebas. En marzo de 2008 fue sentenciada a 759 años y 17 días de prisión.

> Va a practicar 759 años de lucha en jaula.

> 759 años y 17 días es lo que se hubieran tardado las autoridades en resolver el caso si no hubiera sido por ese mesero héroe: el Meséroe.

Igual que su carrera de luchadora, su carrera de asesina también concluyó antes de lo previsto. En este caso, no porque las autoridades hubieran hecho su trabajo, sino por las valientes acciones de una persona que estuvo en el lugar correcto en el momento correcto.

Tristemente, en la mayoría de los casos de asesinos en serie esto es más común de lo que nos gustaría. En especial cuando se trata de personas que la sociedad y las autoridades no consideran una prioridad. Y sobre todo en México, donde ni siquiera existe la educación y el entrenamiento necesarios para atacar eficazmente este tipo de crimen.

Así que en lo que estas cosas cambian, el mejor consejo para mantenerte seguro es, como dijo el detective Capistrán, procurar ser una persona con poder, dinero o influencias. ∎

TRIVIA TENEBROSA:

EN PRISIÓN, LA MATAVIEJITAS SE HIZO AMIGA NADA MÁS Y NADA MENOS QUE DE SARA ALDRETE, LA NARCOSATÁNICA, QUIEN COMENZÓ A ENSEÑARLE A LEER Y ESCRIBIR. Luego le enseñó cómo controlar el mercado negro de medicinas dentro del penal de Santa Martha Acatitla. Con lo cual ambas se hicieron muy poderosas, y gracias a eso disfrutan de lujos como tequila, drogas y cenas donde conversan de sus pasados delictivos con sus amigas Sandra Ávila Beltrán, la Reina del Pacífico; Cantalicia Garza Azuara, la Reina del Golfo, y ni más ni menos que con Elba Esther Gordillo, la Gollum de Chiapas, antes de que saliera de prisión.

TIPOS DE OVNI/EBE

DISCO

- Tienen forma de Platívolos Marinela.
- Vistos de lado parecen balón de futbol americano.
- Vistos desde arriba parecen senos de investigador paranormal que se quedó en los noventa.

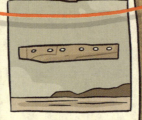

PURO O *CIGAR* EN INGLÉS

- Como si un vagón de metro estuviera limpio y pudiera volar (sin caerse).
- Aparecieron por primera vez en los setenta.
- Oleada de avistamientos en Bélgica en los noventa.

TRIANGULAR

- Observados desde los cuarenta.
- Fotografiados por J. S. Henrardi en 1990.
- Son como Doritos con propulsores en las puntas y en el centro (si se juntan tres, puede ocurrir un desastre).

DIRIGIBLE

- Parece dirigible.
- Posible origen marciano.
- Se ve el chofer: siempre anda de malas.

SOMBRERO CÓNICO

- Color plateado metálico, fierro pulido, 200 metros de diámetro.
- Parece sombrero del mago Merlín, pero vuela y tiene extraterrestres adentro.
- Es una de las naves más raras.

HUEVO CON TREN DE ATERRIZAJE

- Parece un huevo con patas y es silencioso, aunque a veces ruge o zumba.
- Fue visto en Socorro, Nuevo México.
- Vuela parado (je, je).

BOOMERANG

- Plateada y reflejante, 25 metros de alto, brillo naranja de frente y luces en la parte inferior.
- Vista en Alemania en 2007.
- Aparece y desaparece rápidamente (como las ganas de ir al gimnasio).

NODRIZA

- Como la nave de puro, pero con navecitas bebés adentro.
- Se ha visto salir de 15 a 30 naves pequeñas de su interior.
- En una película se le vio destruyendo la Casa Blanca.

FLYING SAUCER / PLATILLO VOLADOR

- Como una nave de disco pero siamesa (dos discos pegados).
- Metálicos, cubiertos o rodeados de luz.
- Vuelan rápido, a veces en grupo (como microbuseros).

EBANI (ENTIDADES BIOLÓGICAS ANÓMALAS NO IDENTIFICADAS)

- Parecen gusanos que flotan cerca de la capa de ozono.
- Posibles seres de pura energía o materia orgánica.
- Probablemente no son de otro planeta.

SATURNO

- Tiene forma del planeta Saturno.
- Posiblemente sea el planeta Saturno.
- Muy seguramente es el planeta Saturno.

FOO FIGHTERS

- Esferas luminosas.
- Vistas por primera vez durante la Segunda Guerra Mundial.
- No tocan «Everlong».

SPORTS MODEL / MODELO DEPORTIVO

- El Ferrari de los OVNI.
- Tiene forma de platillo, Bob Lazar dice haber trabajado en uno. Supuestamente el modelo que cayó en Roswell.

EL ENCUBRIMIENTO DE ROSWELL

HAY DOS PREGUNTAS QUE ME HAN QUITADO EL SUEÑO DURANTE GRAN PARTE DE MI VIDA: ¿EN REALIDAD EXISTE VIDA EXTRATERRESTRE? Y: ¿POR QUÉ LOS ALIENS ESTÁN TAN OBSESIONADOS CON LOS ANOS?

> Es curioso cómo la existencia de un ano los tiene anonadados.

> Es que los hoyos negros son fascinantes.

Me gusta que estemos en sintonía. Para acercarnos un poco más a la verdad, hablemos del evento más importante y famoso en la historia de la ufología: un accidente interespacial que cambió la forma en que el mundo se refiere a los OVNI y que, de paso, les dio trabajo a miles de personas que viven en Roswell, Nuevo México.

> A esto se le conoce como alientrificación.

Existe una gran controversia sobre qué fue lo que se estrelló en ese lugar. La respuesta es: una nave interestelar o interdimensional, de eso no hay duda; tampoco hay duda de que el evento es parte de uno de los encubrimientos más grandes de la historia.

> Yo digo que era un extraterrestre que andaba de fiesta, se le pasaron las copas y fue a Nuevo México a «bajar nave» y la bajó de más.

> A mí se me hace que lo venían persiguiendo, estaba armado y periqueando.

Para entender la magnitud de lo ocurrido es necesario retroceder un poco, al día del suceso.

Verano de 1947. La Segunda Guerra Mundial había concluido dos años antes y la Guerra Fría apenas comenzaba. El mundo estaba en alerta. Durante las dos semanas que abarcan la última semana de junio y la primera semana de julio de 1947 los periódicos en todo Estados Unidos habían reportado más de 300 casos en que se describía el avistamiento de platillos voladores.

Los pilotos militares fueron colocados en alerta las 24 horas, los operadores de radar estaban en modo de espera ininterrumpida, todos mirando hacia el cielo, paranoicos de aquello que invadía su espacio aéreo. Cualquier nueva amenaza para la seguridad nacional podría desatar otra guerra.

Claro, porque solo les gustan las guerras que ellos mismos desatan.

No hubiera petróleo en Urano porque van y te hacen un pozo.

Durante esta paranoia, el estado de Nuevo México era la zona más sensible y vigilada de EUA, y acaso de todo el mundo, ya que ahí, en Los Álamos, donde la primera bomba atómica fue desarrollada, se seguía trabajando en la investigación atómica. Un poco al sur, en White Sands, cerca de Alamogordo, también había pruebas de cohetes V-2 incautados a los alemanes, las cuales estaban a cargo del exnazi Wernher von Braun y eran parte de la operación Paper Clip. Cerca de la ciudad de Alamogordo se encuentra el Trinity Site, donde fue detonada la primera bomba atómica. Sumemos que en Roswell se encontraba la sede del escuadrón bombardero 509, la única fuerza de ataque atómico en el mundo en ese momento, quienes apenas dos años antes habían soltado las dos bombas atómicas en Hiroshima y Nagasaki, hecho que puso fin a la Segunda Guerra Mundial.

Ahí se inició la tradición en la que todo gran evento cierra con pirotecnia.

¿Alguien sabe cómo se dice «tronaron la fiesta» en japonés?

3 de julio de 1947. Una severa tormenta eléctrica azotaba el cielo nocturno del pueblo de Roswell, cuando se escuchó una explosión enorme, muy diferente a un trueno. Cientos de testigos vieron algo caer del cielo.

A la mañana siguiente el ranchero William W. *Mack* Brazel hacía sus deberes de vaquero en el rancho J. B. Foster, a 120 kilómetros de Roswell. Entonces vio un área del tamaño de un campo de futbol cubierta por escombros. Cuando se acercó a examinar se dio cuenta de que estaba viendo algo que no tenía explicación.

En su relato describió miles de pedazos de un metal «tan delgado como el papel aluminio de los cigarros, pero que no se rompe». El metal tenía la propiedad de que lo podía aplastar en su mano hasta formarlo en una bola, y en cuanto lo soltaba regresaba a su forma original sin mostrar ninguna abolladura. Intentó golpearlo con un martillo, dispararle, quemarlo y el metal no se maltrataba. También encontró varillas de metal, tan ligeras como madera de balsa, con símbolos igual de indestructibles que el «papel aluminio mágico».

Seguramente muchos conocen la explicación de que lo que se estrelló en Roswell era un globo meteorológico; esto no tiene sentido ya que los rancheros de esa zona estaban familiarizados con ellos: era muy común que se estrellaran en sus propiedades, tanto así que había un pozo donde tenían decenas; los juntaban ahí para evitar que las cabras se los comieran o que los demás animales se asustaran con su presencia.

Ya que la gente del lugar sabía distinguir perfectamente entre un globo meteorológico y un pinche papel aluminio mágico cósmico espacial, Mack tomó unas muestras y fue a enseñárselas a sus vecinos. Nadie sabía qué era, pero uno de ellos le dijo que había leído en una revista que estaban ofreciendo 3 000 dólares por alguna prueba de la existencia de los platillos voladores. Sabiendo lo que tenía en sus manos, el 6 de julio Mack manejó los 120 kilómetros para llegar a Roswell y fue a hablar con el sheriff George Wilcox, quien le dijo: «Chido el material espacial, pero no sé qué hacer al respecto».

Detective Capistrán, nos acaban de traer papel de aluminio mágico y no sé para qué nos podría servir.

Oficial Espinosa, usted sabe muy bien lo que se debe hacer con él: envuelva este burrito de *winnie* para que no se enfríe.

Por suerte en ese momento el sheriff recibe una llamada del entonces locutor de la estación de radio local KGFL, Frank Joyce, quien llamaba todos los días para preguntar si había alguna noticia para reportar. El sheriff le dice: «Nah, pero hay un güey aquí con el que tal vez quieras hablar», y le pasó el teléfono a Mack.

Mack toma el teléfono y le dice a Joyce en un tono de enojo:

—¿Quién va a limpiar todo el escombro? Eso es lo que yo quiero saber. Necesito que vaya alguien a limpiarlo.

—¿Cuál escombro, de qué hablas? —le contestó Joyce.

—No sé, no sé qué es. Tal vez son pedazos de uno de esos platillos voladores.

Joyce dudó un segundo sobre lo que acababa de escuchar, luego lo incitó a seguir por ahí:

—Si es un platillo volador deberías reportarlo en la base militar; ellos son los responsables de todo lo que vuela en el aire, ellos deberían de poder ayudarte.

El tono de Mack cambió y comenzó a agitarse, a levantar la voz:

—¡Dios mío, Dios mío!, ¿qué voy a hacer? Es horrible, horrible.

—¿A qué te refieres, de qué hablas? —le preguntó ya consternado Joyce.

—El hedor, es horrible —dijo Mack.

—¿Cuál hedor?

—...

—¿Qué hedor?

La voz que escucha Joyce es la de un hombre rompiéndose, que ha llegado a su límite:

—Están muertos...

—Mack, ¿de quiénes hablas?

—La gente pequeña, las pobres criaturitas. Están muertas.

Entidad Biológica Extraterrestre. Sí, de hecho, es bien sabido que las EBE huelen como a OBO.

Sé perfectamente qué estás tratando de hacer, Espinosa, pero nadie va a caer.

Para ese punto, por el tema y la voz de Mack, Joyce no sabía qué pensar, pero entendía que algo estaba muy raro.

—¿Y en dónde están esas criaturas?, si se puede saber.

—En otro lado —contestó Mack.

Joyce, ya actuando un poco como abogado del diablo, le dijo con la intención de avivarlo:

—Pues ya sabe que estamos rodeados de militares y siempre están disparando cohetes y haciendo experimentos con changos, tal vez…

Mack, en un tono de desesperación, le gritó:

—¡Maldita sea, no son changos y tampoco son seres humanos! —Y dicho esto azotó el teléfono para terminar la llamada.

> Eran otros tiempos, en los que podías azotar un teléfono sin tener que preocuparte por cambiar la pantalla porque todavía no terminas de pagar las 60 mensualidades.

Cuando encontró el sitio del choque, estrellamiento, o como voy a decirle yo: el putazo interestelar, Mack no estaba solo, iba con Timothy *Dee* Proctor, de siete años, que era hijo de los vecinos de Mack y se la pasaba ayudándole en el rancho. Su madre, Loretta, contó en una entrevista que ese día, cuando su hijo regresó a la casa, se veía notablemente asustado y jamás pudieron hacer que les contara sobre lo que había sucedido.

> La primera vez que vi un OVNI llegué llorando todo culeado a mi casa. Mi mamá se alteró y dijo: «Ay, bollito, ¡yo pensé que te habían asaltado!». La neta yo hubiera preferido que me asaltaran, si me meten un susto no hay pedo, pero si me meten una sonda me van a sacar un susto.

> No te preocupes, Borre, si vuelves a ver un OVNI márcame y yo te tomo la mano mientras te meten la sonda.

En 1994 Loretta fue diagnosticada con un coágulo en el cuello que pronto le quitaría la vida, así que Dee decidió llevarla al sitio del putazo interestelar, pero no al lugar donde estaba el escombro espacial; manejaron hasta una cresta a unos tres kilómetros y ahí, batallando para hablar, le confesó: «Aquí es donde Mack encontró algo más».

> «Mamá, tengo algo que confesarte: yo sí sé a qué huele el OBO».

> Espinosa, deja de intentar que eso suceda.

Dee no fue el único testigo de los restos de la nave y de las criaturas. Recuérdese que pasaron varios días entre el putazo interestelar y que Mack finalmente terminara sus tareas de ranchero para que fuera a reportarlo.

Antes de esto estuvo visitando a sus vecinos rancheros para pedirles que fueran a ver el desmadre y le dieran su opinión. Más de una docena de testigos fue al rancho de Mack, vio los restos de metal e incluso se llevó *souvenirs* a su casa. En Wade's, el bar local, tenían varios fragmentos con los jeroglíficos, que se pasaban entre los borrachos para intentar doblarlos, abollarlos o quemarlos.

Seguramente hicieron concursos como: «Eh, wey, si lo abollas te regalamos un *shot*». Yo una vez me tomé un *shot* de más y me abollé la cara.

Todos estos testigos del pueblo describieron el metal mágico de la misma manera: «Lo podías compactar en una esfera en tu mano, luego cuando lo ponías en una superficie se movía como mercurio hasta volver a su forma original». En otras palabras, no era material de globo meteorológico.

Mack estaba frustrado por no conseguir quién le ayudara a limpiar el desmadre en su rancho cuando se encontró a su amigo Robert Scroggins, un policía estatal, quien le dijo que se llevaría un pedazo del material a la base militar que visitaría en unos días. Pero Mack ya no podía esperar, las ovejas no querían cruzar por la milla de escombros regados en el piso para ir por agua, así que decidió ir él mismo a la base militar el domingo 6.

Nomás no lo dejan terminar sus tareas de ranchero.

Imagínate desenvenenar un abrevadero, lleva horas.

Más con las botas llenas de serpientes.

Fingiré no haber escuchado cómo metieron a *Toy Story* en una historia OVNI.

Y Mack fue escuchado, porque la madrugada del lunes 7 de julio el mayor Jesse Marcel y el capitán Sheridan Cavitt, dos oficiales de inteligencia del escuadrón de bombas nucleares 509 salieron del Campo Aéreo del Ejército de Roswell (RAAF, por sus siglas en inglés) y pasaron la mayor parte del día recogiendo escombro hasta que ya no cabían en dos carros militares. Marcel mandó a Cavitt a reportarse con el coronel Blanchard, quien mandaría sesenta hombres a la mañana siguiente a continuar con la recolección de los restos.

> «¡Se compraaaan, colchooooones, refrigeradooooores o algo de material OVNI que venda!».

Los militares se dieron cuenta enseguida de que tendrían que desaparecer todo rastro del material espacial, así que fueron de rancho en rancho, levantando pisos de las granjas, amenazando a civiles, incluso a niños, para que les entregaran los *souvenirs* que tenían.

> Los militares usando la fuerza para intimidar civiles, creí que eso solo pasaba en México.

> Típico, gringos quedándose con cosas que no son de su territorio.

8 de julio. Al mediodía, después de una junta de inteligencia el coronel William Blanchard, oficial al mando no solo del Escuadrón 509 sino de toda la base aérea de Roswell, mandó llamar al oficial encargado de información pública, el teniente Walter Hault, para darle el comunicado de prensa oficial:

> «Todos los rumores sobre los discos voladores se convirtieron en realidad ayer, cuando la oficina de inteligencia del escuadrón bombardero 509 de la Octava Fuerza Aérea de Roswell tuvo la fortuna de lograr tener en su posesión uno de estos discos».

El comunicado fue repartido a los cuatro periódicos de Roswell. Tres tendrían que esperarse hasta la mañana siguiente para publicarlo, pero el *Roswell Daily Record*, que era un periódico matutino, haría historia ese mismo día con el ya famoso encabezado:

> «La RAAF captura un platillo volador en un rancho de la región de Roswell».

A las 3 de la tarde de ese día los niños que vendían el periódico, junto a cientos de testigos, vieron cómo por la calle principal de Roswell pasaba un convoy militar compuesto por un camión grande de plataforma de 18 ruedas protegido por jeeps, cada uno cargado con un contingente de militares fuertemente armados. Lo que más les llamó la atención fue que lo que traían en la caja del camión estaba tapado con una lona, que era pésima para ocultar que lo que estaba debajo tenía una forma ovalada que medía aproximadamente 1.5 metros de ancho por tres metros de largo y de 1.5 a 2.5 metros de alto; por si eso fuera poco para alertar a los residentes de Roswell de que traían un platillo volador, la lona no estaba bien sujetada y dejaba ver que el objeto era plateado y tenía un domo que estaba roto o cortado. Las 25 mil personas que vivían en el pueblo ya sabían del platillo volador, pero las cosas iban a cambiar y uno de los encubrimientos más grandes de la historia iba a comenzar.

Está súper mexicano eso de no ejecutar bien un encubrimiento.

Acá ejecutan a los que destapan los encubrimientos.

Por suerte esto no era México, así que el mayor Jesse Marcel, jefe de inteligencia del Escuadrón 509, primero en investigar el incidente, fue rápido a Ohio, llevó pedazos del choque al centro de tecnología extranjera y se vio con su superior, el general Roger Ramey, en su oficina.

El general le pidió que le mostrara la caja con los restos. Marcel le mostró pedazos del metal con memoria y la barra con jeroglíficos. Pasaron a otro cuarto, donde el mayor tuvo que señalarle dónde estaba el lugar del putazo interestelar en un mapa; cuando regresaron a la oficina principal la caja con los materiales extraterrestres ya no estaba, en su lugar estaba en el piso un globo meteorológico destrozado. Inmediatamente dejaron entrar al reportero James Bond Johnson del *Star-Telegram* de Forth Worth y luego se le ordenó a Marcel que posara con los restos del globo.

Al terminar la sesión de fotos el general le ordenó a Marcel que se quedara callado, que no volviera a hablar de lo que vio en Roswell, y le dijo que él se encargaría del asunto. Así fue. Incluso se le ordenó a Marcel que se regresara a Roswell a dar una conferencia donde dijera que se equivocó, que todo lo que reportó antes era falso y que solo se trataba de un globo. Una explicación que absolutamente nadie en Roswell creyó.

Marcel no sabía que una hora después del famoso «encontramos un platillo volador» el general Ramey mandó a toda la prensa su contrateoría: la famosa «fue un globo meteorológico»; además ahora tenían fotos para complementar el encubrimiento.

Mira, en el primer mundo tampoco funciona tener «otros datos».

No seas ridículo, Espinosa, allá les dicen *alternative facts*.

Mientras estaban con el asunto del globo, la lechería Clardy's Dairy recibió una llamada de la base militar preguntando si tenían hielo seco. En otro lado del pueblo el encargado de embalsamar en la funeraria Ballard, Dennis, recibió una llamada de la RAAF en la que le preguntaron si tenía ataúdes para niños; unos segundos después de colgar volvió a sonar el teléfono: era nuevamente la RAAF. La segunda vez les preguntaron por la mejor manera de embalsamar un cuerpo que tuviera, digamos, varias horas de haber estado expuesto a la intemperie del desierto. Dennis le comunicó la inusitada petición a su jefe, quien tomó el teléfono y preguntó si deseaban que alguien de la funeraria fuera a la base a ayudarles con algo; los militares se negaron: «No, no, no, nada más era para tenerlo de referencia, ya sabes, por si acaso pasa algo después. Y no, no está relacionado con el platillo volador, perdón, el globo, olvida lo que dije, bye, bye».

Al mismo tiempo, del otro lado del pueblo, una civil que trabajaba en la base como especialista en seguridad, Miriam Bush, entre llantos y en estado de *shock* les confesó a sus padres y hermanos lo que había vivido la noche anterior: mientras daba una de sus rondas en la base fue alcanzada por su superior, notablemente conmocionado, la tomó del brazo y la condujo al cuarto de examinación mientras le repetía que tenía que ver algo. Mientras se acercaban apresurados a aquella zona de la base, la inundó un presentimiento de angustia. Tenía que estar pasando algo muy malo como para que su superior la hubiera tenido que ir a buscar, interrumpiendo su ronda de vigilancia, para llevarla hasta el lúgubre cuarto de examinación. Lo primero que gritó fue: «¡Dios mío, son niños!», enseguida se dio cuenta de que ese no era el caso. Su piel era grisácea, sus cabezas eran grandes para la proporción del cuerpo y tenían enormes ojos que no se cerraban. El pánico comenzó a ganarle y en eso «uno de ellos se movió».

Y cantó: *I'm blue babadibabadá.*

Miriam, al igual que todos los involucrados en el accidente, fue amenazada por el ejército si decía algo. En 1989 la antigua vigilante seguía traumada, no solo por el evento; también porque estaba segura de que la espiaban. Ese mismo año fue encontrada muerta en un hotel; se había suicidado pegándose en los brazos hasta dejarse muchos moretones y luego poniéndose una bolsa de plástico sobre la cabeza.

«Suicidio asistido» patentado por la KGB, mejorado por la CIA, mal copiado por la PGR.

Además de Miriam Bush hubo decenas de testigos que vieron los cuerpos de los extraterrestres. Como Dennis Chávez, senador de Nuevo México, quien fue a la base militar y después de ver la evidencia les marcó a sus amigos de la niñez con los que creció en Roswell: Rubén y Peter Anaya. Ellos contaron cómo ese día luego de recoger al senador lo llevaron a su casa donde, claramente alterado, les pidió un whisky; después de tomarse el *shot* les dijo que mejor le dieran la botella. Después de tomarse la mitad, como buen latino comenzó a hablar en español: «Cayeron en un platillo volador plateado, vi cuatro hombrecitos, no eran humanos y uno estaba vivo, sé que estaba vivo porque lo escuché que gemía por el dolor, creo que lo mataron sin querer al intentar ayudarlo».

Eran Kevin Hart, la Güereja, Hasbulla y Margarito…

Luego les dijo que tenía que platicar lo que vio a alguien, si no se hubiera vuelto loco. Antes de que se fueran les pidió tener mucho cuidado porque si decían algo de lo que habían escuchado, lo que fuera, los iban a matar, a ellos y a su familia. Tras visitar a sus amigos el senador Chávez se encargó personalmente de amenazar a la estación de radio, quienes tenían varias entrevistas de personal de alto rango militar declarando sobre las pequeñas criaturas y el platillo volador: les advirtió con amabilidad que si sacaban las entrevistas al aire iban a perder su licencia y tal vez su vida.

> Una persona que trabaja en radio pierde su vida desde que acepta ese jale.

> Ya no trabajas en radio, Borre, todo va a estar bien.

Otro testimonio esencial fue el de la esposa del sargento LeRoy Wallace, él era policía militar y le tocó subir los cuerpos a uno de los camiones. Después de la muerte de Wallace, su esposa habló: aquel día, cuando regresó a casa, la ropa de su esposo «olía peor que cualquier combinación de olores asquerosos que te pudieras imaginar»; el olor era tan penetrante que LeRoy comenzó a bañarse hasta 10 veces al día con lejía y jabón, y aun así no se podía quitar el olor de encima. Por dos semanas tuvo que comer con guantes porque sus manos seguían apestando a aliencito muerto.

> «Ay, viejo, apestas a OBO».

> ¡Que no, Espinosa!

De hecho, todos los testigos concuerdan en que los aliens olían horrible, incluso doctores que estuvieron encargados de las autopsias tuvieron que detenerlas porque no soportaban el olor. Uno de estos doctores se entrevistó anónimamente con el ufólogo Leonard Stringfield, quien proporcionó una gran cantidad de datos adicionales sobre los seres humanoides:

Altura: entre 1 metro y 1.20 metros de altura

Peso: menos de 20 kilos

Piel: escamosa, pero no de reptil, color entre beige, marrón, rosado y gris azulado

Cabeza: proporcionalmente más grande que el cuerpo

Ojos: un par muy grande y redondos

Nariz: vaga, como solo una ligera protuberancia

Boca: pequeña y sin dientes

Brazos: largos y delgados, casi les llegan hasta las rodillas

Manos: 4 dedos muy largos y sin pulgar

Genitales: no tenían

Sangre: transparente, sin células rojas ni linfocitos, lo que significa que no transportaba oxígeno

Órganos internos: no tenían sistema digestivo, ni tracto intestinal

Ano: no tenían

Este último dato responde la segunda pregunta que siempre me he hecho: están obsesionados con ellos porque no los tienen.

¿Ves?, anonadados.

Qué ano-rmales.

Cuidado, Borre, Lolo es contagioso.

Para el 9 de julio la noticia «oficial» para encubrir el choque espacial ya estaba en las portadas del periódico. Incluso el granjero Mack Brazel, después de haber sido secuestrado por el Ejército desde el momento en el que fue a mostrarles las evidencias, declaró: «Lo que encontré eran pedazos de hule, papel aluminio, papel grueso y varas de madera». Y ojo: meses después de esta nueva declaración se compró una troca nueva y dejó de trabajar en el rancho para irse a abrir su propio negocio en Albuquerque.

La cortina de humo funcionó y la gente de Roswell fue silenciada con amenazas. Toda la evidencia fue recolectada y el mundo se creyó la noticia del globo y olvidó el incidente. Hasta 1978, cuando Stanton Friedman, físico nuclear e investigador del fenómeno OVNI, se enteró del incidente y contactó al ahora retirado jefe de inteligencia Jesse Marcel, quien le reveló que definitivamente lo que habían recuperado no era un globo meteorológico. La extensa investigación de Friedman volvió a poner presión sobre el Ejército, quienes reaccionaron encubriendo el encubrimiento con otro encubrimiento. Dijeron: «Ok, sí es cierto, sí encubrimos algo, no era un globo meteorológico, era un globo meteorológico secreto, parte del Project Mogul» que, alegaron, consistía en poner micrófonos en globos para monitorear posibles detonaciones nucleares en otros países.

El que busca lo más vital nomás, lo que se ha de precisar nomás y que se olvida de la preocupación ♫

Es Mogul, no Mowgli.

En 1994 el congresista Steve Schiff mandó hacer una auditoría para asegurarse de que todo lo que se documentó en 1947 fuera examinado. La investigación duró un año y fue titulada: *El reporte Roswell: verdad contra ficción en el desierto de Nuevo México.* En este se concluyó que no había ningún OVNI ni extraterrestres involucrados; la confusión ocurrió cuando Marcel y Mack declararon que había un «platillo volador», y como ese término era nuevo, lo más seguro es que no se refirieran a un platillo volador cuando dijeron que era un platillo volador. Y tal vez esa explicación bastaría para justificar que el metal con memoria, la nave en el camión y todos los restos eran de un globo secreto, pero ¿y los cuerpos?

> Odio que siempre me pregunten por los cuerpos.

> Aparte de payaso, esa es *otra* cosa que tienes en común con John Wayne Gacy.

Para resolver esta última pregunta, tres años después, en 1997, la Fuerza Aérea publicó *El reporte Roswell: caso cerrado*, en el que expuso que en las fechas del incidente se estaban probando varios paracaídas nuevos con maniquíes, y algunos de estos experimentos cayeron en Roswell y la gente los confundió con aliens; al mismo tiempo, se desplomó por la misma zona el globo secreto ya conocido. Esta nueva explicación tiene mucho de pendeja porque los extraterrestres fueron descritos por los testigos de un tamaño de 1 a 1.20 metros y los maniquíes usados por el ejército medían 1.80 metros; y porque los experimentos con maniquíes no se hicieron sino hasta mediados de los cincuenta, casi 10 años después del incidente. Pero obviamente estamos tontitos y la explicación de Ejército es súper lógica...

Otra cosa que dice ese reporte es que el problema de percepción fue un error de «compresión de tiempo»; en otras palabras, según el coronel John Haynes, la gente vio el globo secreto y los maniquíes unas décadas después, pero se confundieron y en su mente creen que todo pasó en julio del 47...

Aun así hay algo muy interesante en este último reporte: resulta que cuando pidieron los archivos de lo que sucedió en Roswell, todos los documentos, desde enero hasta octubre de 1947, habían sido destruidos, y nadie sabe qué autoridad u organización se encargó de hacerlo.

> Puedes quitarle el territorio a México, pero no puedes quitarle lo mexicano al territorio.

> Oye, sí es cierto, hasta desmantelaron el OVNI.

El último dato: cuando acababa de pasar el accidente, Ben Games, el piloto personal del general Laurence C. Craigie, quien era el jefe de la división de ingeniería del campo aéreo Wright, cuenta que después de recibir el reporte del putazo interestelar llevó al general en un vuelo a Roswell a inspeccionar el sitio. Después de unas horas regresó el general con una caja y volaron directo a Washington a verse con el presidente Truman. Unos meses después de la junta, el general Craigie asumió la posición de jefe y director del Departamento de Investigación y Desarrollo de las Fuerzas Aéreas y tiempo después fundó el Project Sign, que fue la primera investigación oficial sobre los OVNI que hizo la Fuerza Aérea estadounidense.

Pero quizá el encubrimiento más grande de todos no fue el caso de Roswell, sino el que se pudo perpetrar gracias a que el mundo entero discutía si lo que había caído en Nuevo México habían sido globos meteorológicos o no (*spoiler: no eran*), ya que gracias a esa distracción el gobierno de EUA logró asegurarse de que nadie se enterara ni preguntara sobre la otra cosa que encontraron: el mismo día del incidente de Roswell, en las planicies de San Agustín, a unos 250 kilómetros al oeste de Roswell, fue recuperada una segunda nave espacial, casi intacta, y junto a ella encontraron a varias entidades vivas.

Y esas entidades posteriormente fueron presentadas en conjunto al mundo como BTS.

A final de cuentas nunca sabremos con exactitud qué fue lo que sucedió en Roswell, y el gobierno de Estados Unidos probablemente nunca dirá oficialmente si ese día tomaron en su posesión un OVNI o un OBO. ▮

TRIVIA TENEBROSA:

SEGÚN LA CULTURA POPULAR, LOS RESTOS Y LAS EVIDENCIAS EXTRATERRESTRES FUERON LLEVADAS AL ÁREA 51, UNA BASE DE LA FUERZA AÉREA DE ESTADOS UNIDOS UBICADA EN EL ESTADO DE NEVADA. Esta base cuenta con altos niveles de seguridad y se dice que ahí se guardan todo tipo de cosas que deben ser mantenidas en secreto, solo los altos rangos militares (y Carlos Trejo, según él mismo) han podido ver lo que oculta la base. Pero en lo que respecta a la evidencia del encubrimiento de Roswell, se cree que en realidad todo fue llevado al campo aéreo Wright, ubicado en Georgia.

PASO DYATLOV

FEBRERO DE 1959, EN LA PARTE NORTE DE LOS MONTES URALES EN LA ENTONCES UNIÓN SOVIÉTICA, DOS ESTUDIANTES DE UNIVERSIDAD ATRAVIESAN CON DIFICULTAD, DEBIDO A LA NIEVE Y LAS BAJAS TEMPERATURAS, LA CIMA DE LAS MONTAÑAS OTORTEN. LA RAZÓN DE LA EXCURSIÓN: BUSCAR A SUS AMIGOS DESAPARECIDOS.

Al llegar al ahora llamado paso Dyatlov, los estudiantes encontraron la casa de campaña de sus compañeros, pero a ninguno de los nueve montañistas experimentados a pesar de que la cena estaba servida, intacta.

Los alpinistas fueron encontrados semanas después; uno sin lengua, otro con el cráneo destrozado, casi todos en ropa interior y sin zapatos. Al respecto, los soviéticos llegaron a decir que «fue radiación de una bomba nuclear», «fue un caso OVNI», «fue el Yeti»; incluso consideraron que pudieron haber sido tribus nativas protegiendo sus tierras. Las misteriosas circunstancias que los llevaron a encontrar su muerte de esta manera se convirtieron en uno de los más grandes misterios en la historia de la Unión Soviética.

Mi abuela tenía razón, ¡caminar con la lengua de fuera no es buena idea!

La mía siempre me decía que no anduviera de lengua larga o la KGB me iba a desaparecer.

Aquel grupo de alpinistas con-sistía en ocho hombres y dos mujeres: Yuri Doroshenko, Igor Dyatlov, Alexander Kolevatov, Zinaida Kolmogorova *Zina*, Yuri Krivonischenko *Georgiy*, Rus-tem Slobodin *Rustik*, Nikolay Thibault-Brignoles *Kolya*, Yuri Yudin, Lyudmila Alexandrovna Dubinina *Lyuda* y Alexander Zolotaryov *Sasha*; este último era el mayor de todos, tenía 38

años, era instructor de montañismo y veterano de la Segunda Guerra Mundial. Los demás tenían entre 20 y 23 años.

Necesito un momento, casi me da una embolia por exceso de consonantes.

Los estudiantes hacían alpinismo por *hobby* desde hacía tiempo, y habían al-canzado el nivel de dificultad dos de escalada y con esta expedición buscaban ganarse la certificación de nivel tres, la más alta en ese tiempo en la URSS. Para obtenerla era necesario comprobar que se habían recorrido 305 km en las montañas. Su plan era alcanzar la montaña Gora Otorten, que ominosamente se traduce como «la montaña de la muerte», pero cuyo nombre en realidad no es tan tenebroso como parece: viene de los nativos mansi, y una traducción más literal podría ser: «la montaña muerta» o sin presas para caza.

Personas que caminan por *hobby*, ¡me siento bofeado!

Caminar por *hobby* me parece tan ilógico como escribir poemas para ligar.

Pero suficiente de geografía, etimología y estrategias de ligue que no funcio-nan. Vámonos a lo bueno: el grupo arribó a la zona el 25 de enero de 1959 a la provincia de Sverdlovsk Oblast, donde compraron provisiones, visitaron un gulag y conocieron a compatriotas de los pueblos que quedaban de pasada a su destino. Aprovecharon para tomarse té y fotos con los locales, les leían poemas e intercambiaban historias.

> Percibo un aire fresco con fragancia cannábica, a mí no me engañan… Esas actividades son de *hippies* rusos. Eran «cerros *funkys*» en vez de «hoyos *funkys*».

> Puro vodka kush, cannabis cruzado con papa, tubercannábico.

De hecho, para el grupo de alpinistas trepar la montaña era solo una parte de la aventura. Según sus diarios y por entrevistas de personas que los conocieron, sabemos que eran artistas de corazón, amantes de la música y la poesía. Cosas prohibidas en esos tiempos en la Unión Soviética. Así que poder convivir entre ellos, conocer nuevas personas y tener nuevas experiencias era lo que verdaderamente buscaban en sus expediciones.

En otras palabras, eran bohemios, y para los que no conozcan el término, nada mejor que la definición de Antonio Espina: «La bohemia no es otra cosa que la miseria disimulada con cierta belleza, el hambre sobrellevada con humorismo».

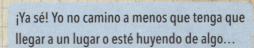

> ¿Ves? Todo era cannábico: miseria disimulada, comprar en un punto, el hambre sobrellevada con humorismos, *munchies* y el «ji, ji, ji».

> Ser bohemio en Rusia me parece tan ilógico como caminar por *hobby*.

> ¡Ya sé! Yo no camino a menos que tenga que llegar a un lugar o esté huyendo de algo…

Dos días después de disfrutar de las bellezas turísticas de Sverdlovsk Oblast el grupo comenzó su caminata hacia Gora Otorten a través del sitio geológico abandonado conocido como el sector 41, pero para no perderse usaban los símbolos de los mansi que encontraban tallados en los árboles. Todo parecía ir como lo planeado, pero para el tercer día de caminata perdieron a su primer miembro, que irónicamente sería el único sobreviviente.

El 28 de enero Yuri Yudin decidió dejar la expedición, lo que inadvertidamente le salvaría la vida, muchos rumores dicen que fue porque tenía diarrea, pero lo que verdaderamente pasó es que tenía dolores en las articulaciones, y se dio cuenta de que no tenía suficiente medicina para los días que faltaban, así que, a pesar de estar triste por la situación, decidió que dejar el grupo era la mejor opción para todos.

En los siguientes días de la excursión la temperatura bajó como dulce embustera y comenzó a nevar. Además de lo precario que era caminar a −30 °C, las huellas que iban siguiendo de los mansi comenzaron a desaparecer y el bosque empezó a hacerse delgado, dejándolos más expuestos al gélido viento que comenzaba a soplar del suroeste. Pero sus ánimos seguían intactos, la mañana antes de su última excursión un miembro del grupo les leyó la primera plana de un periódico inventado y escrito por ellos mismos, al que llamaron *The Evening Otorten*.

La fauna en esos bosques es pequeña: hurón, ardilla y glotón. También hay algunas aves: aguililla ártica, búho de las nieves, perdiz nival.

En la editorial de aquel periódico se planteaba la pregunta: «¿Es posible mantener calientes a nueve excursionistas con una estufa? ¿Y una manta?». En la sección de deportes se anunció que «los camaradas Doroshenko y Zina Kolmogorova establecieron un nuevo récord mundial en competencia para armar estufas». Y en las páginas de ciencia afirmaban que el «Abominable Hombre de las Nieves, o Yeti, habitaba en el norte de los Urales alrededor de la montaña Otorten».

Después de reírse de sus noticias fabricadas, decidieron tomarle una foto a Rustik, quien portaba orgullosamente una chamarra que había quemado por accidente al dejarla demasiado cerca de la estufa y luego partieron para conquistar la montaña.

Tengo un amigo que una vez se quemó la espalda porque se puso de espaldas a la estufa y se le prendió la playera, le salieron unas ronchas llenas de agüita sanadora del cuerpo, parecían globos de agua.

Borre, sabemos más de tu vida que de lo que pasó en la expedición.

El 31 de enero sería el último día que escribirían algo en sus diarios. Celebraron el cumpleaños 21 de Doroshenko, le regalaron una mandarina, que puede sonar simple, pero para esos tiempos en la Unión Soviética eran más raras que ver un Yeti. Después del festejo tuvieron que escoger cuáles de sus provisiones se iban a llevar y cuáles dejarían atrás, ya que el viaje que tenían enfrente era pesado y solo podían llevar los artículos más indispensables.

Badía siempre me regala una bolsa de frijoles en mi cumpleaños, en mis tiempos de soltero eran más raras que una alacena con comida.

La mandarina es mi fruta favorita, es como una naranja que quería seguir sus sueños, pero se rindió.

Los alpinistas no se rindieron, el 1.° de febrero continuaron su camino para atravesar el ahora conocido como paso Dyatlov, y llegar a su destino a las 3 de la tarde. Las fotografías tomadas ese día muestran al grupo atravesando un clima estrepitoso; el atardecer comenzó a las 4:58 de la tarde, las nubes eran espesas, la luz escasa y el grupo cometió su primer error cuando se desvió hacia el oeste, de modo que terminaron en la cima del cerro Kholat Syakhl en lugar del bosque donde pensaban llegar a acampar, ubicado a un kilómetro y medio de su actual ubicación.

Cuando se dieron cuenta de su error, Dyatlov tomó la decisión de erigir el campamento ahí mismo antes de que anocheciera. A las 9 de la noche ya todos estaban dentro de su casa de campaña en la pendiente del lado este de la montaña, a 1 079 metros de altura sobre el nivel del mar. Ninguno de ellos viviría para ver el amanecer, y su tragedia pasaría desapercibida por varios días.

Resulta que, antes de partir, Dyatlov les había dicho a sus amigos del club de deportes que les iba a mandar un telegrama en cuanto regresara, asegurándoles que no sería más tarde del 12 de febrero. Pero cuando Yuri dejó la expedición, Dyatlov le dijo que por las condiciones probablemente tardarían más en regresar. Así que cuando pasó el 12 de febrero y no hubo telegrama nadie se preocupó. No fue sino hasta el 20 de febrero que los familiares de los alpinistas aseguraron que algo estaba mal y exigieron a las autoridades que investigaran.

¿Pasaron 20 días desde la tragedia hasta que alguien se preocupó por actuar? No sabía que el tiempo en Rusia avanzaba igual que en el IMSS.

A diferencia del funcionamiento de un hospital de gobierno, acá inmediatamente se movilizó un contingente de compañeros estudiantes, nativos mali y aviones y helicópteros que mandó el gobierno para ayudar en la búsqueda. El 26 de diciembre Mikhail Sharavin y Boris Slobtsov fueron los primeros en encontrar la tienda de campaña de los alpinistas casi cubierta completamente con nieve. Pero no era normal que todas las pertenencias de los excursionistas estuvieran dentro de ella, incluyendo una de sus linternas y los platos con comida servida.

También encontraron un cepillo de dientes telescópico de Zina, los anteojos de Igor, el cuchillo Bowie y la brújula de Kolya, unos cigarros de Kolevatov y la mandolina con una cuerda extra de Georgiy. Fuera de la mandolina, los rescatistas sabían que los jóvenes no hubieran dejado su campamento sin las otras cosas. Las paredes de la casa estaban rasgadas; los cortes provenían no de alguien queriendo entrar a la carpa, sino que habían sido hechos desde adentro. ¿Por qué destruirían su propio refugio? ¿Qué podría haberlos asustado tanto dentro de la carpa para que ni siquiera se preocuparan por usar la puerta?

¡Alguien se aventó un silencioso!

De esos que salen tan calientitos que te bajan la temperatura corporal.

Encontraron nueve marcas de huellas en la nieve, y por la distancia entre cada paso dedujeron que, por lo menos, cuando salieron de la casa de campaña, los integrantes del grupo no corrían. Más preguntas surgieron: si su pánico fue tanto como para cortar la tienda, ¿por qué no corrieron después de haber salido?

No grites, no corras, no empujes.

Esto dejó perplejos a los investigadores. ¿Por qué un grupo de personas estaría tan aterrorizado para cortar su propia carpa y luego caminar, aparentemente con calma, para alejarse de esta? Pero este caso no sería tan intrigante si no faltaran aún más misterios.

La mayoría de las huellas encontradas indicaban que los exploradores habían salido a temperaturas de -30 °C completamente descalzos. Si creen que las cosas no se pueden poner aún más insólitas, saquen su gorro de Sherlock Holmes hecho de papel aluminio. Las huellas continuaban por aproximadamente 500 metros hacia el noreste, donde la nieve las había cubierto por completo, se dirigían hacia el bosque que se encontraba a 1.5 kilómetros de su ubicación, probablemente para buscar refugio del inclemente clima.

Después de descubrir la carpa, comenzaron a llegar los primeros equipos a examinar el área dentro y alrededor de la tienda y lo hicieron de una manera que Mikhail Sharavin más tarde describió como «caótica». Era lógico: los primeros en arribar eran rescatistas y no investigadores profesionales.

> Claro, los rescatistas buscan supervivientes, los investigadores quieren descubrir por qué no los hubo.

En su defensa, el fiscal principal del caso, Vasily Tempalov, argumentó que él aún no había llegado, y los buscadores no querían perder tiempo con trámites. Para mediodía, dos de los rescatistas, Mikhail y Yuri Koptelov, se toparon con una escena que, como todo en este caso, no tenía sentido: debajo de un cedro, parcialmente cubierto por nieve, notaron ramas quemadas; eran los restos de una fogata. Un poco al norte notaron una protuberancia saliendo de la nieve; al acercarse la distinguieron con terror: una rodilla humana.

> «Oh no, ¡huyan todos! ¡Es el Rodiyeti!».

> Iba a ser el mejor de los Yeti, pero se chingó la rodilla.

Cuando comenzaron a excavar alrededor de la rodilla se toparon con una escena que desafiaba toda lógica y sentido común. Encontraron no uno, sino dos cuerpos vestidos con camisas a cuadros, calzoncillos y pijamas largas; uno con calcetines y otro descalzo; pero a uno le habían arrancado la pierna derecha de su prenda. Si los jóvenes no estuvieran sepultados en nieve en los montes Urales, uno podría deducir que tuvieron la mejor fiesta de su vida.

Desafortunadamente los cuerpos sí estaban sepultados por nieve en los montes Urales y nada tenía sentido. La ropa en ambos cuerpos estaba brutalmente triturada, con piezas que faltaban, dejando gran parte de su piel descolorida expuesta. Uno yacía boca abajo en la nieve, con los brazos cruzados debajo de la cabeza como una almohada y estaba sobre pedazos de rama de cedro, el segundo cuerpo estaba boca arriba, su boca y ojos habían sido devorados por aves.

«Hoy en *Animal Planet*, zopilotes rusos descubren el taco de ojo».

Los cuerpos fueron identificados como Yury Krivonischenko y Yuri Doroshenko. Y por si dos personas en ropa interior brutalmente destrozada no es lo suficientemente extraño, algo más insólito fue descubrir que el cedro más cercano a la escena tenía ramas rotas a una considerable altura, como si uno o ambos cuerpos hubieran sido arrojados desde muy alto, quebrando las ramas del árbol al caer.

Las águilas empujan a sus crías fuera del nido para que aprendan a volar. No siempre están listas para hacerlo.

Unas horas después, un líder anciano de la tribu mansi, Stepan Kurikov, junto a su perro de rescate, lideraba la búsqueda del resto de universitarios. Cerca de unos abedules su perro comenzó a agitarse, Stepan notó que un abedul estaba doblado extrañamente, formando un ángulo que hacía que sus ramas se enterraran en la nieve. El viejo le señaló a su compañero para indicarle que definitivamente había algo ahí. Y más sabe el mansi por viejo que por mansi, porque apenas comenzaron a cavar y a pocos centímetros de la superficie encontraron un pedazo de tela negra, seguido de un codo cubierto en lana.

Tiene sentido, los codos nunca quieren soltar la lana.

Con el cuidado de un arqueólogo, los dos hombres removieron la nieve alrededor del cuerpo. Entre sus puños congelados, pegados a su pecho, sostenía las ramas del abedul, como si las hubiera jalado hacia su cuerpo en un último intento de taparse con algo. El hombre llevaba puesto chaleco, suéter, camisa a cuadros y pantalones para esquiar, pero al igual que sus otros compañeros, no tenía gorro ni guantes ni zapatos, solo un par de calcetines que, además, eran de diferente color. En su muñeca derecha tenía puesto un reloj detenido que marcaba las 5:31.

Stepan reconoció el rostro congelado del cuerpo: era el líder del grupo, cuyo apellido inmortalizaría ese pasaje, Igor Dyatlov.

Todavía no habían avisado de su descubrimiento cuando, a unos 300 metros de Dyatlov, otro perro de rescate comenzó a actuar erráticamente sobre otro cuerpo sepultado. Era una mujer con los brazos cruzados, un sombrero de esquiar, una chamarra, pantalones, calcetines y, de nuevo, sin zapatos. La cabeza de Zina Kolmogorova, igual que la de Dyatlov, apuntaba en dirección a la carpa, como si hubiese intentado regresar a ella.

Se les había olvidado algo importante… «Aaah, no mames: el pasaporte», «aaah, no mames: la estufa», «¿sí cerré la puerta de enfrente?».

«Maldita sea, no me traje mi mandarina».

El 5 de marzo seguía la búsqueda. A 900 metros de la carpa encontraron el cuerpo de *Rustik* Slobodin, estaba boca abajo, su pierna derecha estaba doblada debajo de su cuerpo, traía puestos varios pares de calcetines, solo una bota y su gorro de esquiar. El cuerpo también estaba orientado hacia la carpa y, para sorpresa de todos, su cara mostraba rastros de haber recibido un golpe contundente bastante fuerte.

Tenía cara de Joseph Merrick, el hombre elegante.

¿Qué no era elefante?

No, wey, es que siempre andaba de traje.

En fin, después de días de usar varas de metal para sondear dentro de la nieve, el mansi Kurikov se topó con ramas que claramente habían sido cortadas con un cuchillo de uno de los cedros, y a unos metros de las extrañas ramas se encontró con un pedazo de vestimenta; desplazaron la nieve en un área de 30 metros de largo y dos metros y medio de profundidad justo arriba de un arroyo, ahí encontraron un montón de ropa cortada y rota. Entre las prendas estaba la pierna derecha de unos pantalones.

Al siguiente día encontraron la mitad de un suéter que pertenecía a Lyudmila Alexandrovna Dubinina «Lyuda», y más tarde las palas de los rescatadores dieron con el cuerpo congelado de un hombre. La descomposición del agua subterránea que había estado en contacto con su cara hacía imposible su identificación; llevaba puesto un suéter y dos relojes de mano. Se siguió excavando y dieron con otros tres cadáveres; el único reconocible era el de Lyuda, quien tenía puesta una gorra amarilla, una camiseta amarilla, sus pantalones de esquiar y dos calcetines en un pie, mientras que su otro pie estaba amarrado en un pedazo de suéter. Su cabeza apuntaba río arriba hacia el campamento, mientras que los otros tres cuerpos pertenecientes a tres hombres apuntaban hacia el centro del río, a dos de los hombres los encontraron abrazados, en lo que parecía ser un desesperado intento por mantenerse calientes.

O tal vez este era el verdadero secreto en la montaña.

En el lago Titicaca se andaban sacando caca (*sorry* por este chiste).

Lev Ivanov, el encargado de la investigación, al saber de estos cuerpos inmediatamente voló a la montaña para analizar la situación. Para cuando llegó, las partes de los cadáveres que estuvieron en contacto directo con el agua se habían descompuesto mucho, así que decidió realizar autopsias lo más pronto posible a los últimos cuatro exploradores, ya que estos podrían ser la clave para empezar a desenredar este misterio. Algo así como el peor Adivina Quién del mundo.

Oye, Borre, ¿tu personaje tiene lengua?

¡Sí!

¿Tu personaje tiene sus dos piernas?

Sí, pero su pantalón solo tiene una.

Para agregar aún más teoría de conspiración y misterio a todo, otro grupo de montañistas testificó que en la madrugada del 17 de febrero los despertó una luz intensa en el cielo. Al principio parecía solo una estrella, pero luego comenzó a crecer; lo que parecía ser otra estrella comenzó a brillar del centro de la primera y también se hizo más y más grande, al grado que creyeron que el objeto celestial iba a impactar con la Tierra. La luz siguió su trayectoria hacia el suroeste. Todo ocurrió en un lapso de entre 8 y 15 minutos.

Tal vez era una estrella fugaz y pudieron haber deseado no morir de una manera misteriosa.

Era una nave Uber que iba por un tal Applewhite y una Bonnie.

Eran *hippies* rusos, Borre, no un culto suicida.

De hecho, la última foto tomada por Georgiy mostraba lo que parecía ser dicha luz. Toda la evidencia se mandó analizar, incluso la tela de la tienda de campaña —se concluyó, efectivamente, que los cortes habían sido hechos de adentro hacia afuera—. Los ánimos de los investigadores se cayeron cuando las autopsias no ayudaron para nada a aclarar el misterio: todos habían muerto por hipotermia. Lo raro sobresalió al analizar el cuerpo de Sasha Zolotaryov: tenía fracturadas cinco costillas en su costado derecho, algo equivalente a recibir la fuerza de impacto en un choque automovilístico, además tuvo las fracturas cuando aún estaba con vida. A su vez, Kolya tenía «una fractura impresa en el domo y la base del cráneo». Lyudmila Dubininia presentaba daño torácico masivo con hemorragias internas; al examinar su boca el forense encontró, o más bien, no encontró su lengua.

Ivanov, con la mente en las declaraciones del objeto luminoso, mandó examinar los cuerpos y las ropas cuatro días antes del funeral, intuía que quizá se encontrarían residuos de radiación. Pero su sorpresa fue grande cuando los resultados arrojaron que no solo había presencia de potasio 40, sino que su cantidad sobrepasaba lo que podía encontrarse normalmente en laboratorios especializados.

El 28 de mayo, a causa de presión por los familiares para enterrar a sus hijos y de que el gobierno quería que la investigación estuviera terminada en un mes, Ivanov no tuvo otra opción que cerrar el caso. Sin una clara

Los plátanos son una gran fuente de potasio y uno de los alimentos más radiactivos que se conocen. Además, los humanos compartimos 60% de ADN con estos.

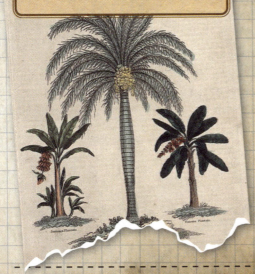

explicación de lo que había ocurrido, Ivanov señaló que la muerte de los nueve alpinistas tuvo como causa «una fuerza imperiosa y desconocida».

> Qué manera tan poética de decir «pues valió verga y sepa la chingada qué pedo».

> Y de los papás de decir «ya está apestando la chingadera, ya entiérrelo».

Las teorías **PROBABLES PERO IMPOSIBLES:**

- **LA MÁS OBVIA ES QUE SE TRATÓ DE UNA AVALANCHA.**

  ¿Por qué no puede ser? Se hicieron los cálculos de la inclinación de la montaña y con sus 16 grados, una avalancha no hubiera recorrido más de medio campo de futbol. Entonces no explica cómo es que encontraron cuerpos a 1 500 metros de distancia del campamento. Además, no se registró ninguna avalancha esos días, ni en los últimos 60 años. Si hubiera sido una avalancha, no les hubiera dado tiempo de huir y hubiera destruido la carpa con todo su contenido dentro.

  > En México las avalanchas fueron repopulares, las regalaba Chabelo en su programa… ¡Dura! ¡Dura! ¡Dura!

- **ENVENENAMIENTO POR MONÓXIDO DE CARBONO.**

  ¿Por qué no puede ser? Los montañistas ni siquiera armaron su estufa esa noche.

- **CONSUMO EXCESIVO DE DROGAS O ALCOHOL.**

  ¿Por qué no puede ser? Ninguno consumía drogas, y el único alcohol que llevaban era medicinal. Además, se sabe que no se lo tomaron, porque el rescatista mansi Stepan Kurikov dijo que él se lo había tomado cuando lo encontró.

> Con razón andaba tan mansi…to.

> No voy a desperdiciar tinta en reaccionar a ese «chiste», es más, lo acabo de desleer.

Las teorías **IMPROBABLES E IMPOSIBLES:**

- **LA TRIBU MANSI LO HIZO COMO UNA FORMA DE MANDAR UN MENSAJE DE QUE ESAS ERAN SUS TIERRAS.**
  ¿Por qué no pudo ser? Los mansi tienen un récord histórico de ser pacíficos, y de hecho ayudaban a los montañistas en todo momento. Hasta ayudaron en la búsqueda de los alpinistas.

- **VIENTOS CATASTRÓFICOS.**
  ¿Por qué no pudo ser? Si hubo vientos tan fuertes como para aventar a personas a kilómetros de distancia, ¿cómo es que la carpa quedó intacta y cómo fue posible que dos de las víctimas tuvieran puestos sus gorros?

- **FUE UN OVNI.**
  ¿Por qué no puede ser? Lo único que se tiene es una fotografía de la supuesta nave.

- **PRUEBAS NUCLEARES SOVIÉTICAS.**
  ¿Por qué no puede ser? El doctor Christopher Straus, profesor de radiología de la Universidad de Chicago, mostró que los niveles de radiación que fueron encontrados en los cuerpos para nada están por encima del nivel normal que se puede encontrar en cualquier lado solo por existir. Y que para poder concluir que fueron expuestos a altos niveles del contaminante, los niveles deberían estar 50 o 100 veces más altos que los que Rusia consideraba anormales para esos tiempos y que fueron los que se detectaron.

> Los alpinistas de esta historia son conocidos como catadores de explosivos. Es fácil identificar el sabor de una bomba, solo tienes que hacer un movimiento sexy, empiezas a menear y suavecito para abajo.

La teoría **IMPROBABLE PERO PLAUSIBLE:**
- **LA TORMENTA PERFECTA: CALLE DE VÓRTICES DE VON KÁRMÁN.**

> Curiosamente así se iba a llamar el primer sencillo de Kabah, pero al final optaron por «La calle de las sirenas» porque «La calle de vórtices de Von Kármán» no fluía bien en el coro.

Ooooou imagínate al alpinista en un vórtex… 🎵

Este fenómeno, también conocido como torbellinos de Von Kármán, implica una serie de vórtices de viento que ocurren en patrones repetitivos que causan el sonido por vibración de líneas telefónicas y generan altos niveles de infrasonido (onda sonora cuya frecuencia está por debajo del espectro audible del oído humano, aproximadamente 20 Hz), y que pueden provocar vértigos, náuseas y cefaleas (migrañas) al ser afectado el laberinto auricular.

Resulta que el cerro Kholat Syakhl fue analizado por el doctor Bedard, un científico líder del grupo que en la NOAA (Administración Nacional de Océanos y la Atmósfera) investiga el fenómeno del infrasonido que ocurre naturalmente. Bedard determinó que el cerro tiene la forma perfecta y todos los factores atmosféricos necesarios para ser un punto donde se puede crear este fenómeno.

Vamos al NOAA NOAA… 🎵 (Esto es lo que pasa cuando tres juarenses escriben un libro).

La montaña era un lugar de ambiente, donde todo es diferente, y además tenía vórtices. Ahora vamos a recrear la escena de lo que pudo haber pasado ese fatídico día:

El día terminaba, los nueve alpinistas estaban quitándose la ropa húmeda y cambiándola por su piyama para dormir y continuar su expedición a primera hora. De repente, los cuerpos de Igor y sus amigos, sin saber nada de los vórtices Von Kármán, sin percibir aparentemente nada, comenzaron a reaccionar a algo invisible.

No nos consta que se hayan cagado en los pantalones, pero todos comenzaron a sentirse alarmados sin saber por qué. Luego comenzaron a sentir dolor de cabeza, como si todos hubieran sido afligidos por una migraña colectiva y notaron que sus pechos comenzaron a vibrar de forma extraña. Cuando el fenómeno estaba sobre su carpa, todos de repente tuvieron ganas de vomitar, sus cabezas les pulsaban y sentían que todo a su alrededor vibraba en silencio. Comenzaron a pensar instintivamente: «Tenemos que salir de aquí». Sasha y Kolya abrieron la carpa y comenzaron a escapar, los que estaban en la parte trasera no aguantaron más y decidieron hacer su propia salida, así que cortaron la tienda de campaña y los demás salieron por ahí.

Afuera, los vórtices colindaron creando un estruendo equivalente a dos locomotoras fantasmas atravesando por el lugar. El grupo huyó tratando de escapar del ruido y del sentimiento de que iban a implosionar. La luna no había salido aún, y el grupo se separó al poco tiempo de emprender su huida. Bajo estas condiciones no se podía ver más lejos que unos cuantos metros y los fuertes vientos no permitían que sus gritos de ayuda se escucharan. Sin querer se separaron en tres grupos: Lyuda, Kolya, Sasha y Kolevatov se encontraban juntos, Zina y Rustik formaron otro grupo y finalmente Georgiy y Doroshenko quedaron aislados de los demás.

Georgiy y Doroshenko caminaron hacia el sur, rumbo al bosque que los llevó a atravesar el río congelado Lozva. Cuando llegaron a un cedro, decidieron encender una fogata. Doroshenko trepó al árbol para conseguir ramas que no estuvieran húmedas, comenzó a cortar algunas y las dejó caer para que Georgiy comenzara la fogata. Con la hipotermia comenzando a afectarlos, perdió el balance y cayó del árbol. No murió, pero quedó herido. Los dos hombres finalmente lograron encender la fogata. Se colapsaron junto al modesto fuego que habían prendido, cerraron los ojos y no volvieron a despertar.

Al mismo tiempo, Kolya, Lyuda, Sasha y Kolevatov iban caminando en dirección opuesta, Kolya se lastimó el tobillo en algún punto y perdió la habilidad de caminar. Mientras lo ayudaban a caminar hacia donde creían que estaba la cubierta del bosque, los cuatro se toparon con un precipicio de siete metros de profundidad y cayeron en él. Kolya, Lyuda y Sasha recibieron graves heridas, como costillas rotas y cráneos lacerados. Kolevatov se salvó de caer sobre las piedras directamente, tal vez porque iba ayudando a caminar a Kolya y cayó sobre su cuerpo, amortiguando su caída. Kolevatov solo pensaba en ayudar a sus tres amigos heridos, así que decidió caminar hacia donde creía que estaba la carpa. En la oscuridad alcanzó a percibir la pálida luz de la fogata que habían encendido Georgiy y Doroshenko, y caminó hacia esa dirección. Cuando llegó, encontró a sus amigos muertos. Sin pensar en el peligro, ambos se habían pegado lo más que pudieron a la fogata para intentar mitigar el horrible frío que estaban sufriendo, y, por consecuencia, parte de sus cuerpos terminó cocida.

Sin nada más que hacer por ellos, Kolevatov cortó pedazos de la ropa de sus amigos que aún estaba caliente y seca, los acomodó uno junto al otro de la forma más respetuosa que pudo y luego se regresó a auxiliar a los demás. Usó parte del suéter que cortó para tapar uno de los pies de Lyuda, pero no fue suficiente, ya que sus heridas la habían hecho perder el conocimiento y falleció. Kolya no sobrevivió a las heridas de su cabeza y a la hipotermia; solo Sasha quedó vivo. Kolevatov tomó a su amigo y lo levantó, intentando que llegaran ambos a un lugar donde pudieran cubrirse del frío, pero demasiado tiempo había transcurrido y la hipotermia había ganado, los dos amigos cayeron al suelo y se abrazaron en su último intento por soportar el frío, los dos cerraron los ojos y se despidieron a un placentero sueño eterno.

Finalmente, Igor, Rustik y Zina, quienes habían quedado más cerca del campamento, intentaron regresar a la carpa, pero estaban separados entre sí, y solos, uno a uno fueron sucumbiendo a las frígidas temperaturas. Igor, sintiendo llegar la última etapa de la hipotermia, se sostuvo de las ramas del árbol como un último intento por mantenerse de pie. No lo logró. Su cuerpo cayó y sus ojos se cerraron, sus manos quedaron empuñando las ramas hasta su último aliento. Rustik cayó y su cabeza golpeó las piedras que estaban justamente debajo de la nieve y se fracturó el cráneo. Zina cayó y se rompió la nariz, aun así siguió arrastrándose hasta que al final sus músculos se congelaron y murió.

Para cuando salió la luna, a las 3 de la mañana, todos los integrantes del grupo que iba a cruzar el paso Dyatlov estaban muertos.

Si esta fue la causa de la tragedia, entonces la conclusión de Ivanov de que la muerte se debió a «una fuerza imperiosa y desconocida» de cierta manera se redime después de tantos años, ya que en los tiempos de la investigación no se había descubierto el misterioso mundo de los vórtices, mucho menos tenían nombre.

Después de leer esta nueva teoría y descartar las otras, creo que no queda más que recordar lo que decía el gran filósofo, inventor de la criminología y adicto a la heroína, Sherlock Holmes: «Es una vieja máxima mía que cuando hayas descartado lo imposible, lo que quede, aunque sea improbable, debe ser la verdad».

TRIVIA TENEBROSA:

51 AÑOS ANTES DEL INCIDENTE DEL PASO DYAT-LOV OCURRIÓ EL EVENTO DE TUNGUSKA, UNO DE LOS MÁS GRANDES MISTERIOS RUSOS DE LA HISTORIA MODERNA. El 30 de junio de 1908 se registró una gran explosión cerca del río Podkamennaya Tunguska que aplastó 80 millones de árboles en un área de 2 150 kilómetros cuadrados. El evento es atribuido a una explosión de aire de un meteoroide, aunque existen otras teorías. Algunos aseguran que ocurrió debido a una colisión con un pequeño hoyo negro o un pedazo de antimateria, otros que fue por la explosión de un OVNI. Una mujer de la tribu evenk dijo que el evento fue causado por una intervención del dios del trueno, la zona ahora es considerada sagrada por la tribu.

NARCOSATÁNICOS

SI SE EMOCIONARON AL LEER EL NOMBRE DE ESTE CAPÍTULO PENSANDO QUE HABLA-RÍA DE LA PELÍCULA NOVENTERA DE ALFONSO ZAYAS TITULADA *NARCOSATÁNICOS DIA-BÓLICOS*, ESTÁN MAL. Y APARTE, QUÉ RARO QUE ESE SEA SU PRIMER PENSAMIENTO EN UN LIBRO DE LEYENDAS LEGENDARIAS.

> Alfonso Zayas hacía cine de calidad, *Esta noche cena Pancho* cambió mi vida.

No voy a hablar de ninguna película de Alfonso Zayas. Pero lo que sí voy a rela-tar en este capítulo es la historia de un culto de magia negra y narcotraficantes creado y liderado por Adolfo de Jesús Constanzo.

Una cantidad innumerable de personas fue asesinada por los miembros de este culto, entre los que, irónicamente, había un total de cero satanistas. Nada de lo que hicieron era remotamente relacionado con Satanás, pero en México les encanta decirle «satánico» a todo lo que involucra la magia o el color negro, aunque no tenga nada que ver con lo diabólico ni con la religión católica. Así que, para no confundirnos, me voy a referir a ellos como los Narcosatánicos, pero les voy a explicar que en realidad deberían ser llamados los Narco-palo-mayombes.

> Podrá ser la manera correcta de llamarlos, pero es pésimo *branding*, yo no compraría una camiseta que dijera «Narco Palo Mayombes».

> Suena como una marca de canela, si vendieran canela sí les compraba canela.

El 1.º de noviembre de 1962 nació en Miami, Florida, Adolfo de Jesús Constanzo, mejor conocido como el Padrino de Matamoros. Su madre, Delia Aurora González del Valle, era una inmigrante cubana de 15 años que enviudó poco tiempo después de dar a luz y posteriormente se fue a vivir con su hijo a Puerto Rico, donde muy pronto consiguió un padrastro para su niño.

En Puerto Rico, Constanzo fue bautizado católico e incluso se convirtió en monaguillo. Pero eso no impidió que su madre le enseñara los rituales y la magia de palo monte y palo mayombe desde que cumplió 9 años.

La religión de palo surgió a partir de una creencia llamada bantú, traída a América por esclavos africanos que llegaron a Cuba y después mezclaron sus creencias, dioses y rituales con los católicos que se les habían impuesto, y así crearon la santería. Dentro de la santería hay una rama que tiene la reputación de ser la magia negra más peligrosa y temida del mundo: el palo mayombe.

A nivel cosmológico, una de las creencias principales de palo mayombe es que los espíritus de los muertos, los *nfumbes*, que están dotados de poderes y conocimientos sobrenaturales como la presciencia —conocimiento de las cosas futuras— y el control sobre los elementos naturales, median y organizan la acción humana a través de rituales. Los practicantes de palo mayombe, o paleros, creen en la capacidad de estos espíritus para influir en los asuntos humanos y tratan de aliarse con ellos: cuanto más fuerte sea la alianza entre un nfumbe y su palero, este obtiene mayor prosperidad y protección contra la desgracia.

> Es prácticamente lo mismo que tu tía la católica rezándole a san Judas para que le haga el milagrito de conseguirle trabajo a tu primo el diseñador gráfico.

> Es como el Ratatouille de la magia… solo que el que te jala la greña es el nfumbe y en vez de cocinar te ayuda a sostener bien una fusca.

Al igual que tu tía la católica, el devoto tiene que establecer una relación con un hombre muerto, la diferencia es que este devoto debe ir al cementerio, encontrar una tumba abandonada y sellar un pacto con el espíritu de la persona fallecida que descansa allí. Es una prueba considerada difícil para los devotos, pero yo lo describiría como un bello día de campo.

En este pacto, el palero promete alimentar al espíritu con sangre animal, cigarros, ron y miel por el resto de su vida; por su parte, el ente acuerda «trabajar» para el palero, lo cual significa predecir el futuro y llevar a cabo operaciones mágicas de naturaleza constructiva o destructiva, como curar o castigar.

Si el muerto acepta (no siempre sucede) y el pacto se sella, el palero desentierra sus restos y recoge algunos huesos, preferentemente el cráneo o el hueso de un dedo, aunque, si es posible, opta por tomar todo el esqueleto. En Cuba, por ejemplo, donde esta religión se practica, te pueden dar hasta 30 años de cárcel por robarte un cuerpo. Después, el palero lleva los huesos a un santuario en su casa y los coloca en un caldero de hierro o arcilla. Este caldero se llama *nganga* y es la fuente de poder del palero.

> También con viagra puede salir el poder palero.

> Aquí ya cambia la cosa, tu tía la católica podrá ser juzgona, malacarienta, chismosa y robatumbas, pero nunca una estrella porno.

Se llena el caldero con una variedad de elementos tomados de la naturaleza, como palos de árboles, tierra, minerales y restos de animales, además de objetos metálicos como machetes, clavos, cadenas. Las nganga entonces se convierten en la materialización del hombre muerto, su nuevo cuerpo, por así decirlo. Este ritual le permite al espíritu recuperar algunos de los atributos específicos de la vida, como el crecimiento, las necesidades, los deseos y el placer.

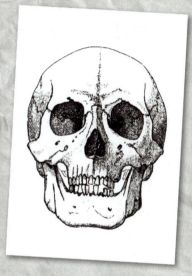

> Qué va primero: ¿los huesos, los objetos metálicos, la tierra o la leche?

> Es una olla presto paranormal, no un *crème brûlée*, tú échale lo que te encuentres.

El espíritu que vive en la nganga es dotado con la habilidad del habla, los sentimientos y la agencia. Puede actuar por su propia iniciativa, independientemente de cualquier mediación humana y de acuerdo con la gama completa de emociones humanas: puede exigir, abusar, perdonar, amar, vengar, matar o sanar. Si el nfumbe es celoso, puede separar a su dueño de su esposa, o, si es benevolente, puede matar a los enemigos de su palero. No hay ningún aspecto de la religión de palo que no requiera de la participación de la nganga, es esencial para hacer trabajos, amarres, adivinación o cualquier otro ritual.

> Es como la olla sagrada de los tamales que se hereda de generación en generación.

> Es que la manteca madre que se va formando, junto con el sudor de las matriarcas, es todo el pedo, es lo que le da sazón.

Una nganga también puede influir en la vida personal de los iniciados, casi tanto como heredar la olla de los tamales. Por ejemplo, durante un ritual puede hablar por la boca de un médium y aconsejar a un miembro del grupo que nunca vuelva a beber alcohol, que venda su casa, que evite a alguna persona, o que concluya un negocio. Pero lo que puede parecer más extraño es que una nganga tenga hijos, nietos y bisnietos.

Cuando Constanzo cumplió 10 años su familia se mudó a la Pequeña Habana, en Miami. Un año después su padrastro murió y les dejó una considerable herencia a él y a su madre. Sus vecinos cuentan que Delia siempre les pareció extraña, especialmente cuando llegaban a tener algún pleito con ella, pues a la mañana siguiente era común descubrir que «alguien» les había dejado una cabeza de gallina o de cabra en su puerta. Ya sabes, lo normal en cualquier vecindad.

«¡Vecina! Feliz Navidad, le traje unos chocolatitos para su niño y ¡órale!, ¿usted también nos tiene un regalo? Ah caray… muchas gracias por esta cabeza de cabra, jamás había visto una en mi vida y guau… qué… bonitos sus ojos de cabrita, así todos tristes y apagados… ¡Ay!, aún está goteando sangre».

Poco después Delia decidió enviar a Constanzo a Haití para que estudiara las artes oscuras del palo mayombe con brujos cinta negra. Para 1976 Constanzo, de apenas 14 años, ya era un ngello o aprendiz practicante de un Tata Nki-si, un título muy respetado para un brujo maestro en palo.

Su padrino de ocultismo, además de enseñarle sobre rituales, hechizos, amarres, sacrificios de animales, y otras cosas totalmente normales para un adolescente, también le enseñó la mejor forma de hacer dinero con esas habilidades. Su padrino ya había amasado una cuantiosa fortuna haciendo trabajos para narcotraficantes y le dio a Constanzo la lección número uno de su vida: «Deja que los que no creen se maten con drogas. Nosotros lucraremos con su

Las cabras eran veneradas en Mendes, Egipto, porque se pensaba que una gran divinidad se había ocultado en una cabra.

idiotez». Esta frase se convertiría en su mantra de vida, e incluso la aplicaría con sus seguidores, a quienes les tenía estrictamente prohibido drogarse.

Acéptalo, José Antonio, te da mucha envidia no haber tenido un padrino de ocultismo.

Mi padrino era buena onda, pero nunca me enseñó sobre las místicas artes de la nigromancia.

La madre de Constanzo comenta que su hijo comenzó a mostrar poderes psíquicos; por ejemplo, predijo el intento de asesinato de Ronald Reagan en 1981. Ese mismo año Constanzo fue arrestado dos veces, una de ellas por intentar robar una motosierra de una tienda.

En 1983 Constanzo se mudó a la Ciudad de México a trabajar como modelo y en sus tiempos libres leía el tarot en la Zona Rosa. Cuando terminó su contrato regresó a Miami, pero no sin llevarse a sus primeros discípulos: a Martín Quintana, al psíquico Jorge Montes y a Omar Orea. Además de un amante de apellido López. ¿Mencioné que Constanzo era bisexual? De hecho, tanto Quintana como Orea se convirtieron en sus amantes y para mediados de 1984 los tres regresaron a residir a la Ciudad de México, donde formaron un culto que posteriormente les daría muchísimo dinero haciendo limpias (entre otras cosas, guiño guiño).

Por supuesto que eran buenos para las limpias, si pasaban la mitad de su tiempo libre quitando manchas.

Constanzo era tan ordenado que llevaba en sus diarios el registro preciso de sus 31 clientes regulares; entre ellos, políticos, narcos, doctores, modelos y gente de la farándula.

Sus ceremonias tenían un «menú» que les permitía elegir qué animal querían sacrificar, por ejemplo, una gallina costaba seis dólares; una cabeza de cabra, 30; una boa, 450; o si querías impresionar a tu novia, por 1 100 dólares sacrificaban una cebra adulta o por 3 100 dólares mataban un león bebé. Algunos pagaban hasta 4 500 dólares por una sola ceremonia.

Ahora pagan lo mismo, pero por ayahuasca y sin leoncitos bebés decapitados, qué estafa.

Los leones pueden dormir hasta 20 horas y son considerados los más flojos de los grandes felinos.

Después de tan solo un año de estas ceremonias la reputación de Constanzo y su magia creció tanto que atrajo a su culto a varios agentes federales, entre ellos a Salvador García, el comandante de las investigaciones de narcóticos, y a Florentino Ventura, jefe de la Policía Judicial Federal. Este último terminó como jefe de la Interpol en México y es reconocido por estar involucrado con Félix Gallardo y la muerte del agente de la DEA *Kiki* Camarena.

Tanto sus seguidores como sus clientes veían a Constanzo como un semidiós, alguien a quien admirar y al mismo tiempo respetar, quizá más por el miedo que por cualquier otra cosa; pero lo que puede asegurarse es que la gente que lo conocía creía, por experiencia, que el poder de Constanzo era real.

Y fue justamente Florentino Ventura quien presentó a Constanzo con la familia del Cártel de los Calzada en 1986. Con su encanto personal y habilidad para los hechizos se ganó su confianza en poco tiempo y para 1987 ya tenía una flotilla de automóviles de lujo y un departamento en la capital mexicana que pagó en efectivo.

«En este episodio de *Cómo verte sospechoso:* hombre paga un departamento usando puros billetes de 20 pesos con manchas inexplicables».

«Regresando del corte comercial, analizaremos su flotilla de autos de lujo con placas sobrepuestas, sin número de serie, ni engomado ecológico».

El poder místico de Constanzo era tal, que la familia Calzada atribuía todo su éxito a los rituales de palo. Mediante ellos les decía cuándo podían pasar droga, a qué hora, quién los iba a traicionar y dónde estarían los cárteles rivales para deshacerse de ellos; lo más impresionante es que funcionaba. Constanzo había pasado de ser el brujo adolescente a ser brujo de sociedad, y sabiendo que su magia era la que hacía que los Calzada tuvieran el éxito que tenían, en abril de 1987 por fin decidió pedirles que lo hicieran parte del sindicato. Su propuesta fue rechazada y Constanzo lo tomó como todo un caballero.

¿Templario?

¿Del zodiaco?

Era sarcasmo, ahí les encargo que pongan atención al subtexto.

El 30 de abril Guillermo Calzada y seis miembros de su familia desaparecieron. La Policía encontró en la escena del crimen velas derretidas y otros artefactos esotéricos que apuntaban a un ritual. Seis días después la Policía sacó del río Zumpango siete cadáveres con señales de haber sido torturados de forma sádica. Las señales de que fueron asesinados ritualmente eran obvias. Se les habían cortado los dedos, las orejas, el corazón y los órganos sexuales. A uno de los cuerpos le habían quitado parte de la columna vertebral, otros dos cuerpos no tenían cerebro. Todos esos órganos terminaron en la nganga de Constanzo.

¿Cómo sé dónde terminaron? Una cualidad de las ngangas, que no había mencionado, es que puedes «evolucionarlas» como pokemon. Si quieres que tu nganga sea más lista, le das cerebros; si quieres que sea más fuerte le das músculos; si quieres darle juventud, le das la sangre de un niño, algo así como «haz tu propio Frankenstein espectral».

Así no evolucionan los pokemones, Badía.

A diferencia de los cholos de tu colonia, los pokemones sí evolucionan con la piedra.

Constanzo también siguió evolucionando, este ritual funcionó y su poder, junto al de la nganga, creció aún más. Poco después Salvador García lo presentó al cártel de los hermanos Elio y Ovidio Hernández, y su fama, al igual que su fortuna, crecieron de manera exponencial. Además de que, convenientemente, ¿o quizá gracias a la nganga?, una tragedia dentro del cartel de los Hernández resultó en que Serafín Hernández, uno de los miembros, le ofreciera a Constanzo la mitad de la fortuna y la droga del cártel a cambio de su protección y servicios.

En ese tiempo Constanzo visitó Matamoros y ahí conoció a Sara Aldrete, una mujer de 22 años de edad, que residía en Brownsville, Texas, en la frontera con Tamaulipas. Sara era novia del narcotraficante Gilberto Sosa, pero Constanzo la sedujo, convenciéndola de que estaban destinados a estar juntos porque ella tenía el mismo cumpleaños que su mamá, línea que al parecer todas las mujeres encuentran irresistible, así que inevitablemente se hicieron amantes.

«¡Feliz cumpleaños, Sara!».

«Gracias, Constanzo, qué bonita lencería, pero ¿por qué tiene grabadas las iniciales de tu mamá?».

«Mientras hacemos el amor, ¿puedes gritarme que me acabe todos mis vegetales?».

Sara no estaba muy segura de dejar a Sosa, pero Constanzo aplicó la clásica técnica romántica de antaño que consiste en hacer una llamada anónima al narcotraficante para decirle que su novia le estaba poniendo el cuerno y hacer que el narco la quisiera matar para que no le quedara otra opción más que irse con él. Y funcionó. Sara rápidamente se convirtió en la Madrina, también conocida como la Bruja mayor en Matamoros, quien se metió a ese mundo sin ningún problema gracias a su conveniente gusto por la tortura y los sacrificios.

Constanzo lo tenía todo: novia, novio, dinero, influencia en las altas esferas del gobierno, el narcotráfico y la farándula. «Si palo mayombe conmigo, ¿quién contra mí?».

¿Podemos decir que usaba la brujería «palo» que se ofreciera?

A estas alturas tal vez te estés preguntando dos cosas: ¿por qué demonios no ha terminado Lolo en una nganga?, y ¿dónde podía tener Constanzo una caldera apestosa sin que nadie lo molestara?

La primera respuesta es: porque obviamente yo sería el primer sospechoso y cuando mi nganga empiece a hacer chistes pésimos todos van a saber el porqué.

La segunda: en el rancho Santa Elena, que estaba a escasos 30 kilómetros de Matamoros. Este lugar se convirtió en el hogar de la nganga y en el espacio perfecto para llevar a cabo su plan maestro.

Con todo el espacio, tiempo y dinero del mundo a su disposición, los rituales de Constanzo comenzaron a hacerse gradualmente más sádicos y elaborados, todo con el expreso propósito de satisfacer a la nganga y hacerla más poderosa. Como les expliqué antes, la nganga es alimentada con los atributos que se quiere que tenga. Por ejemplo, una vez secuestraron a un fisicoculturista para darle fuerza; le cortaron los brazos y se los dieron a la caldera.

En otra ocasión quisieron darle juventud, así que secuestraron a un niño, pero cuando lo estaban degollando este comenzó a llorar. Constanzo dijo: «Ese niño no sirve, porque si se lo echo así llorando, la nganga se va a poner triste». Así que ordenó a su culto que fueran por otro. Terminaron de matar al primer niño y lo tiraron en una fosa, encontraron a otro niño que vieron en la calle en una bicicleta y lo secuestraron para terminar el ritual. Con ese sadismo y facilidad terminaban con una vida.

Durante ese tiempo la fama de Constanzo seguía creciendo. El 12 de agosto Ovidio Hernández y su hijo de dos años fueron secuestrados por narcotraficantes rivales, y la familia acudió a Constanzo en busca de ayuda. Esa noche se realizó otro sacrificio humano en el rancho Santa Elena y, como por acto de magia, los rehenes fueron liberados ilesos un día después. Naturalmente, Constanzo aceptó todo el crédito por el retorno seguro de los Hernández.

«Ah, claro, sí fui yo… este… o sea el sacrificio lo hice por ustedes obviamente, no porque ya no encontré nada que ver en Netflix».

Es que Netflix no tiene las chidas, como *Macho que ladra no muerde* y su secuela *Dos machos que ladran no muerden*, de Alfonso Zayas.

Constanzo continuó haciendo sacrificios. En noviembre de 1988 sacrificó a su discípulo Jorge Gómez, acusado de inhalar cocaína. Un mes después los lazos de Constanzo con la familia Hernández se consolidaron con la iniciación de Ovidio Hernández como un cultista de pleno derecho, completo, con rituales de sangre y oraciones a la nganga. El 14 de febrero de 1989 un contrabandista competidor, llamado Ezequiel Luna, fue torturado hasta la muerte en el rancho Santa Elena; otros dos distribuidores, Rubén Garza y Ernesto Díaz, entraron en la ceremonia sin ser invitados y terminaron rápidamente en el menú.

Pobre Jorge Gómez, lo quebraron por pasarse de la raya.

En la interpretación más gráfica de «matar a dos pájaros de un tiro» los sacrificios tenían el doble propósito de deshacerse de un rival mientras aumentaban el poder de la nganga. Pero a veces Constanzo exigía un sacrificio sin rima ni razón, simplemente sabía que la nganga necesitaba uno… él lo pedía y sus cultistas le cumplían. Tal fue el caso de José García, primo de Ovidio, de 14 años, quien terminó en la cazuela nomás porque Constanzo así lo deseó.

«Oye, dice la nganga que se le antoja tu primo de 14».

«¡No mames! ¿Pues a qué hora le metiste un sacerdote?».

Constanzo era imparable en su ascenso, tenía contactos en el gobierno, en la Policía, todo el dinero que quería y tenía algo más importante en el mundo del narco: respeto, ya que era temido por sus poderes. Y la verdad es que nadie podía negar que la pinche nganga estaba funcionando muy bien. Pero hay algo aún más poderoso que la magia negra, algo que ni toda la brujería del mundo puede detener, y es esto lo que terminaría derrumbando todo el imperio de drogas y hechizos de Constanzo: la pendejez mexa.

El 9 de abril, cuando Serafín iba de regreso al rancho después de una junta con Constanzo, se topó con un retén policiaco. Serafín, creyéndose literalmente invisible ante las autoridades por la magia del padrino, se pasó el retén, y aun cuando los policías lo siguieron hasta el rancho Santa Elena, Serafín estaba convencido de que no lo podían ver. De hecho, estaba tan convencido de su invisibilidad que se sorprendió cuando los policías le preguntaron amablemente: «¿Qué chingados le pasa?». Su arrogancia por la creencia en la protección del padrino era tanta que les dijo a los policías que le dispararan si querían, que las balas no le podían hacer nada.

«En el siguiente episodio de *Cómo verte sospechoso*: acelerar cuando pasas por un retén policiaco».

«Regresando del corte comercial, analizaremos por qué es pésima idea decirle a un policía que eres a prueba de balas».

Mientras cuestionaban a Serafín sobre sus superpoderes, los oficiales se percataron de una choza de donde provenía un olor a putrefacción. Cuando la abrieron, encontraron la nganga y otra parafernalia de palo mayombe. Se llevaron a Serafín para cuestionarlo y de pasadita también al velador. La verdad es que no se puede culpar a Serafín por su arrogancia, seguro el padrino podría, mediante sus conexiones, sacarlo fácilmente de la cárcel. El problema es que Serafín no estaba enterado de un factor que cambiaría las reglas del juego.

Un mes antes de su arresto Serafín había secuestrado a un estudiante de medicina estadounidense, ya que Constanzo había pedido un cerebro de un médico porque necesitaba darle esos conocimientos a la nganga. Serafín, junto con otros tres cultistas disfrazados de federales, con todo y las identificaciones, encontraron a un estudiante de medicina llamado Mark Kilroy, lo siguieron hasta que el joven de 21 años se separó de sus amigos para ir a mear justo antes de cruzar de regreso a Brownsville.

Ahí lo abordaron y le dijeron que lo iban a arrestar por estar pedo y estar meando en un espacio público. Lo esposaron, lo subieron a la camioneta y para las 2 de la tarde del día siguiente sería asesinado a machetazos por Constanzo y su cerebro de médico terminaría alimentando a la cazuela.

> La nganga preguntó: «¿Qué es eso?», le dijeron: «Pues seso», y dijo: «Por eso» y yo solito conozco el camino a Lecumberri, fue un placer conocerlos, amigos.

La desaparición de Mark Kilroy había desatado una cacería binacional, con participación de la DEA, del sheriff de Brownsville, George Gavito, y del comandante en jefe de la Policía Federal de Matamoros, Juan Benítez Ayala, un hombre de un metro y medio de alto, pero con unos huevos de dos toneladas, que tenía el mantra de «No necesitamos una orden de cateo, ser un federal es la orden de cateo». En resumen, era un hombre que quería hacer el bien, pero sabía que el juego era sucio y a él no le molestaba ensuciarse las manos para traer a la justicia a los criminales.

El comandante Chibi-Batman de Matamoros estaba interrogando al velador cuando este vio la foto de Mark en el escritorio del comandante Juan y le dijo:

—Yo conozco a ese morrito.

—¿De dónde? —le preguntó Juan.

—Del rancho. Yo le di de comer. Lo tenían amarrado en la parte de atrás de una Suburban.

Juan mandó traer a Serafín para interrogarlo a la mexicana (o sea, a putazos), para que le dijera dónde estaba Mark.

—Escúchame bien, cabrón, yo sé que tú sabes dónde está el muchacho. Y te voy hacer hablar.

—Ahh, simón. Sí, es el gringo que andan buscando —respondió con insolencia, sintiéndose intocable—, y está enterrado en el rancho.

El comandante no podía creer que Serafín le hubiera dicho todo, así de peladas.

Después de eso llevaron a Serafín y a otros tres cómplices al rancho, y le hablaron al sheriff George Gavito para buscar el cuerpo.

—¿Dónde está el cuerpo, hijo de la chingada? —le preguntó Juan a Serafín.

—¿Cuál cuerpo? —Vaya huevos.

Entonces Juan perdió la paciencia y lo amenazó a gritos, apuntándole con su uzi:

—¡No estés mamando, si te pasas de vergas te voy a partir la madre!

Serafín, con un tono calmadísimo, le respondió:

—Tranquilo, me refiero que cuál cuerpo mencionas... hay como 20 enterrados aquí.

Todos se quedaron como la virgen María cuando le preguntaron si quería embarazarse de una paloma.

—Espérate... ¿cómo?

Y así Serafín, quitado de la pena, les dijo dónde estaban todos los cadáveres. Cuando le preguntaron por el cuerpo de Mark les dijo que ahí donde estaba un alambre retorcido, que era un gancho para la ropa, el cual, les explicó Serafín, después de quitarle el cerebro a Mark y cortarle las piernas a la altura de las rodillas, le habían pasado por en medio de la columna, porque Constanzo quería hacer un collar con sus vértebras, y de esta manera solo tenía que esperarse un tiempo a que se descompusiera el cuerpo para luego nada más jalar el alambre y tener su nueva joyería.

Después de recoger sus mandíbulas del suelo y las mandíbulas de todos los demás cadáveres, Benítez entendió que estaban tratando con brujería de palo mayombe, así que mandó traer a su propio brujo para que lo asesorara y que además hiciera limpias a todo su equipo, por si las moscas.

Detective Capistrán, creo que para este caso necesitaremos un experto en ciencias forenses.

No, oficial Espinosa, lo que necesitamos es un experto en ciencias ocultas, degüella esta gallina y márcale al brujo.

La búsqueda de Constanzo comenzó. Allanaron varias de sus propiedades lujosas, una en Atizapán, a las afueras de la Ciudad de México, donde encontraron una colección impresionante de pornografía gay y un cuarto secreto para rituales. Pero no podían dar con él. Entonces el brujo del comandante Chibi-Batman tuvo una brillante idea... ¿Quieres atrapar a Constanzo? Quema su nganga, quítale todo su poder. Haz que la nganga se enoje.

Y así fue como una mañana el comandante Juan llevó a una televisora a grabar cómo el brujo hacía un ritual para destruir a la nganga. Procedió a quemarla junto a la choza y luego la arrastró por la tierra con todo el afán de «faltarle al respeto» sabiendo que esto iba a *1)* hacer emputar a Constanzo y *2)* lograr que la ira de la nganga se fuera contra él.

¡Y funcionó! Por eso neta me da miedo la nganga, porque no puedes negar que es demasiada coincidencia.

A mí me da miedo ¡porque está llena de restos humanos!, pero bueno, cada quien.

Cuando Constanzo vio su nganga quemándose se sintió ultrajado, todo su poder dependía de su nganga, y esta lo culparía por no haberla cuidado. Poco a poco comenzó a volverse loco, quemó millones de dólares en la estufa y aventó monedas por la ventana para intentar apaciguar al nfumbe.

El 6 de marzo Constanzo seguía en pánico por la maldición que se había desatado y porque él sabía que había perdido todo su poder. Entre los rituales y las peleas con Sara, que quería calmarlo, una vecina chismosa le habló a la Policía porque no la dejaban dormir. Unos policías que atendían lo que creían una disputa doméstica fueron recibidos por ráfagas de uzi. En el departamento también estaba su guardaespaldas: León Valdez *el Duby*. Inmediatamente pidieron apoyo de los federales, quienes después de una batalla de 45 minutos lograron dar con Constanzo, muerto.

Hay dos versiones sobre cómo murió. La versión romántica es que le pidió a su guardaespaldas que los matara a él y a su novio, Martín Quintana. Cuando el Duby le dijo que no podía hacer eso, Constanzo le dio una cachetada y le dijo la cosa más metalera que he escuchado en mi vida: «Si no me matas, te va a ir de la verga en el infierno». Y Duby mató a los dos amantes.

«Chingado, lo hago pero dame un pinche calcetín antes de matarlos».

Ese era Dobby, Borre.

La otra versión, ya que los cuerpos en la morgue tenían 20 o 30 balazos, es que los policías le tenían un chingo de miedo y llegaron a matar, no a arrestar. Además Constanzo tenía en su libreta nombres de políticos, policías federales, estatales, narcos, y de muchísima gente importante que no querían que se supiera que estaba asociada con el padrino del palo mayombe. Así que las órdenes siempre fueron *mátenlo en cuanto lo vean para que no hable*.

Al final la Policía arrestó a 14 cultistas, entre ellos a Abel Lima *el Sodomita de Iztapalapa*, Rubén Estrada *Patitas Cortas*, Christian Campos *el Panzas*, Emmanuel Romero *el Trompas*, Saúl Sánchez *el Macaco* y Ricardo Peña *el Cepillín*. El Duby fue acusado de matar a Constanzo y a Martín, y lo condenaron a 30 años.

El Patitas Cortas era mitad hombre mitad corgi.

Necesito un momento para procesar todos los apodos, por favor sigan sin mí.

Sara Aldrete Villarreal, la Madrina, fue sentenciada a seis años de prisión por asociación criminal, pero cuando salió se le hizo un segundo juicio en el que se le comprobó que tomó parte en varios asesinatos y fue sentenciada a 60 años. Y si llegara a salir, Estados Unidos tiene una orden de arresto en su contra por el asesinato de Mark Kilroy, así que ni le busca.

♫ En la nganga de Cepillín me encontré un cerebelo, belo belo el cerebelo ♫

A pesar de que nunca se sabrá el número exacto de víctimas del culto de los Narcosatánicos, en el rancho de Santa Elena se recuperaron 23 cuerpos, mientras que en la Ciudad de México se les atribuyen más de 40 asesinatos, incluyendo el desmembramiento de Ramón Esquivel y el de un travesti, cuyo cuerpo fue dejado de forma ritual en una calle.

Pero como buena película de terror, las cosas no se acaban ahí. La hermana de Martín Quintana, el novio de Constanzo, dijo en 1989 que antes de Sara hubo una primera Madrina que sigue libre y tiene su propio culto en Guadalajara. Antes de morir en la cárcel, enfermo de sida, Omar Orea también declaró muy a la *Fight Club*: «Nada se ha acabado porque el templo de Monterrey sigue vivo y más grande que lo que fue el templo de Tamaulipas». Así que nomás por si acaso: si te topas con una cazuela que tuvo hijos: corre. ∎

Güey, el Trompas y el Panzas… apenas para hacer un menudo.

Con tantito Macaco para desencadenar otra pandemia.

TRIVIA TENEBROSA:

LA PORTADA DE *MATANDO GÜEROS* DE LA BAN-DA BRUJERÍA MUESTRA LA CABEZA DE UNA SU-PUESTA VÍCTIMA DE LOS NARCOSATÁNICOS. La cabeza es apodada Coco Loco y se ha con-vertido en mascota de la banda; aunque fue sacada de una publicación amarillista, no hay forma de corroborar si en efecto se trata de una víctima real de Constanzo.

CULTOS Y SECTAS

NXIVM

**Nueva York, EUA /
Monterrey, México**
Culto sexual
disfrazado de
organización de
marketing multinivel.
**Fundador:
Keith Raniere.**

TEMPLO DEL PUEBLO

Jonestown, Guyana Francesa
Culto religioso cristiano
comunista que terminó en
suicidio colectivo forzado.
Fundador: Jim Jones.

HEAVEN'S GATE

California, EUA
Culto que esperaba
dejar el planeta
en una nave
extraterrestre pero
terminó en suicidio
colectivo. **Fundador:
Marshall Applewhite.**

LUZ DEL MUNDO

Guadalajara, México
Secta disfrazada de
cristianismo, acusada
de pederastia.
**Fundador: Eusebio
Joaquín González.**

CIENCIOLOGÍA

Washington, EUA
Culto, negocio
y movimiento
religioso basado
en la literatura de
ciencia ficción de
L. Ron Hubbard.

LA ORDEN DEL TEMPLO SOLAR

Francia, Suiza y Canadá
Culto esotérico neotemplario basado en las enseñanzas de Aleister Crowley. **Fundador:** Luc Jouret.

FALUN DAFA

Corea
Culto basado en meditación qigong y filosofías morales extremistas.
Fundador:
Li Hongzhi.

MOVIMIENTO RAELIANO INTERNACIONAL

Francia
Culto que afirma que la humanidad es la creación de una civilización extraterrestre.
Fundador: Claude Vorilhon.

AUM SHINRIKYO

Japón
Culto apocalíptico terrorista con microondas gigante.
Fundador: Shoko Asahara.

SANTA TERESA URREA

SE DICE QUE LA REVOLUCIÓN MEXICANA COMENZÓ EN 1910, PERO COMO CUALQUIER MOVIMIENTO DE ESTA ÍNDOLE, LAS SEMILLAS IDEOLÓGICAS SE SEMBRARON DÉCADAS ATRÁS. Y COMO EN MUCHOS MOVIMIENTOS REVOLUCIONARIOS, A VECES NO SE RECUERDA A PERSONAJES CLAVE DE ESTOS, ESPECIALMENTE CUANDO UNO DE LOS INCITADORES DEL CAMBIO ERA UNA MUJER DE 19 AÑOS, BRUJA, CURANDERA, DEMASIADO MÍSTICA PARA QUE LA IGLESIA LA QUISIERA Y DEMASIADO ESPIRITUAL PARA QUE LOS ESPIRITISTAS LA ACEPTARAN: LA SANTA DE CABORA, LA JUANA DE ARCO MEXICANA: ==TERESA URREA.==

Esta historia ocurrió entre las ciudades fronterizas de Juárez, en México, y El Paso, en Estados Unidos. Entre 1890 y 1925 se publicaban más de 40 periódicos en español en El Paso, haciendo de esta ciudad el lugar con más periódicos en español *per cápita* que cualquier otra ciudad estadounidense. Esto ofrecía una ventaja estratégica, ya que podían imprimir historias contra la narrativa que era encontrada en los periódicos grandes y específicamente en los periódicos impresos en México, que además eran controlados por el gobierno de Porfirio Díaz.

Hay cosas que nunca cambian, como los medios de comunicación manipulados por los altos mandos y el aroma a dictadura disfrazada de progreso.

A mí como que me dio más aroma a chairo.

Un ligero aroma a Borre.

Esta libertad de prensa se correspondió con una diáspora de escritores y periodistas exiliados, que estando a un río de distancia de su país podían seguir informando y reformando con sus investigaciones e ideas; por ejemplo, los insidiosos hermanos Flores Magón. Se llegó a decir que «en la frontera los periodistas y los revolucionarios eran sinónimos»; se vivía un tiempo renacentista para los periódicos en El Paso, que tenían desde anuncios de empresas mexicanas, clasificados buscando músicos para orquestas de jazz que tocaran en los bares de Ciudad Juárez, y boletos para votar por la próxima nuestra belleza méxico-americana, hasta textos contra Díaz para comenzar a organizar una revolución ideológica y en algún punto de balazos.

¿Jazz, drogas y degenere en Juárez?

A mí me gustan mucho de esas.

Así llamamos en *Leyendas Legendarias* a los martes.

Detrás de uno de estos periódicos, *El Independiente*, estaba Lauro Aguirre, un hombre nacido en Batosegachi, Chihuahua, que llegó a El Paso en 1892. Sus publicaciones fuertemente anti-Díaz lo llevaron a tener que pedir asilo al presidente de Estados Unidos, Theodore Roosevelt, cuando se enteró de un plan para secuestrarlo y llevarlo a México. En 1906 intentó tomar Ciudad Juárez, pero fracasó cuando sus planes fueron revelados por espías dentro de su organización. Ese mismo año el gobierno de Porfirio Díaz falsificó documentos que involucraban a Aguirre en un asesinato y se pidió su extradición. Este plan falló cuando las autoridades estadounidenses revisaron el caso y se dieron cuenta de que las acusaciones eran falsas.

Aguirre, además de tener una filosofía *ad hoc* con el movimiento revolucionario, era espiritista. A diferencia de la oligarquía porfiriana de los autodenominados «científicos», que creían que la inequidad económica era darwinismo social; los espiritistas creían que la evolución humana es un proceso que no termina, y que las personas día a día deben trabajar para progresar, y que junto con el crecimiento personal progresan la sociedad y los países. En otras palabras, creían que si todos buscaran convertirse en mejores personas todo el país se beneficiaría.

Soñadoras de la vida siempre convencidas ♫

Luchan por sus sueños aunque sean fantasías ♫

No serán vencidas, entran por su mente ilusiones cada día ♫

Hablando de soñadoras, entre los grandes periódicos abiertamente revolucionarios que patrocinaba Aguirre estaba *La Voz de la Mujer*; todo el periódico era escrito y editado por mujeres, que no tenían ningún problema en denunciar las injusticias de género y en llamar a sus enemigos políticos «los eunucos». Otro fue el periódico *Punto Rojo*, publicado por el anarquista Práxedis Guerrero, quien acuñó la frase que se le atribuiría a Emiliano Zapata: «Prefiero morir de pie a vivir de rodillas».

Entre todos los escritores e ideólogos que prendieron una de las mechas que detonó la Revolución, y tristemente nunca los mencionan en las clases de historia en la escuela, estaba Víctor L. Ochoa, un fronterizo nacido en El Paso, que fue revolucionario, inventor, espía, contrabandista y escritor de ciencia ficción y, además, editor del periódico *El Hispano-Americano*. En 1893 Ochoa comandó una rebelión contra el gobierno de Porfirio Díaz en el estado de Chihuahua.

> Andaban en carretas *low-rider*, desayunaban menudo y se juntaban en el parque para hacer pícnics y contrabandear algo que fuera ilegal.

> Borre, todo lo que califica como contrabando es ilegal por definición.

Antes de continuar tenemos que conocer a la protagonista de esta historia, ya que fue ella quien inspiró a Víctor para que atacara al gobierno mexicano.

Teresa Urrea nació el 15 de octubre de 1873 en el rancho de Cabora, en el estado de Sonora. Su padre era don Tomás Urrea, un hacendado, y su madre era Cayetana Chávez, una mujer con ascendencia de los nativos cahita y tarahumara que conoció a don Tomás trabajando como su sirvienta, y que tuvo a su hija a los 14 años.

> La única ventaja de tener un hijo a los 14 años es que se pueden compartir juguetes.

Cuando Teresa entró en la adolescencia comenzó sus estudios como aprendiz de Huila, una curandera de los nativos yaqui. Con ella aprendió el uso de más de 200 hierbas medicinales, como la hierba golondrina, para curar picaduras de alacrán; la hierba del indio, para curar dolores de estómago; hierbanís, para la tos; hierba del arriero con cáscara de granada, para curar la diarrea de bebé, y la hierba de víbora para curar el resfriado.

> Y la hierba marihuana, que sirve para curar la mala sazón de tu suegra.

> Hace que hasta el hígado encebollado sepa a gloria.

El 20 de octubre de 1889, cuando Teresa tenía 16 años, cayó en un coma, se dice que ocurrió después de que fue abusada sexualmente por un ingeniero de minería de apellido Millán; otras fuentes apuntan a que ingirió demasiado peyote durante sus estudios como curandera con Huila; también se señala que en 1886 tuvo un ataque epiléptico después de una pelea con su madre. Lauro Aguirre, quien escribió su biografía, creía que sus ataques eran a causa de epilepsia catatónica.

«¡No me grite, jefa, o me convulsiono!».

¿Qué no es al revés?: «despiértenme cuando pase el temblor», no «me dormiré mientras tiemblo».

Cualquiera que haya sido la razón de sus temblores, el hecho es que Teresa duró tres meses y medio inconsciente y todos perdieron la esperanza de que despertara, al grado que le construyeron un ataúd y comenzaron a velarla.

En medio del velorio, entre velas, flores y rezos, Teresa abrió los ojos, y enfrente de todos los dolientes que estaban en *shock* les dijo que todo iba a estar bien, pero que guardaran el ataúd.

¿Para venderlo como «seminuevo»?

«Funcionando al 100, sin adeudos, un solo dueño, tomo unidad a cuenta».

Esa misma semana Huila, su maestra, falleció y fue sepultada en el ataúd que originalmente había sido construido para Teresa.

La alumna superó a la maestra, por lo menos en lo que respecta a seguir viva.

«Vendido».

Después de la muerte de su maestra, Teresa se mantuvo en una especie de trance durante semanas, en algo parecido a gnosis perpetua, y en este estado se fue transformando de curandera a una mística con habilidades como telepatía y precognición. Esto que le sucedió a Teresa es conocido entre los nativos americanos como la búsqueda de visión, lo que los lakota llaman *hablécheya* o *hanblecheyapi*, que significa llorar por una visión. Este ritual es parte de los siete ritos secretos y el objetivo es obtener una visión por parte de los espíritus superiores a través del ayuno y el aislamiento.

Cuando era estudihambre yo hacía ese ritual involuntariamente y no veía espíritus, solo puntitos negros.

Te entiendo, Borre, yo estudié arte.

Pero es común que quien se involucra en este ritual de la búsqueda por una visión entre en un estado de coma, físico o mental; cuando despierta, su *Weyequin*, o guía espiritual, se despierta también y la persona adquiere respuestas o habilidades nuevas.

Se actualizó su sistema, como Neo.

«Ya sé kung-fu».

Después de su experiencia, Teresa le informó a su padre que los espíritus le habían instruido que su meta en la vida era ayudar a la gente, y se transformó en una curandera. Teresita decía: «Cuando viene gente enferma conmigo, instintivamente sé qué los aflige, no me gusta que me digan santa, lo que hago no es sobrenatural». Teresa era una curandera que tenía la habilidad de diagnosticar a sus pacientes y los conocimientos de curas ancestrales para aliviar esas enfermedades. O sea, era una médica.

Pero también tenía un sexto sentido para predecir cosas como nacimientos, muertes, la llegada inesperada de gente y la lluvia. En una ocasión, una familia de El Paso mandó hacer una estatua de cera en su honor después de que los ayudó a encontrar a su hijo desaparecido, aunque resultó que se había ahogado. Además, era conocida por su habilidad de viajar astralmente; una de sus mejores amigas, Josefina Félix, cuenta cómo Teresa llegaba por ella en forma astral y la llevaba a viajes.

«Sube, fracasada, iremos a abrir nuestro tercer ojo».

Sus curaciones fueron documentadas por numerosos periodistas, quienes aun sin creer en lo sobrenatural, no podían negar que sus técnicas funcionaban. Una periodista de nombre Maus Mason, corresponsal de un periódico de Austin, Texas, comentó después de atestiguar varias curaciones que «Teresita, sin saberlo, está empleando técnicas utilizadas por los mejores hipnotistas del mundo, y aunque Teresa no tiene ninguna educación y no pudo haber leído a Deleuze, Mayor, Tester, Carpenter o Franz Mesmer, sus métodos son los mismos de ellos».

Sí sabe, pero no sabe que sabe y los demás saben que no sabe que sabe, ¿sabes?

Su incansable misión por ayudar a la gente, junto con su carácter bondadoso, hizo que Teresa comenzara a ser seguida por miles de personas y que se ganara el título de la Santa de Cabora.

La Santa Cabrona le hubiera quedado mejor, pero ¿quién soy yo para poner apodos?

Pero en una dictadura la fama viene con sus problemas, y Teresa, a sus 19 años, fue forzada al exilio por el presidente Porfirio Díaz. Por ello cruzó la frontera a Estados Unidos en 1892 para protegerse a ella y a su familia. Además de su partida forzada del país, ese mismo año ocurriría una de las masacres más horrendas perpetradas en México, que se convertiría en uno de los primeros gritos de guerra de la Revolución.

Parte de la razón por la que Porfirio Díaz exilió a Teresa era porque existía un grupo de personas que se habían convertido en fieles seguidores de la filosofía de la santa. Ellos eran los habitantes del pueblo de Tomochi, en el estado de Chihuahua, quienes hacían peregrinaciones a Cabora para ser curados y pedirle consejos. Entre las cosas que Teresita les enseñó, como buena bruja, es que no necesitaban intermediarios entre ellos y Dios, y que mucho menos necesitaban a la Iglesia católica. Las iglesias y las dictaduras funcionan a la par para controlar a la gente. En este caso, Teresa estaba alebrestando a personas que, además por ser del norte, nunca se habían dejado controlar por el régimen.

Es verdad: soy mitad norteño y mitad capitalino y nunca me he dejado controlar por mí mismo.

Porfirio no había hecho nada, hasta que Teresa condenó al sacerdote de la parroquia de Tomochi, Manuel Castelo, por cobrar dinero a los pobladores pobres a cambio de hacer misa; los tomochitecos comenzaron a cuestionar al padre con estos principios, Castelo reaccionó diciendo que Teresa era satánica y que iba a excomulgar a todos los que la siguieran o le hicieran caso. Los pobladores agarraron a golpes al sacerdote, lo corrieron de Tomochi y tomaron el templo, donde comenzaron a realizar sus propios ritos religiosos.

Cuando tiempo después el padre regresó con las autoridades, la gente de Tomochi les dijo que no obedecerían a ninguna autoridad que estuviera en contra de su libertad de culto. Cuando Porfirio Díaz se enteró de lo que estaba sucediendo se preocupó de que estas noticias llegaran a la prensa y se perdieran inversiones extranjeras, así que mandó a las fuerzas federales a detener a esas personas que simplemente querían que los dejaran solos y tener libertad de culto. Díaz mandó al Ejército y un telegrama al gobernador de Chihuahua ordenando que se detuviera a los rebeldes de Tomochi y que se les castigara «rápida y severamente». El gobernador interpretó esto como mátenlos a todos y esa fue la orden que dio. Durante dos semanas menos de 100 tomochitecos mantuvieron a 1 200 soldados atrás, gracias a que eran expertos tiradores por la práctica que tenían de años de pelear contra los apaches.

Con el grito «¡Larga vida al poder de Dios y a la Santa de Cabora!» los guerrilleros mataron a más de 600 soldados del Ejército mexicano. Aun cuando los rebeldes de Teresita se quedaron sin comida, sin balas y el ejército había quemado todo el pueblo, siguieron peleando.

¡Qué aguante!; yo una vez desperté, me bajé de la cama, me pegué en el tobillo y dije: «Ay, ya para qué, mejor me regreso a la cama, el día está arruinado».

Me hubieras dicho, con untarte mariguanol, cantar el himno nacional y recitar la tabla del 5 quedabas como nuevo.

Posteriormente el ejército ganó terreno, las mujeres y los niños estaban resguardados en la iglesia mientras que los pocos rebeldes que quedaban estaban en un cuartel. El 26 de octubre el ejército quemó las puertas de la iglesia, la gente que intentó escapar por las ventanas fue asesinada a balazos. Tres días después tomaron el cuartel, donde lograron capturar a siete rebeldes vivos y los fusilaron inmediatamente. Como castigo por su levantamiento, no permitieron que los cuerpos de los muertos fueran sepultados. El holocausto de Tomochi solo lo sobrevivieron 41 mujeres y 73 niños, de los 279 habitantes que había.

«¡Esto… es… Tomochi!».

Obviamente esta masacre fue censurada en los periódicos mexicanos, pero cuando la prensa en El Paso se enteró, comenzó a reportarlo de modo feroz. El gobierno de Díaz intentó censurar los periódicos estadounidenses presionando al gobierno y a los negocios mexicanos que se publicitaban en ellos para intentar callarlos. Uno de los periódicos que no sobrevivió al boicot fue *El Hispano-Americano* de Víctor L. Ochoa, a quien solo lo inspiró para llevar la revolución de la página al campo de batalla. El mismo Víctor lo narró así: «Escuché con horror de la masacre de mis amigos y publiqué los hechos, mi propia familia ha sido víctima de la implacable crueldad del gobierno de Díaz, así que he cerrado el periódico, junté todas mis posesiones y las vendí por efectivo, que será parte de un fondo para lograr la liberación de mi gente».

Tantos amigos músicos empezaron así: mandando todo a la chingada por perseguir el sueño.

Entre más avanza la historia, más me doy cuenta de que sería de los primeros en morir durante una revolución.

A diferencia de tus amigos músicos que dejaron todo por «el sueño», Víctor L. Ochoa era un genio, hombre bicentenario, completamente bilingüe y naturalizado estadounidense. Nació en Chihuahua en 1860 y se había ido a vivir a Texas desde los 3 años. Su padre, Juan Ochoa, trabajaba en la aduana y le había ayudado a Benito Juárez a contrabandear armas durante la guerra contra Francia, así que la rebelión estaba en su genética. Con la bendición de Teresa y la ayuda táctica de Aguirre, Ochoa usó el dinero que recibió por sus pertenencias para comenzar a reclutar un ejército. Usando otro de sus periódicos, *La División del Norte del Ejército Mexicano*, ofrecía 75 dólares a cualquier hombre dispuesto a pelear «y que se presente con no menos de 100 cartuchos», y ofrecía el doble si llegaban con su propio rifle y caballo.

¿Pero tenían bono de puntualidad, vales de despensa y prestaciones de ley?

No seas ridículo, Lolo, la puntualidad no se inventó sino hasta 1903.

Tras conseguir 5000 hombres, en enero de 1894 marchó con ellos contra el prefecto de Tomochi para vengar la muerte de sus familiares. Se unió con un rebelde tomochiteco de nombre Filomeno Luján, que tenía un grupo de 65 hombres con los que se dedicaba a atacar aduanas y guarniciones federales entre las ciudades de Ojinaga y Ciudad Juárez, bajo el grito de guerra «Recuerden Tomochi». El 21 de enero Ochoa y sus fuerzas, los Cowboys, como les llamaba el gobernador de Chihuahua, Miguel Ahumada, se toparon con una fuerza de 300 soldados cerca del pueblo de Namiquipa.

El primer gringo en liderar una rebelión contra Díaz y su ejército, pelearon valientemente, pero sucumbieron ante las fuerzas militares: 45 de sus hombres murieron ese día y fueron colgados en los árboles como advertencia, Ochoa logró escapar disfrazándose de soldado federal y caminando 482 kilómetros para regresar a Texas.

«¿Qué tiene de bueno la tonta Texas?».

¡Me encantaría estar en Texas! ♫

Díaz ofreció una recompensa de 15 000 dólares por Ochoa, vivo o muerto, quien se mantuvo fugitivo en Estados Unidos hasta octubre de 1894, cuando fue capturado por el sheriff de la ciudad de Fort Stockton en el estado de Texas. En ese momento el sheriff estaba en campaña para su reelección y aprovechando que Ochoa era bilingüe le preguntó si podía hablar en su nombre para los votantes mexicanos que se habían congregado en la junta demócrata. Ochoa aceptó y habló por horas con el pueblo, que le aplaudía y echaba porras, lo que tenía muy contentos a los demócratas y al sheriff. Pero no sabían que Ochoa estaba hablando de la revolución, lo malo que era Díaz y lo más importante, les dio instrucciones de a qué hora y cómo lo ayudarían a escapar de la cárcel.

«Ok, entonces, cada que vez que diga que el sheriff está todo pendejo, le echan porras para que no se dé cuenta de que está todo pendejo».

Después de un baile de celebración, Ochoa regresó a su celda donde al poco tiempo un grupo de mexicanos enmascarados logró liberarlo sin derramar una sola gota de sangre. Aun así Ochoa solo logró cabalgar 150 kilómetros antes de que su caballo quedara atrapado en un pantano cerca de la ciudad de Pecos, Texas, donde el mariscal texano J. Fulgham lo capturó. Cuando Víctor llegó a El Paso para su juicio, cientos de personas lo esperaban en la estación del tren como a un héroe de la revolución. El 11 de abril de 1895 fue encontrado culpable de haber organizado una expedición militar dentro del territorio estadounidense para hacer una invasión a México, le dieron dos años y medio de cárcel y le quitaron la ciudadanía estadounidense.

«Señor Ochoa, usted es culpable de ser una verga, lo vamos a encarcelar porque su sola existencia es humillante para todos nosotros».

«Le vamos a dar la celda con cable y un menú ejecutivo, pero ya béseme y lléneme de Pecos».

Pero ese no fue el final de Víctor Ochoa, después de todo esto logró obtener seis patentes, fue director del servicio de Inteligencia de El Paso, contrabandista de armas y opio, falsificador de billetes, informante para el servicio secreto, dueño de una mina, y creador de carros voladores (que nunca volaron, pero lo intentó). Murió de causas naturales en 1945.

¿Carros que nunca volaron? O sea, nomás hizo carros.

¿Y tú has hecho carros?

Mientras Ochoa estaba en la cárcel, continuó su comunicación con Aguirre y Teresa, quienes a su vez estaban organizando y ayudando a la rebelión, que se había radicalizado después de la masacre.

Desde que Teresa llegó a El Paso, diario veía a 250 personas para curarlas, y nunca les cobró, el poco dinero que recibía de gente rica se lo mandaba a los revolucionarios, a quienes también escondía en su casa; no pasó mucho tiempo para que espías de don Porfirio reportaran lo que estaban viendo. Esto no fue de su agrado, así que comenzó a hacer sus planes estilo ACME para detener a Teresa. El 27 de junio de 1896 el exgobernador del estado de Chihuahua les mandó una carta a Teresa y a su papá invitándolos a regresar a México, les decía que no les pasaría nada y contarían con la protección del Estado. Teresa le regresó la carta junto con un mensaje: «No volveré a poner un pie en suelo mexicano mientras Díaz sea presidente».

«Ándale, ven acá, tráete a tu papá, dejen sus armas y chalecos antibalas en casa, todo va a estar bien».

Como esto no funcionó, Díaz pasó al plan ACME #2:

El 19 de noviembre del mismo año, proveniente de Cuba, el doctor Apolonio Rodríguez arribó a El Paso para pedirle matrimonio a Teresa; presentó una carta de recomendación firmada por Porfirio Díaz, en la que certificaba que el doctor era «de buena moral y carácter». Obviamente Teresa lo rechazó. Apolonio fue con el padre de Teresa, para intentar convencerlo, pero la respuesta que recibió fue: «Si te quieres casar con mi hija, convéncela a ella». Esto no detuvo a Apolonio, quien compró un vestido de bodas y comenzó a buscar lugar y fecha para la ceremonia. Finalmente, Teresa publicó un comunicado en el periódico *El Paso Times* que decía:

«Yo no le he dirigido una sola palabra al caballero Apolonio que lo haga creer que he aceptado su propuesta de matrimonio. He hablado con mi padre, quien no tiene una buena opinión sobre él. Le agradecería sus pretensiones de matrimonio si creyera que fueran cuerdas».

Jajajajajajaja: «Apolonio», qué padres tan más crueles.

Crueles y estúpidos eran los obvios intentos de detener a Teresa por parte del gobierno de Díaz, que además fracasaron. Y ella junto con su gente siguieron planeando la insurrección. A pesar de que Teresa era una pacifista, estaba en contra de la injusticia y sabía que para lograr un cambio había que ensuciarse las manos, ella siempre decía: «Las revoluciones son una manifestación de la voluntad de Dios, porque él ha inculcado en toda la gente el espíritu de la resistencia a la opresión». Las primeras semillas de la revolución en el norte se forjaron en este credo. Y vaya que germinaron rápidamente.

El 12 de agosto de 1896, 40 rebeldes al grito de guerra de «¡Viva la Santa de Cabora!» atacaron la aduana de Nogales, en el estado de Sonora. Los rebeldes de Teresita mataron a dos soldados federales y México tuvo que pedir la ayuda de 150 militares estadounidenses para recuperar la aduana. Los rebeldes mantuvieron la aduana en su posesión por varias horas hasta que se quedaron sin balas. Los cuerpos de los insurgentes, la mayoría nativos yaquis, fueron arrojados en la calle para que la gente los viera; lo que la gente vio en realidad no solo fue la crueldad de las autoridades, sino las fotos de Teresita que los yaquis traían colgadas alrededor de su cuello. Había nacido un nuevo ícono.

Aprovechó la fama del momento, ya hasta tenía mercancía oficial.

Próximamente, colaboración de escapularios con Supreme.

La rueda de la insurgencia estaba agarrando vuelo y la Santa de Cabora le estaba dando más y más inercia. Cinco días después de este ataque Demetrio Cortés atacó la ciudad de Ojinaga junto con 19 rebeldes de Teresita; fueron detenidos, pero comenzaron a correr los rumores de que días antes del ataque una mujer que se parecía a Teresa había estado en Ojinaga organizando el levantamiento y que había logrado juntar entre 2 000 y 3 000 dólares para ayudar a sus compañeros.

Un mes después Pomposo Ramos Rojo y Priciliano Silva, comandando a 50 hombres, atacaron el pueblo de Palomas. De nuevo fueron detenidos por la supremacía numérica de sus contrincantes; aunque las batallas se estaban perdiendo, la idea de una revolución estaba ganando.

Bueno, la intención es lo que cuenta.

Yo tengo toda la intención de terminar de pagar ese escapulario de Supreme que compré en 2016.

Preocupado, Porfirio Díaz pidió la extradición de la líder de los rebeldes: Teresa Urrea, la de su padre y la de Lauro Aguirre. Un mariscal de Estados Unidos llegó a la casa de Teresa con una orden de cateo y les dijo que por telegrama le habían informado que durante un ataque a Nogales, Teresa había sido vista montada a caballo al frente de los rebeldes. Teresa calmadamente negó todo y le dijo que ese día más de 200 pacientes la habían visitado y que todos ellos podían confirmar su paradero. Sin pruebas definitivas, la extradición no prosperó.

Los periódicos mexicanos comenzaron a culpar a Teresa de ser la responsable de más de mil muertes en los últimos seis o siete años. También crecieron los rumores de que los verdaderos responsables de todo eran su padre o Lauro Aguirre, para intentar demeritar su imagen y palabra frente a sus seguidores, pero esto no funcionó ni con la gente ni con los historiadores. Teresa no era una mujer que se dejara mandar por ningún hombre, ni siquiera por su padre o por Aguirre; incluso en dos ocasiones Tomás, su padre, sacó una pistola y le apuntó a Teresa, y en ambas ocasiones ella se paró frente al arma hasta que su padre cedió.

Ándele, güey, pa' qué quieres piernas si vas a andar de culo.

Y su increíble carácter, mentalidad y habilidad de crear planes maquiavélicos contra el gobierno de Díaz quedaron plasmados en el artículo del fotógrafo y escritor Charlie Rose:

Sus grandes cualidades morales, su amor, su dedicación altruista y la verdad de sus denuncias contra el gobierno mexicano la hacen la única persona que puede transformar el país de México. Solo ella puede derrocar esa tiranía opresora que quema pueblos, extermina razas enteras y mata a mujeres y niños. Creemos que derrocará al actual gobierno y que llevará a su gente a que cambien su actual situación política y por eso la vemos como la Juana de Arco de México.

Alguien deme un rifle, ya me inspiré.

Sí dan ganas de quebrar a alguien por la patria.

Cuando las fuerzas gubernamentales interrogaban a los revolucionarios atrapados, más información sobre Teresa comenzó a salir a la luz. Pomposo Ramos confesó que Teresita había estado involucrada directamente en el ataque a Palomas, que incluso ella le había ayudado a esconder a un revolucionario en su casa pintándole la cara y las manos con pintura negra.

Dos agentes mexicanos infiltrados en la vida de Teresa como doctores falsos, Williams y Thomas Bulmer, comenzaron a mandar información al gobierno de México, afirmando que ella había exhortado a los insurrectos, les había pagado sus gastos, les había dicho que no temieran por su vida, había rezado por ellos y personalmente les había dado las fotografías que cargaban, además de que estaba consiguiendo fondos para apoyar a más revolucionarios.

Después de la visita de las autoridades a su casa don Tomás contrató a 12 hombres armados para seguridad. A pesar de esto, el 11 de enero de 1897 un asesino mandado por Díaz intentó apuñalar a Teresa, pero se llevó el susto de su vida porque, cuando estaba junto a ella, Teresa solo lo vio a los ojos sin decir una palabra y sin moverse un centímetro. Mientras tanto, el asesino por alguna razón no podía sacar el cuchillo de entre su ropa porque estaba atorado. El asesino se dio por vencido y se echó a correr. El equipo de seguridad de Teresa intentó capturarlo, pero el hombre logró huir.

Qué bueno, porque como dijo un gran ser humano, y cito:
«Tú sabes, papi, que las balas frías no perdonan».
—Felipe Ferra Gómez, alias «el Ferras».

Ese fue solo uno de, al menos, cuatro intentos de asesinato contra Teresa; incluso intentaron envenenarla, pero ella siempre salía ilesa, lo que agregaba a su leyenda. Para el verano de 1897 la familia Urrea ya había tenido suficiente y decidieron mudarse a Arizona. Lauro Aguirre seguiría publicando desde El Paso, alentando con sus escritos que la pelea continuara.

El 11 de junio de 1897 Teresa se dirigió a la estación del tren Union Pacific acompañada por guardias armados, su padre frente a ella con una vieja pistola y su hermano detrás sosteniendo un rifle Winchester. Una multitud estaba esperándola en la plataforma. Había decenas de mujeres aristócratas junto a la gente más humilde de los dos países, conviviendo juntos para despedir a

Teresa con toda la gracia y dignidad de una reina, una reina revolucionaria de tan solo 19 años de edad.

Era como Maluma.

Malala, Borre.

Sus últimas palabras a la gente de El Paso fueron: «Me voy, pero espero poder regresar algún día». Tristemente eso no sucedería.

Después de pasar un tiempo en Arizona, Teresa visitó California, donde curó a un niño con meningitis y es ahí donde fue contactada por una agencia, con quienes firmó un contrato para irse en un tour por todo Estados Unidos. En todo el país fue bien recibida, pero la barrera del idioma y sus obligaciones contractuales hicieron que ella abandonara el proyecto. Igual que siempre, casi todas sus ganancias se las repartía a los pobres o las mandaba a México para seguir apoyando el movimiento revolucionario.

No mames, hasta inventó las remesas por Western Union.

Aplicó un Tekashi 69 regalando feria a la raza de México.

Teresa comenzó un amorío con su traductor y en 1900 tuvieron una hija a la que nombraron Laura, en honor a Lauro Aguirre. Ambos se fueron a vivir a la ciudad de Los Ángeles en el condado de Ventura, donde tuvo otro hijo, compró una casa y continuó su buena obra.

Finalmente, la curandera, la Santa de Cabora, falleció en 1904 de tuberculosis. Pero lo que no murió fueron las ideas y la esperanza que implantó en sus seguidores y colaboradores, quienes continuarían peleando contra la opresión y seis años después comenzaría la revolución que cambió a un país y cuyas semillas fueron sembradas por un grupo inesperado de personas, como los valientes de Tomochi, los escritores y editores de prensa, un Da Vinci gringo y una santa. ∎

Larga vida a Teresa.

Arriba la Santa de Cabora.

¡Viva México, caboras!

TRIVIA TENEBROSA:

**ADEMÁS DE APOYAR AL MOVIMIENTO REVOLU-
CIONARIO Y SER DESPOJADO TEMPORALMENTE
DE SU CIUDADANÍA ESTADOUNIDENSE POR HA-
CERLO, VÍCTOR OCHOA PATENTÓ ENTRE 1901
Y 1922** la llave inglesa ajustable, el freno
eléctrico para tranvía, una pluma estilo-
gráfica y una pluma con clip para el bolsillo. También inventó un molino de viento,
que convertía corrientes de aire en energía
eléctrica mediante un dínamo. Su invento
estrella fue el Ochoa Plane: una aeronave
montada sobre una bicicleta que contaba
con alas plegables.

MOMENTOS SUBLIMES EN LA

La justicia a la mexicana, una mala caricatura.

El Capitán Fantasma escapa
de la cárcel en un mueble que
él mismo fabricó (1956).

Juan Gabriel encarcelado
en El Palacio Negro de
Lecumberri (1970-1971).

HISTORIA DE LA JUSTICIA MEXICANA

«El Estrangulador de Tacuba»
es ovacionado en la Cámara
de Diputados (1972).

Arturo *El Negro* Durazo
desvía 700 millones de pesos
para su Partenón (1976-1982).

La Conasupo distribuye leche
radiactiva y se investiga 10
años después (1986-1987).

Se filtra el interrogatorio
al Monstruo de Ecatepec,
arriesgando el juicio (2018).

LA OGRESA DE LA ROMA

UNA DE LAS HISTORIAS MÁS INFAMES DE LA CIUDAD DE MÉXICO COMENZÓ EN 1940, EN LA COLONIA ROMA, CUANDO UNA SERIE DE CRÍMENES ESCALOFRIANTES CONMOCIONÓ A LA SOCIEDAD ENTERA. LA MUJER QUE LOS PERPETRÓ SE CONVIRTIÓ EN UNA LEYENDA.

En mi mente sonó «All Star» de Smash Mouth.

Felícitas Sánchez Aguillón nació en Cerro Azul, Veracruz, alrededor del año 1900. Justo por tratarse de esos tiempos la documentación sobre su infancia es escueta o no existe, pero todas las fuentes coinciden en que tuvo una infancia tormentosa a manos de su madre, al grado de que a temprana edad mostró lo que podrían ser tendencias sociópatas al envenenar perros y gatos callejeros de la colonia.

Iba encaminada a ser una gran taquera en el barrio.

Por la apatía recibida de su madre, creció careciendo patológicamente de un instinto maternal, lo que se reflejaba en su trato hacia los infantes, pero eso no le impidió graduarse de enfermera y trabajar como partera. Se casó con Carlos Conde, un hombre de poco carácter, sumiso y codependiente, y al poco tiempo tuvieron dos niñas gemelas.

¿Carlos se quedó con una y Felícitas con otra y ellas se reencontraron en un campamento de verano?

Una tenía acento chilango y la otra yucateco.

Tristemente, esta historia no es una película de Disney.

Felícitas casi de inmediato le propuso a su marido que las vendieran, de esa manera ella no tendría que cuidarlas y a cambio tendrían un buen ingreso; su marido condenó la idea, aunque luego cedió. Después, obviamente, se arrepintió, pero ya era demasiado tarde, y lo único que pudo hacer fue separarse de ella. Además de deshacerse de sus hijas, Felícitas era una mujer difícil y de mal carácter; el periódico *La Prensa* la describiría así: «Parece bruja, con los ojos saltones, gorda, fea, más bien repugnante».

¿Es neta, *La Prensa*? ¿Body Shaming? ¿Qué sigue? ¿Decir que huele feo, camina chueco y tiene pelo de escoba vieja?

Pero es neta, yo vi una foto de ella, tenía ojos de empanada sin borde y la forma de su cabeza parecía dedo pulgar arrugado por durar mucho tiempo en el agua.

Después de su ruptura Felícitas decidió irse a vivir a la Ciudad de México, y es aquí donde comenzaría un nuevo negocio, quizá basándose en sus previas experiencias de tráfico de infantes y partera. El rubro de su negocio consistió en soluciones posnatales clandestinas, para mujeres solteras o para aquellas que simplemente no querían o no podían cuidar o mantener a un hijo. Felícitas también podía encargarse de conseguirle un nuevo hogar al recién nacido, por lo general con familias de sociedad que no podían tener hijos.

Su negocio era tan redituable como riesgoso: en dos ocasiones fue arrestada cuando la encontraron intentando vender un bebé en las calles; aunque, al parecer, en el México porfirista este crimen no era grave y Felícitas salió en ambas ocasiones de prisión con solo pagar una multa.

Como cuando aprendimos que en Nuevo Casas Grandes sale más barata la multa por atropellar a una persona que por dar vuelta en «U» donde no está permitido.

Fue por este tiempo que Felícitas decidió rentar una habitación en un departamento compartido, en el número 9 de la calle Salamanca, en la colonia Roma. Aparentemente su casera y compañera de cuarto trabajaba casi todo el día y solo llegaba a dormir por las noches. Esto permitió que Felícitas reabriera su despacho en el departamento, y como toda una emprendedora expandió su mercado bajo el pretexto de ofrecer sus servicios de partera. Ahora no solo se encargaría de los bebés recién nacidos, sino que comenzaría a ofrecer soluciones prenatales para las mujeres que lo solicitaban. Sus servicios adicionales se tornaron notoriamente evidentes cuando comenzaron a visitar su departamento, en lo que en esos tiempos era una colonia marginada, mujeres de clase media y alta.

La nueva clientela le ofreció a Felícitas un mayor poder adquisitivo, el cual invirtió en una tienda miscelánea a la que le puso el nombre de La Quebrada, ubicada en la calle Guadalajara número 69 y la cual fungía como otro punto de operaciones.

Ya se había convertido en un lugar para hacer festivales importantes de abortos como el Out of Live, Pa'l escusado o el festival más grande de Iberoamérica, el No Vive Latino.

También hacían el Notomorrowland, el Sin Pulso GNP y el Coronando Capital.

No se les olvide El Machaca, muchachos.

Felícitas continuó con su *modus operandi* pero a una escala más grande. Ella se encargaba de vender los bebés que ayudaba a parir, y cuando no podía venderlos, se deshacía de ellos. Por «deshacerse de ellos» se refiere a que los asfixiaba, apuñalaba, envenenaba o quemaba vivos en su horno. Luego los desmembraba y se deshacía de los restos tirándolos por el drenaje, algo que también hacía con el producto de los abortos.

Pero desaparecer restos humanos por el drenaje trae sus propios problemas, como atestiguaría Dennis Nielsen. Las cañerías del complejo departamental de Felícitas constantemente se tapaban, además de que despedían un olor putrefacto del cual los vecinos se quejaban constantemente. El plomero Salvador Martínez Nieves tuvo la mala suerte de ser llamado a lidiar con este predicamento, y cuando comenzó a hacer su trabajo se topó con una masa putrefacta… que obviamente eran restos humanos. Cuando amenazó a Felícitas con ir a la Policía, ella le dio dos opciones: o se callaba y se convertía en su plomero oficial a cambio de una buena cantidad de dinero, o lo acusaría de ser su cómplice si iba con las autoridades. Salvador escogió la primera opción y así comenzó una larga relación de trabajo. Otra persona que sabía de las prácticas macabras de Felícitas era su entonces amante, Roberto Covarrubias, alias «el Beto» o «el Güero», con quien tuvo otra hija en 1939.

Le ofreció al Güero una oportunidad de inversión: «Tú éntrale y en nueve meses te caen los rendimientos».

Felícitas continuó realizando abortos al mismo tiempo que vendía estambre y dulces en su mercería. Pero irónicamente esos caños tapados terminarían destapando el oscuro secreto que escondía la colonia Roma.

> Siento que era como un embutido de feto.

> Perfecto para acompañar un plato de *fetoccini*.

El 9 de abril de 1941 el dueño de una tienda de abarrotes localizada en la planta baja del edificio donde vivía Felícitas notó que sus tuberías estaban tapadas. Cuando contrató a alguien para revisarlas, se percataron de que el problema venía desde la alcantarilla. El abarrotero contrató albañiles para que levantaran el piso de su vivienda para tener acceso, y ahí encontraron un enorme tapón de carne putrefacta, gasas y algodones ensangrentados. Los restos estaban demasiado descompuestos para poder identificar a quién o quiénes pertenecían, pero cuando encontraron un cráneo de bebé todas las dudas se desvanecieron.

> Yo lo hubiera hecho llavero, como tzantza.

El abarrotero llamó a las autoridades, pero no hicieron nada. La segunda vez que tuvo que lidiar con el mismo problema llamó directamente al diario *La Prensa*. De hecho, ese último año se habían encontrado de manera recurrente partes de fetos regados por las calles de la misma colonia.

> Los regaban como semillas para ver si crecían Cabbage Patch Kids.

> De seguro permeaba un olor fétido.

La Prensa dio aviso a las autoridades de ese olor fétido y cuando estas arribaron, los vecinos inmediatamente apuntaron a la partera clandestina como la responsable. La Policía acudió a su departamento, donde los recibió la casera; les indicó que Felícitas no estaba y los dejó pasar para que investigaran la vivienda. También entraron a la mercería, donde la encargada les comentó que no hacía más de 15 minutos que su patrona se había retirado de ahí.

El 11 de abril el detective a cargo del caso, José Acosta Suárez, encontró al plomero Salvador Martínez Nieves, quien declaró en contra de Felícitas, apuntando que había sido cómplice pero por miedo. Más tarde encontraron a Felícitas en la calle Bélgica de la colonia Buenos Aires mientras viajaba en un automóvil junto con Roberto Covarrubias, aparentemente intentando huir de la ciudad.

> Ahora sí ya valió belga.

> Ustedes dos ya me tienen hasta la belga.

> Belga golda.

Como es de esperarse, antes de que tuviera un juicio, Felícitas había sido juzgada por la prensa, que ya la había bautizado como la Descuartizadora de Pequeñuelos de la Colonia Roma, la Infame Mujer, la Vil Comadrona y el que se convertiría en su apelativo más conocido: la Ogresa de la Roma.

Una vez en custodia, Felícitas no intentó esconder sus crímenes e incluso declaró: «Efectivamente, atendí muchas veces a mujeres que llegaban a mi casa... Me encargaba de las personas que requerían mis servicios y una vez que cumplía con mis trabajos de obstetricia, arrojaba los fetos al wc».

Ya tenía letreros de «deposite a los fetos en el wc, no en el cesto de la basura».

Irónicamente el baño tenía una estación para cambiar pañales, completamente nueva.

Las personas que requirieron sus servicios también fueron víctimas de la prensa, que las llamó «desnaturalizadas que no les importaba arriesgar sus vidas ni que sus pequeñuelos fueran despedazados con tal de destruir el fruto de su caída», y a pesar de que las mujeres que acudían a la Ogresa eran de todas las clases sociales, la prensa también se encargó de asumir que todas eran «principalmente burócratas». El periódico *Excélsior* incluso declaró que este tipo de acontecimientos revelaba «la podredumbre moral que se esconde detrás de la fachada engañosamente progresista de la ciudad».

Felícitas fue recluida y puesta en aislamiento para evitar represalias por parte de la población general del reclusorio. Después de tres meses de juicio su abogado presentó una lista de clientes que la Ogresa registraba meticulosamente para llevar control de sus operaciones. En esta lista se podía encontrar a muchísimas hijas, esposas o hermanas de gente prominente de la ciudad, cuyo honor podría sufrir desprestigio si sus nombres salían a la luz.

Supongo que muchas personas no querían que esta lista fuera a dar a luz.

A veces deseo que tu mamá hubiera ido con Felícitas.

El licenciado Clemente Castellanos, sin ser persuadido por la lista y siguiendo la ley al pie de la letra, encontró que no se podía culpar a Felícitas del crimen de aborto, ya que legalmente no era suficiente con tener declaraciones, sino que para corroborar este crimen era necesario que peritos reconocieran a la madre y describieran las lesiones que presentaba para determinar si pudieron ser por causa del aborto; ninguna de las clientas de la Ogresa iba a declarar.

Se encontró culpable a Felícitas de lo único que se le podía comprobar legalmente: violaciones a las leyes de inhumaciones, delitos contra la salud pública y responsabilidad clínica y médica; ninguno de estos crímenes era considerado grave y su condena no excedió los seis meses de cárcel, así que le fue otorgada la libertad bajo fianza. El exesposo de Felícitas, Carlos Conde, pagó la cantidad de 600 pesos, equivalente a 600 000 pesos de hoy, y la Ogresa salió libre, pero solo de prisión, ya que la prensa y la nota roja se habían dedicado a destruirla ante la sociedad e impartían su propia justicia.

Con su reputación destruida, Felícitas se levantó de su cama un 16 de junio de 1941 y le avisó a Covarrubias que iba a la cocina, escribió tres cartas y luego bebió pentobarbital, que se utiliza como anestésico y, combinado con otros agentes, en la eutanasia veterinaria.

> Si le tuviera que poner nombre a ese coctelito, le pondría «la puntita de la hoz», «caricia de la muerte», «beso de calaca», «miado de feto» o «derrame de esperma».

> Me preocupa que ya tuvieras cinco nombres para ese coctelito, Borre.

En las notas explicaba su abatimiento ante el desprestigio social vivido, así como ante los abusos de su defensor, el licenciado Enríquez, quien embargó parte de sus bienes como cobro de sus honorarios y mintió al decir que ella le había traspasado la tienda donde trabajaba, lo que provocó que el dueño del local la demandara por robo y fraude.

> «Adiós, Feto... perdón, Beto... ay, perdón, es que ya es la costumbre».

> Y Beto así de «ay, mi bracito. Mami, ¿por qué no haces nada?».

Pero ahí no acabó la historia. Un mes antes de que la Ogresa se quitara la vida, el 9 de mayo, otro asesino en serie con el mismo *modus operandi* descuartizaba bebés y se deshacía de los restos en el drenaje, fue arrestado tras una redada judicial en su consultorio gracias a la intervención de la detective Ester Figueroa, quien entró como agente encubierta al consultorio y encontró al doctor Manuel González de la Vega con una joven que sangraba y estaba al borde de la muerte.

La Prensa fue la única publicación que decidió informar un poco más sobre el paralelismo con la Ogresa, pero en general la noticia no pasó de encabezados como: «Anciano médico detenido, acusado de grave delito». A pesar de que el doctor González cometió los mismos crímenes no se le juzgó igual: no lo convirtieron en un ogro, y su nombre no pasó a los anales de «asesinos en serie». De hecho, ni siquiera se hizo acreedor de un apelativo como el Descuartizador de Pequeñitos o el Doctor del Diablo, simplemente se referían a él como el médico González o el anciano González.

El Molcajete de Fetos, el Gancho Izquierdo, Chupaniños, el Nenuco.

El hombre que se dedicaba a realizar abortos fue visto en la época como un transgresor del orden moral y legal, pero el comportamiento criminal y pecaminoso era de las que lo buscaban. Al mismo tiempo, una mujer que se dedicaba a practicar el mismo procedimiento se veía como una delincuente monstruosa que no solo ayudaba a que otras mujeres «fueran en contra de su instinto maternal», como escribió la prensa, sino que ella misma estaba corrompiendo todo lo que era femenino y natural al no proteger la vida de un bebé como las mujeres deben hacer siempre.

Es que esas no son formas…

Qué culpa tiene el drenaje, ahí andan tapando las tuberías con restos y eso impide el libre tránsito de los desechos y llegan tarde a sus trabajos de mierda.

Mientras que la prensa hablaba del pobre anciano doctor como casi una víctima indirecta de las indiscreciones de las mujeres libidinosas, al mismo tiempo y sin ninguna prueba se reportó que la Ogresa «le había sido infiel a su marido, que había abandonado a su anciana madre y regalado a sus dos hijas, que vivía con un nuevo amante y que embrujaba a la mujer de su exmarido; entre sus ocupaciones, además de "pseudo partera", se dedicaba a vender niños y a realizar brujerías para engatusar a los hombres».

Verás, es importante conocer el contexto de México en esos tiempos, aunque tristemente creo que no ha cambiado en más de 100 años: durante las décadas de los cuarenta y cincuenta México estaba pasando por un proceso de modernización muy grande a razón de la industrialización; asimismo, el modelo de la familia monogámica heterosexual con fines reproductivos y la idea de una honra femenina, conceptos heredados del siglo anterior, seguían propagándose como valores morales necesarios para que México creciera, ya que el país necesitaba empleados.

Se necesitaban fábricas de bebés para llenar de bebés las fábricas.

Es que los iban a vender por partes, sale más lana.

Si bien durante 1940 y 1950 solo .07% de los delincuentes procesados eran mujeres, la sociedad tradicionalista consideraba que el hecho de que las mexicanas se modernizaran buscando desarrollarse a través de actividades ajenas al espacio doméstico, como el trabajo o la educación, hacía peligrar la estabilidad de la familia entendida como una institución fundamental para el progreso individual y social. La criminalidad de practicarse un aborto radicaba no solo en lo inmoral sino que era una falta social, antinatural y un crimen contra la sociedad misma, y tenía poco o nada que ver con una preocupación por el bebé o por la mujer que abortaba.

Es gracioso que los redactores del Código Civil posrevolucionario, hombres, claro, en su mentalidad progresista y queriendo imitar a otros países, decidieran establecer un régimen de igualdad entre los cónyuges con respecto a la gerencia del hogar, educación de los niños y la administración de los bienes, pero «se deja a cargo de la mujer la dirección y el cuidado de los trabajos del hogar».

«¡Es que si permitimos que las mujeres hagan lo que quieran, van a hacer lo que quieran!».

(Rascándose un huevo y luego olfateando la mano con la que se rascó) «¡Y las mujeres nunca saben lo que quieren!».

Y justo con el machismo mexicano y conociendo el contexto de ese tiempo, al revisar el caso paralelo del doctor González y el importante trabajo que hizo la prensa para crear el mito de la Ogresa, basándose en una mentalidad arcaica, moralista y patriarcal, tenemos que preguntarnos si la podredumbre moral se esconde en la fachada engañosamente progresista representada en este caso.

Felícitas Sánchez Aguilar no era más que una partera que, junto con el doctor González y otros colegas más, igual que ahora, solo ayudaba a mujeres a hacer algo que la ley condenaba por la estúpida noción de que no pueden decidir sobre su cuerpo. Esto creó un ambiente de ostracismo basado en una desigualdad de géneros que terminó poniendo en peligro vidas, creando traumas, destruyendo familias y, en el caso de Felícitas, formando un mito, alimentado por la prensa y cobijado por la sociedad, que vivirá por siempre en la historia mexicana: una Ogresa que quizá solo estaba haciendo un trabajo necesario, mismo que la sociedad insiste en pretender que si lo ignora y lo prohíbe va a desaparecer. ∎

TRIVIA TENEBROSA:

ANN TROW LOHMAN, MADAME RESTELL, FUE UNA ABORTISTA QUE OPERÓ EN NUEVA YORK ENTRE LAS DÉCADAS DE 1830 Y 1870. Sus actividades provocaron que la Asociación Médica Americana lanzara una campaña para acabar con el aborto y que la prensa la bautizara como «la mujer más malvada de Nueva York». En 1873 se aprobaron las leyes de Comstock, que volvieron ilegal discutir o distribuir cualquier tema considerado obsceno por el gobierno. Madame Restell fue arrestada en 1878 por distribuir anticonceptivos; fue puesta en libertad tras pagar una fianza. Después de su arresto, su cuerpo fue encontrado en su bañera: se había quitado la vida cortando su propia garganta.

GRADOS DE UNA POSESIÓN

1. INFESTACIÓN

Eventos de «Casa embrujada». Voces. Cosas moviéndose. Pasos. Olores desagradables.

2. OPRESIÓN

Las actividades escalan de intensidad. Problemas con familiares. Ataques. Pesadillas. Enfermedades.

3. OBSESIÓN

La vida cotidiana se vuelve insoportable. No se puede dormir. Paranoia. Obsesión con los demonios que atacan.

4. POSESIÓN

¡Llama a un sacerdote! O deja de ser católico.

COBALTO-60

LA MAYORÍA DE LAS PERSONAS CONOCEN LO QUE OCURRIÓ EN CHERNOBYL, PERO PO-
CAS SABEN QUE UNO DE LOS DESASTRES NUCLEARES MÁS GRANDES DEL MUNDO, QUE
INCLUSO SE PODRÍA CONSIDERAR AL NIVEL DE CHERNOBYL POR SU ALCANCE Y NÚME-
RO DE VÍCTIMAS, SUCEDIÓ EN LA MEJOR FRONTERA DEL MUNDO, *LA NUMBER ONE*:
CIUDAD JUÁREZ, CHIHUAHUA.

> Al fin, un primer lugar que no es en violencia.

> Ni en consumo anual de burritos.

Todo comenzó la noche del 6 de diciembre de 1983, en la bodega de materiales
y máquinas del Centro Médico de Especialidades de Ciudad Juárez. Ahí había
una máquina de radioterapia, la cual sirve para irradiar a pacientes que tienen
cáncer, que el doctor Abelardo Lemus y socios habían comprado por 16 000
dólares a una compañía en Forth Worth Texas llamada X-Ray Equipment Co. La
compra, muy a la mexicana, fue hecha en la ilegalidad.

Resulta que Abelardo Lemus importó aquel aparato en 1977, sin que pasara
por las revisiones de ley, sin avisar que había metido al país una fuente radiactiva y, lo peor de todo, sin siquiera saber usarla.

> **Borretip #1:** cuando transportes una máquina altamente
> radiactiva de manera ilegal a través de los cruces internacionales,
> ponla debajo del asiento y tápala con una cobija, las autoridades
> de la aduana no pueden ver a través de asientos ni cobijas.

La máquina estaba en desuso porque no tenían técnicos calificados que la pudieran armar o que supieran cómo se usaba. La tenían guardada en una bodega en la calle Ignacio Zaragoza para que cuando el ININ (Instituto Nacional

de Investigaciones Nucleares) hiciera inspecciones en el hospital no se dieran cuenta de que tenían una máquina ilegal radiactiva.

Borretip #2: cuando ocultes algo en una bodega, también tápalo. Pero igual no hay tanto pedo, para eso se inventaron los «curie-tas».

Lolotip #1: no aceptes consejos aduanales de Borre.

Aquel día de diciembre Vicente Sotelo Alardín y Ricardo Hernández, dos intendentes, desvalijaron la máquina con la herramienta por excelencia de los gitanos: el martillo. Comenzaron a desvencijarla a golpes y cuando llegaron al cabezal que contenía 100 kilos de cobalto-60 (un isótopo radiactivo sintético que emite rayos gamma) se preguntaron: «¿Qué habrá aquí adentro?». Y procedieron delicadamente a abrirla a martillazos, liberando 6 010 cilindros o gránulos de aproximadamente 1 mm^3 que tenían una fuerza radiactiva de 1 003 Ci (curies): para que se den una idea, la cantidad necesaria para causar daño y freír sus órganos es de un curie.

Qué «curiesa» forma de abrir un cilindro.

Ojalá se «curien» de sus chistes malos.

Los intendentes vieron cómo el cilindro despedía un vaho de azul intenso, así como el teseracto de Loki. Inmediatamente comenzaron a degustar un sabor metálico y, a pesar de que la noche era fría, sentían un calor que envolvía sus cuerpos. Dado que eran los años ochenta, no encontraron nada extraño en esto, lo subieron a la troca y se fueron a un yonke.

Espero que ese calor haya pedido su consentimiento antes de envolverlos.

No hay nada extraño en ir con tu compadre a trabajar y regresar caliente y con la boca sabiendo a fierro.

Los perdigones radiactivos se iban saliendo del contenedor y cayendo sobre la caja de la camioneta Datsun. Durante el camino al deshuesadero iban tirando gránulos por toda la ciudad hasta que llegaron al yonke Fénix. Ahí fue donde esta historia evoluciona de un desmadre-chu a un cagadero-zard.

> Los perdigones te derriten tu boca y tu mano.

> Los que tienen cacahuate en el centro también te obstruyen lo que queda de tus vías respiratorias.

De milagro a Sotelo no se le derritieron las manos cuando cargó el cabezal de la máquina de rayos X al bajarlo en el yonke. Su cuerpo estaba siendo irradiado al instante (en cualquier persona que recibe una dosis de tal magnitud se manifiestan al instante quemaduras de segundo y tercer grados en sus manos, además de vómito, náusea y diarrea). Aun así nadie cuestionó qué chingados era esa cosa, incluso Sotelo terminó de vaciar su troca, cobró sus 1 500 pesos por el fierro y se fue a su casa.

> Las cosas ya no son como antes. En esos tiempos con 1 500 pesos te hacías de un terrenito allá por las afueras de la ciudad y hasta te sobraba.

> En esos tiempos los señores ya estaban hechos de vómito, náusea y diarrea, por eso nadie dijo nada.

> Yo creo que en esos tiempos los señores estaban hechos de plomo, porque no les pasó nada.

Vicente contó sobre esa noche: «Cuando la llevé al yonke no vi que se le hubiera desprendido nada, me acuerdo que de regreso se me descompuso la camioneta y la dejé durante dos días en una calle cercana al río. Una vez que la arreglamos la estacioné fuera de mi casa y ahí duró unos tres meses porque me robaron la batería».

> Ciudad Juárez es #1, Ciudad Juárez es *the number one* ♫

> Y la frontera más fabulosa y bella del mundo ♫

> Arriba Juárez, ajá, ajá.

La Datsun radiactiva estuvo estacionada en la colonia Altavista, a unos cuantos metros del río Bravo en la frontera con Estados Unidos, en donde adultos usaban la caja para sentarse y tomar caguamas y los niños jugaban arriba de ella.

En el yonke Fénix el cilindro perforado, al ser movido por las grúas junto con los demás fragmentos metálicos, hizo que los gránulos de cobalto-60 se regaran por todo el patio donde se almacenaba la chatarra y, posteriormente, fueron atraídos por el campo magnético de las grúas y se mezclaron con los otros materiales metálicos. El imán de la grúa se hizo radiactivo y ahora a cualquier metal que tocaba le pasaba la radiación. De esta manera perdigones y fragmentos de ellos fueron llevados también hasta los vehículos que se emplean para el transporte de la chatarra a los diferentes negocios de fundición.

No sabía que la radiación se esparcía como el herpes labial en una fiesta de adolescentes *ravers* a finales de los noventa.

Por eso yo nunca iba a *raves* en los noventa sin mis *glow sticks*, mis paletitas y mi bálsamo Carmex.

Miles de perdigones fueron fundidos con otros fierros, liberando vapores radiactivos y creando una reacción en cadena que terminaría por contaminar 6 000 toneladas de material que luego se vendería a dos grandes fundidoras para hacer varillas y bases para mesas; una de estas envió materiales contaminados a cuando menos siete fundidoras, aunque solo en las de Durango, Monterrey y San Luis Potosí se encontró contaminación.

El resultado: un cagadero-zard de 20 000 toneladas de material radiactivo. Pero ahí no termina, porque los camiones tiraron perdigones radiactivos por toda la carretera de Juárez a Chihuahua y luego a sus otros destinos en la República y en Estados Unidos. A su vez los camiones ahora radiactivos fueron estacionados junto con otros camiones que se volvieron radiactivos también...

Es prácticamente imposible saber verdaderamente el grado de contaminación al que se llegó, y por eso Chernobyl nos la pela.

«CherNovatos».

«CherNoMiCiela» (con las uñas brillantes).

Chernováyanse a la verga los dos, por favor.

BREVE LECCIÓN DE RADIACIÓN PARA PRINCIPIANTES

La exposición a radiación de este tipo, a corto plazo, tiene síntomas visibles: quemaduras, lesiones medulares, vómito, diarrea, entre otros. A mediano plazo se presenta una baja de células sanguíneas (glóbulos blancos y rojos), esterilidad provisional y quemaduras de segundo y tercer grados. Por último, el más peligroso y al que fue expuesto un número desconocido de personas: a largo plazo causa esterilidad permanente, daño medular severo, leucemia, cáncer de huesos, así como desórdenes genéticos e incluso la muerte.

¿O sea que Lyn May estuvo expuesta a radiación? No todo puede ser culpa de las cirugías plásticas.

Nah, la radiación iba sobre Lyn May pero tanto plástico la salvó de sus efectos.

Un evento de esta magnitud rápidamente debió ser detectado y se habría movilizado a todas las agencias mexicanas para atacar el problema... pero obviamente eso no se hizo, esto es un libro de Leyendas Legendarias.

Pasaron 40 días de estar exportando varillas y bases de mesas y de que estuvieran niños jugando en una Datsun radiactiva convirtiéndose en niños araña para que las autoridades se dieran cuenta de que algo había sucedido.

De ahí salieron los primeros superhéroes juarenses:
- El Niño Burrito de Winnie: ataca a los villanos con sobrepeso, precios altos y mal sabor.
- El Pachuco de la Noche: baila sabroso, avienta plumas como búmeran y nunca mata a sus enemigos.
- El Súper Divo: canta bien vergas, baila bien vergas, es una verga (y no está muerto).

Lo que destapó el desastre fue nada más y nada menos que un golpe de suerte. El 16 de enero un chofer se perdió en Nuevo México con un cargamento de bases de metal para mesas. Al intentar regresar a su ruta original, sin querer pasó cerca del laboratorio nuclear Los Álamos.

Durante la Segunda Guerra Mundial este fue el hogar del proyecto Manhattan y, como recordarán, fue donde se inventó y detonó la primera bomba nuclear, y donde después se estrelló una nave espacial en Roswell, ¿coincidencia? Claro que no.

Los Álamos tiene detectores de radiación para monitorear que no saquen material radiactivo de sus instalaciones, así que cuando pasó el camión, activó las luces de alarma, que activaron unas cámaras de seguridad, que le tomaron una foto. Ahora el pedo sería encontrar el camión.

> Pero está fácil, todos traen sus mensajes en la parte de atrás, yo he visto «En memoria a don Rubén», «Tu envidia es mi gasolina» y mi favorito, «Por pendejo».

> Este decía «Brillando como el sol».

Aun sin los mensajitos en los camiones, los encargados lograron averiguar de qué empresa provenía, a dónde se dirigía, cuál sería su ruta y le dejaron recados en todos lados, incluso en los moteles. Un día después, el chofer, al que le habían valido madre todos los recados, salió de su motel para encontrar a un escuadrón de hombres con trajes antirradiación haciendo mediciones de su camión como si estuviera en un episodio de *Stranger Things*.

—Pero ¿qué ching...? —No terminó de hablar el chofer, cuando le explicaron que venía cargado de radiación.

Asustado, les informó de dónde venía la carga. Fue así como supieron que Juárez era el punto original de la contaminación.

> Sí es pura contaminación en Juárez, aquí estamos contaminando mentes con ganas de leer.

Se avisó a la Comisión Nacional de Seguridad Nuclear y Salvaguardias (CNSNS), y esta dio con el paradero de la Datsun. Para ese momento los ciudadanos de Juárez cercanos al incidente habían sido expuestos a una radiación 10 veces más potente que la que vivieron las personas en el incidente de Three Mile Island en Pennsylvania, un accidente en la central nuclear que ocurrió el 28 de marzo de 1979.

Una brigada, usando instrumentos de medición, detectó que la camioneta blanca mostraba niveles de radiación de hasta 1 000 rems. Cuando te sacan rayos X te exponen a 0.2 rems. El personal que te saca los rayos X puede exponerse a un máximo de 50 rems en un año, mientras que una dosis en todo el cuerpo de 300 a 400 rems se considera fatal en 50% de la gente que la recibe. En este caso, por un periodo de más o menos 40 días que estuvo la camioneta estacionada, unas 200 personas recibieron el equivalente a un año de rayos gamma que recibiría un técnico de rayos X.

> Pura raza con tres pezones.

> Dos para amamantar a los críos, el tercero para terminarme de criar.

Como la camioneta estaba en una zona densamente poblada, lo primero fue llevarla a un despoblado no muy lejos, en el parque Chamizal. Para los que no son de Juárez, es el equivalente a haber llevado una Datsun radiactiva a Chapultepec o al Central Park.

Ahí en el Chamizal le pusieron una malla metálica alrededor con letreritos y dos policías que custodiaban que no se acercara la gente.

> Oiga, detective Capistrán, se me hace que estamos perdiendo el tiempo aquí nomás parados vigilando la troca.

> Tiene razón, oficial Espinosa, cóbreles cinco pesos a los escuincles que la quieran ver y si dicen que no traen feria yo los cateo.

Los de salubridad dieron con Vicente después de preguntar a sus vecinos y él les contó que la camioneta pertenecía al hospital general donde laboraba; lo que no les dijo es que había desmontado la bomba de cobalto con un martillo. Entonces la CNSNS fue al hospital y no encontró ninguna máquina que utilizara cobalto-60 y, convenientemente, el hospital no mencionó el detalle de que habían tenido una que compraron y almacenaron ilegalmente.

Intuyendo que se habían metido en un pedo muy grande, llamaron a Vicente diciéndole que lo necesitaban para un jale. Al llegar fue recibido por el doctor Lemus, el administrador del hospital y un licenciado, que lo acosó con preguntas y luego le dijo que firmara una declaración confesando que había robado la bomba. Al principio Vicente se negó a hacerlo, pero la presión fue tal —le gritaban, lo amenazaban—, que luego de tres horas de infierno, firmó.

> Firmó con sus nuevos dedos que le salieron por exponerse a la radiación.

El verdadero responsable era el doctor Lemus, quien, como es costumbre en México, negó toda responsabilidad declarando poco después que él no tenía «la culpa de las acciones de un empleado desleal». Por su parte, Vicente alegaba que solo era un chivo expiatorio, porque «los fierros me los regaló Arturo Guerrero, jefe de mantenimiento, quien me dijo "ahí están esos fierros, llévatelos para que saques para las sodas"».

Resultó que a Vicente Sotelo no le pasó ni madres. Se sintió mal algunos días después del incidente y comentó que «creyeron que era diabetes», pero a final de cuentas no mostraba síntomas por la prolongada exposición que sostuvo, fuera de las quemaduras en las manos. Y es por eso que le apodaron Vicente *el Hombre Biónico*.

Pero eso no tiene nada de biónico, debería ser *el Hombre Radiactivo*.

¡Alto ahí, hombre biónico! No se oye chida, por eso no salió en *Los Simpson*.

La forma en que supieron de la máquina fue porque las autoridades gringas encontraron la factura de la unidad de teleterapia y la mandaron a los de la CNSNS, quienes se enteraron de que el hospital general tenía dicha máquina y pues a los meros meros no les quedó de otra más que aplicar la clásica: «Ah, simón, ya, ya me acordé, sí, sí tenemos una de esas máquinas, pero es que no sabía a qué se refería cuando nos preguntó, está en una bodega».

No hay poder más grande que la negación, excepto cuando la mezclas con radiación y nace la supernegación.

La CNSNS no tenía ninguna preparación para lidiar con una contingencia de este tipo; comenzó a crear «expertos comisionados» para poder atacar el problema, que eran simples trabajadores que utilizaron sofisticados aparatos como sus manos, escobas y palas para recoger la tierra radiactiva y los gránulos de cobalto-60. Algunos de los comisionados tuvieron suerte y les tocó traer cascos de construcción. Todo esto mientras los técnicos de la CNSNS les daban instrucciones desde detrás de tambos llenos de agua para protegerse de la radiación.

Oiga, inge, me acaba de salir una mano en el pecho.

Qué bueno, Joaquín, con esa puedes agarrar otra escoba.

Todos los trabajadores empezaron a quejarse de fuertes dolores de cabeza, y rápidamente presentaron vómito y diarrea. Los supervisores de la empresa, pertenecientes al grupo Comermex, y los dirigentes sindicales los amenazaron con cesarlos si se resistían a trabajar en esas condiciones.

Es que pónganse la camiseta, miren, yo les traje unas pizzas de Lirusisa y unas Big Colas.

Es que a estas generaciones ya no les gusta trabajar; en mis tiempos, si te daban trabajo limpiando desastres nucleares, usabas la segunda boca que te saliera para decir «gracias» dos veces.

Para este tiempo solo tenían una boca, y no se tardaron en usarla para protestar contra su líder, Medardo Chávez. Pero los amenazaban con el despido si no obedecían.

Mientras tanto en la colonia de Vicente «*el Hombre Biónico*» se monitoreó a las cerca de 450 personas que tuvieron contacto directo o aproximado con la Datsun radiactiva. A pesar de que al principio se tenía un control más o menos eficiente, la gente comenzó a dejar de ir a las revisiones por falta de recursos. Como dijo uno de los que tuvieron contacto con la camioneta y orgulloso representante de la resiliencia juarense: «Solo nos sacan sangre y tenemos que pagar las medicinas que nos recetan. La verdad es que a veces no tenemos ni para el camión, mucho menos para las medicinas y mejor ya no vamos».

Además ya me encariñé con la cabeza que me salió en la espalda, a veces me paro entre dos espejos para poder platicar con ella, le puse Marthita.

Hasta ahora, el saldo era: una camioneta en prisión, 1 000 toneladas de material que había sido exportado a Estados Unidos, del cual aparentemente lograron recuperar 90% y lo regresaron a Juárez, y 5 000 toneladas más que se distribuyeron al interior del país.

En Juárez, la brigada especial de escobas y palas ya había recolectado otras 5 000 toneladas de material radiactivo, el cual tenían resguardado al aire libre atrás de la cárcel y a 50 metros de una colonia. Con todo ese material radiactivo al aire libre creo que es prudente mencionar algo importante: el viento fácilmente se puede llevar partículas radiactivas, y si algo sabemos de Juárez es que hace un chingo de aire.

> El moro macho, el polen y las partículas radiactivas son las causantes número uno de alergias en Juárez.

> Toda esta historia me está haciendo lo que el viento a Juárez: enfermándome.

Uno se imaginaría que estaban pensando en un plan de contingencia exprés. Pues claro que no, el PRI, el PAN, la Canaco y la Canacintra se empezaron a pelear por los millones que el gobierno federal mandó para construir un cementerio nuclear. Por si eso fuera poco, el predio más adecuado colindaba con los terrenos de Asbestos Monterrey y los de Jaime Bermúdez, cabeza de la industria maquiladora y dueño de la mitad de Juárez; entonces dijeron: «No, ni madres, porque luego si quiero hacer más maquilas no voy a poder». Entonces, para hacer el cementerio nuclear expropiaron un predio a escasos 60 kilómetros de Ciudad Juárez en Samalayuca, llamado el Vergel. Y ahí fue donde construyeron La Piedrera.

> Pues si tenía espacio no sé por qué la llora.

> Que le valga Vergel.

> Manos le faltaron y eso que le sobraban.

La idea original era que La Piedrera fuera una fosa enorme recubierta con concreto, hormigón y plomo para que se resguardara el material radiactivo que tenía como vida media unos 100 años. Pero claro, no sabían cómo hacerlo, así que lo construyeron rápidamente y sin un modelo a seguir, lo que ocasionó otro problema aún mayor: material al aire libre que obviamente podría ser robado.

Don Chuy, el hombre que cuidaba La Piedrera, dijo en una entrevista: «Pos la verdad está cabrón este asunto, pero de algo tenemos que vivir. Hay días en que la gente viene aquí y se lleva unas varillas para venderlas, o usarlas en sus casas y así sin control alguno, pero pos ya pasó mucho tiempo, ya no han de hacer daño».

> Don Chuy no es físico nuclear, pero tiene cinco ojos, seis orejas y respira por una de sus axilas.

> Su físico es nuclear.

Nucleares quedaron todos los habitantes del área, porque además de la pésima construcción, resulta que el cementerio fue construido a solo unos cuantos metros del manto freático de Samalayuca, lo que hoy es conocido como Conejos Médanos y que por 30 años contaminaría el subsuelo y el agua que es usada tanto por las ciudades de Juárez, Samalayuca, Villa Ahumada y Chihuahua, así como por las empresas establecidas en esa zona. Un funcionario de la junta de aguas llegó a comentar: «Sabemos que esta agua está contaminada y es de alto riesgo... pero nuestras plantas tratadoras hacen el resto...».

«No pasa nada, señora, usted échele agua».

¿Entonces hubo personas que tomaron leche radiactiva en polvo (de la Conasupo), preparada con agua radiactiva y no desarrollaron superpoderes? Malditos cómics, me mintieron.

Lo que se desarrolló fue un superproblema porque el cobalto-60 no se quedó en el pequeño Chernobyl viviente que tenemos en Samalayuca. Debido a la falta de control y de transparencia y por la corrupción total durante este incidente, toneladas de varilla fueron utilizadas para construir fraccionamientos completos, el Centro Federal de Readaptación Social (Cefereso), y el centro comercial Plaza Juárez. En este último se sabe que los dueños estaban enterados del daño pero ocultaron el dato para proteger sus propios intereses.

Ahora en esta nueva era, y tomando en cuenta que la vida media del cobalto-60 es de 5.25 años, tenemos que, si en 1977 la fuente inicial tenía 1001 Ci, en 1984 bajó a 500 Ci, y actualmente está a una potencia de unos 10 Ci o menos, pero sigue siendo mortal, ya que la ciudad y sus alrededores han estado expuestos a toda esa radiactividad por 35 años.

Ciudad Juárez es #1, Ciudad Juárez es *the number one* ♫

Y la frontera más fabulosa y bella del mundo ♫

Y para todos los que no conocen Juárez y están pensando: «Ah, qué pendejos los de la frontera más fabulosa y bella del mundo», pongan atención, porque hay un mínimo de 10000 toneladas de material radiactivo que jamás se recuperó y es muy probable que haya llegado directo hasta donde tú vives, ya que se construyeron por lo menos 17600 casas y otras edificaciones con estas varillas en los estados de Guanajuato, Sinaloa, Sonora, Baja California, Zacatecas, Jalisco, Nuevo León, San Luis Potosí, Tamaulipas, Durango, Coahuila y Querétaro. Seguramente hay casas y edificios hechos con varilla radiactiva en tu estado.

> La varilla es esa persona que tiene Covid-19 y sale de su casa porque se aburre de estar en cuarentena.

> «Ay equis, me pongo cubrebocas y me escondo atrás de unos tambos con agua».

En Hidalgo se almacenaron 98 toneladas de varillas contaminadas en hoyos cubiertos solamente con una capa delgada de concreto y plástico. En el Estado de México, en Maquixco, a solo 75 kilómetros de la Ciudad de México, está el Centro de Almacenamiento de Desechos Radiactivos, donde recibieron toneladas de varillas radiactivas de Juárez con amor, y donde en 1985 los habitantes comenzaron a reportar el aumento de nacimientos de niños con labio leporino e hidrocefalia, infecciones en la piel y muertes neonatales. Además, comenzaron a morirse sus gallinas, sus duraznos y lo único que crecía eran las tunas que así, irradiadas, eran vendidas.

> «Llévele, llévele, lleve la tuna fluorescente a solo cinco pesos».

De hecho, la mitad de los estados del país recibió varillas contaminadas. Así que recuerda, es muy probable que tu casa tenga un pedacito de Juárez que te está cocinando lentamente los genes y pueda ser que tengas hijos superhéroes o con labio leporino... ¡No se crean! Hoy el cobalto se ha degradado lo suficiente para que no sea peligroso, pero aun así, siempre tendrán un gramito de radiación fronteriza. ∎

> A mí me gusta mucho estar en la frontera. Porque la gente es más brillante y radiactiva ♫

> Aquí es todo radiactivo.
> Todo, todo es radiactivo.
> En la frontera, en la frontera, en la frontera ♫

TRIVIA TENEBROSA:

PORQUE EN MÉXICO TAPAN EL POZO DESPUÉS DE QUE SE CAE EL NIÑO Y SE AHOGA LENTAMENTE, FUE UN AÑO DESPUÉS DEL ACCIDENTE EN CIUDAD JUÁREZ CUANDO SE ELABORÓ LA PRIMERA LEY EN ESTA MATERIA. Se publicó en México el 4 de febrero de 1985. Fue la Ley Reglamentaria del Artículo 27 Constitucional en Materia Nuclear, que a lo largo de los años permitió resguardar desechos contaminantes y comenzó a crear instituciones que aprueban y supervisan el manejo de materiales radiactivos.

LOS FANTASMAS DE FOX HOLLOW FARM

¿QUÉ ES MÁS TERRORÍFICO QUE DESCUBRIR QUE TU ESPOSO, AMIGO O PADRE ES UN ASESINO EN SERIE QUE EN SU PROPIEDAD TENÍA MÁS DE UNA DOCENA DE CUERPOS ENTERRADOS? TAL VEZ: COMPRAR ESA PROPIEDAD DESPUÉS DE LOS HECHOS Y DESCUBRIR QUE EL DOLOR DE LAS VÍCTIMAS PUEDE TAMBIÉN ATORMENTAR A UNA PROPIEDAD Y A SUS NUEVOS DUEÑOS.

> También es terrorífico que te enteres de que esa casa debe un putero de predial.

Herbert Richard Baumeister nació el 7 de abril de 1947 en Indiana, Estados Unidos. Hasta donde se sabe, la niñez de Baumeister fue normal, pero todo cambió cuando llegó a su adolescencia. Era común que sus amigos de secundaria lo encontraran en semitrances en los que tenía ensueños perturbadores.

> Por eso no está bien cenar sandía, aunque orden y media de tacos sí.

> Lo único más peligroso que cenar sandía es dormirse con el pelo mojado, por eso se te sube el muerto.

En la escuela se le escuchaba decir cosas extrañas como: «¿A qué sabrá la orina humana?» y mostraba fascinación por los animales muertos. En una ocasión tomó un cuervo muerto que se encontró en el suelo y se lo llevó a la escuela escondido en su pantalón, para luego dejárselo a su maestra en el escritorio.

> A mí lo de la orina me pone el pájaro tieso.

> ¿Podrías dejar de tener cosas en común con un asesino, Borre?

Su padre era doctor e identificó las actitudes de su hijo como algo serio; lo hizo revisar por psiquiatras, quienes lo diagnosticaron con esquizofrenia, aunque no hay registro de que haya sido puesto en tratamiento. El autoaislamiento es común entre la gente que padece este trastorno, socializar se convierte en algo casi imposible y esto los lleva a caer más en su patología. En la universidad, Herbert comenzó a tener más problemas, empezaba un semestre y lo dejaba; luego volvía, pero después de cuatro años no consiguió graduarse.

> Un momento… yo pasé más de 15 años sin graduarme, ¿acaso soy esquizofrénico?

> Me estoy identificando un chingo con Herbert, de hecho, los vochos son mi animal espiritual.

> El vocho es Herbie, pero sí hay un parecido.

Su padre, queriendo ayudar de alguna forma a darle dirección a la vida de su hijo, usó sus palancas para que lo contrataran como *copywriter* en el periódico local *The Indianapolis Star*, donde nunca encajó. Una vez, Herbert le ofreció a uno de sus compañeros del trabajo llevarlo a él, junto con sus amigos y sus novias, a un juego de futbol americano… llegó por ellos en una carroza fúnebre con todo y sirena, la cual prendió todo el camino mientras se pasaba semáforos en rojo.

Cuando fue despedido del periódico, su padre le consiguió un trabajo en el Departamento de Tránsito, registrando automóviles. Su comportamiento seguía siendo errático y extraño: en una ocasión le mandó como regalo de Navidad a uno de sus compañeros de trabajo una foto de él y un amigo vestidos de *drags*. Pero Herbert era bueno en su trabajo y llegó a ser director de su sección.

> ¡Feliz Navidrag!

> Y próspero RuPaul nuevo.

En noviembre de 1971 Herbert Baumeister se casó con Juliana Saiter, a quien conoció por un amigo en común. Julie se había graduado de periodismo y trabajaba en la universidad, pero renunció para formar una familia con Baumeister, quien para este tiempo ganaba lo suficiente para mantenerlos a ambos y posteriormente a sus tres hijos: Marie, Erich y Emily.

Para mediados de los ochenta todo cambió. Baumeister tenía el hábito de mear sobre la mesa de su jefe; todos en la oficina sabían que era él pero por alguna razón no lo despedían, hasta que «orinó sobre una carta que iba a ser mandada al gobernador de Indiana». Cuando perdió su trabajo, Julie regresó a trabajar de maestra y después de un tiempo Baumeister encontró un trabajo en una tienda de segunda mano. Después de tres años de trabajar ahí decidió que como siempre habían querido tener su propio negocio, una tienda de segunda mano sería una buena inversión.

> Claro, en una tienda de segunda mano no tienes que orinar en la mercancía, ya te llega así.

Herbert le pidió 4 mil dólares prestados a su madre y en 1988 Julie y él abrieron una tienda: SAV-A-LOT, que además funcionaba como beneficencia para el buró infantil de Indianápolis. En su primer año convirtieron esos 4 mil dólares en 50 mil y abrieron una segunda tienda. Para 1991 los Baumeister dejaron su casa de clase media para mudarse a un distrito opulento en el condado de Hamilton, a unos 30 kilómetros de Indianápolis. Compraron la Fox Hollow Farm: una propiedad de siete hectáreas y media con una casa estilo Tudor que tenía cuatro recámaras, una alberca techada y establos. Los Baumeister habían logrado el sueño americano.

> Las ratas se orinan en situación de emergencia o miedo, así alertan a otras ratas de que hay un peligro inminente.

> Aaaah… el sueño americano de comprarte una propiedad tan grande que se te acaban las ideas de cómo aprovechar tanto terreno, así que decides convertirte en asesino serial para llenarlo de cadáveres.

> Los siembras y contratas un «espanta roba-tumbas».

Los Baumeister parecían tener una vida perfecta, pero debajo de esa fachada las cosas estaban podridas: Herbert era increíblemente controlador y sus decisiones siempre eran finales; Julie, por su parte, prefería dejarlo ganar que seguir discutiendo, pero su descontento crecía. Su vida íntima como pareja tampoco estaba bien, Herbert y Julie solo habían tenido relaciones sexuales seis veces en 25 años de casados.

¿Un hombre controlador y una mujer sumisa? ¿No serían latinos?

Herbert estaba avergonzado de su cuerpo, sentía que era demasiado delgado y extraño, así que no dejaba que Julie lo viera desnudo. Se cambiaba a solas en el baño, nunca se iba a dormir sin pijama y se escurría entre las sábanas rápidamente para que su esposa no lo viera.

Delgado, extraño y escurridizo; Herbert era un hurón.

La situación familiar comenzó a reflejarse en la propiedad: el jardín estaba descuidado y el deterioro era notable, la casa era un desastre del primero al último cuarto. Sus amigos poco a poco dejaron de visitarlos, Julie constantemente se iba con sus hijos a casa de su suegra, Herbert se quedaba solo, a veces por dos o tres meses.

Los hurones realizan una danza hipnótica cuando se sienten amenazados: arquean su espalda, esponjan su cola y se mueven de lado a lado.

A principios de junio de 1994 Alan Broussad, de 28 años, desapareció después de haber sido visto por última vez saliendo de un bar gay llamado Brothers. Cuando la Policía ignoró el caso, su madre contrató al detective privado Virgil Vandagriff, quien se especializaba en desapariciones y tenía muy buena reputación.

El detective pensó que sería un caso fácil: un joven de 28 años conocido por irse mucho de fiesta, seguramente solo se había ido a otro lado, no se había reportado y todo era cuestión de dar con su paradero. Para finales de julio el detective se dio cuenta de que no se trataba de un caso aislado de un joven que tenía a su mamá con el Jesús en la boca, sino que quedó convencido de que el caso de Alan era parte de un patrón que indicaba que había descubierto a un asesino en serie activo en Indianápolis.

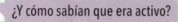

¿Y cómo sabían que era activo?

Porque no podía quedarse tranquilo, se la pasaba buscando en qué orinar, levantó su propia tienda, por supuesto que era activo.

También compraba los pistos y tenía lugar.

En su investigación Vandagriff dio con una revista sobre *gay-lifestyle* que hablaba de la desaparición de Jeff Jones, de 31 años, y de Roger Allen Goodlet, de 34 años, ambos vistos por última vez en bares de ambiente. Habló con los familiares y encontró que todos los desaparecidos compartían varios aspectos muy parecidos de su estilo de vida; así que comenzó a visitar los bares gay de la ciudad, donde se enteró de mucho más casos de desaparicidos que la policía simplemente ignoraba.

Detective Capistrán, tenemos numerosos reportes de hombres desaparecidos.

Oficial Espinosa, más le vale que sean hombres blancos, ricos y heterosexuales, porque si no ni siquiera voy a soltar mi dona.

Pues no suelte su dona pero agarre bien su macana.

Vandagriff comenzó a poner pósteres en los bares, buscando cualquier información que se tuviera sobre las desapariciones; estaba convencido de que los casos estaban conectados. Un día recibió una llamada de Tony Harris, quien le dijo que no solo sabía quién era el asesino, sino que había estado en su casa.

«En el club 501 conocí a un hombre que me dijo llamarse Brian Smart. Después de unas copas me invitó a ir a una casa en la que trabajaba de cuidador; argumentó que los dueños no estaban y podríamos usar la alberca. Acepté. Cuando llegamos a la propiedad noté que toda la casa estaba en total desorden y había maniquíes vestidos por todos lados... Brian me dijo que "se sentía muy solo en aquel lugar y ellos le hacían compañía". La situación era bastante rara, pero cuando llegamos a la alberca, Brian, claramente bajo la influencia de alguna droga, me pidió, me rogó excitado que lo ahorcara con una manguera».
Harris le siguió el juego y lo ahorcó mientras Brian se masturbaba.

Eso escaló muy rápido, yo nunca pido que me ahorquen con una manguera hasta después de conocer a mis suegros.

Cuando se involucran tus suegros se siente mayor presión.

Como dicen, Dios aprieta, pero Harris ahorca, y en un punto Brian perdió la conciencia. Tras un tiempo que a Harris le pareció eterno, en el que los efectos del alcohol se esfumaron de golpe, Brian abrió los ojos, se rio y le preguntó si se había asustado. En el *shock*, Harris lo confrontó y le dijo que si así había asesinado a los demás; Brian se quedó dormido antes de contestar. Harris, seguro de que este hombre era el asesino, buscó pistas por toda la casa, encontró el cuarto de los hijos y la alcoba con ropa de la esposa, ya daba por seguro que el dueño de la casa era el tal Brian Smart, pero también sospechaba que ese no era su nombre. Cuando intentó buscar una identificación en sus pantalones, despertó a Brian. Harris lo convenció de que lo llevara a su casa y solo pudo notar que el lugar al que fueron estaba a las afueras de Indianápolis y que tenía un letrero con la palabra Farm.

¿Eso es una licencia en tu bolsillo o solo estás feliz de verme?

Harris le contó esto a la Policía pero lo ignoraron; Vandagriff conocía personalmente a una detective de nombre Mary Wilson, a quien le dio toda la información que tenía de sus otros casos y del incidente de Harris.
Mary había estado a cargo de investigar los casos de Richard Hamilton, de 20 años de edad; de Johnny Bayer, de 21; de Allan Livingstone, de 28, y otras desapariciones más que fueron reportadas a principios de los noventa. Todos eran hombres homosexuales que habían desaparecido en circunstancias similares, Mary pensaba que podrían estar conectados, pero gracias a la investigación de

Vandagriff ahora estaba segura de que así era. El mayor problema de la investigación es que no lograban encontrar la casa. Así que Mary le pidió a Harris que le consiguiera las placas del tal Brian Smart.

Mientras tanto, Vandagriff y la Policía intentaban encontrar la casa por todos los medios a su alcance —de hecho, la asistente del detective privado acudió con una psíquica—.

—Veo a un hombre atado a una cama, con esposas —le dijo la psíquica—. Veo fotos siendo tomadas mientras lo estrangulan. Su lengua está hinchada y saliendo de su boca. Y sus ojos, Dios mío... esa es una casa infernal.

Tiempo después otro detective privado contratado por Vandagriff dio con una propiedad llamada Fox Hollow Farm. Tomó fotos y se las mostró a Harris, pero el joven dijo que no creía que fuera esa dirección porque la entrada se veía más corta de la que él recorrió.

Es que tal vez «hacía frío».

Tiende a contraerse hacia el cuerpo, es un mecanismo de defensa.

Después de meses de investigación, todo el arduo trabajo dio resultado: el 29 de agosto de 1995 Tony Harris, convencido de que nunca encontrarían a Brian, lo vio entrar al bar Varsity Lounge. Baumeister no había visitado sus lugares de caza porque su esposa le había pedido el divorcio y esto lo hizo irse a vivir con su madre, descuidó sus negocios al grado de llevarlos a la quiebra y estaba en una pelea por la custodia de su hijo menor. Pero justo ese día Baumeister decidió ir a visitar ese bar y Harris logró anotar el número de placa que todos esperaban: 75237A. La detective Mary Wilson visitó a Herbert en su trabajo, pero este se negó a hablar sin su abogado, después visitó a la esposa de Herbert, quien era copropietaria del lugar, para ver si la dejaba revisar la casa, pero también se negó.

«No pienso decirles nada a menos que me traigan un abogado… o una manguera».

«Si son los dos juntos, mejor».

Baumeister definitivamente iba a necesitar un abogado, porque en junio de 1996 Julie no pudo seguir negando lo que ya temía. Hiló las sospechas sobre la vida secreta de su esposo con los extraños patrones que había notado en los últimos años:

• **Las desapariciones de los muchachos coincidían con las veces que ella y sus hijos habían salido de la ciudad.**

• **Cuando la policía se acercó a ellos por primera vez,** su esposo le marcó para decirle que lo estaban investigando sobre un robo en las tiendas, que era falso y que no hablara con ellos; pero cuando la detective habló con ella unas horas después, le dijo que estaban investigando a su esposo por la desaparición de varios jóvenes.

• **Ah, y cómo olvidar aquella vez en 1994 cuando su hijo se encontró un esqueleto humano completo enterrado en su patio.** Al ser confrontado, Herbert le dijo que era un esqueleto médico de su papá al que había decidido darle sepultura.

«Claro, cariño, a los esqueletos médicos siempre se les da sepultura… ah, y también siempre huelen a muerto y son enterrados con sus pertenencias… es para darles realismo».

Todo mundo sabe que a esos esqueletos médicos se les tira por el escusado, no se les da santa sepultura.

El 23 de junio Julie le marcó a su abogado y le pidió que contactara a Mary. La detective llegó a la propiedad con un equipo forense. En minutos encontraron un hueso calcinado de 30 centímetros de largo escondido en el pasto. Después de eso se percataron de que toda el área que los rodeaba estaba «espolvoreada» con lo que parecían ser piedras pequeñas. Al realizar una observación más profunda se dieron cuenta de que no eran piedras, eran pedazos de hueso, incluyendo varios dientes humanos. Al día siguiente volvieron a cavar más. Poco a poco descubrieron que había cientos de huesos esparcidos por toda la propiedad, incluyendo el esqueleto que había encontrado el hijo de Julie años antes.

Los vecinos de la propiedad adyacente fueron con los forenses para indicarles que también habían encontrado algo. Justo en la frontera entre ambas propiedades había un canal de irrigación que se había vaciado por la temporada, ahí los investigadores vieron vértebras y costillas que salían del lodo.

Mientras todo esto sucedía, otro equipo revisaba la mansión por dentro. Encontraron, además de los maniquíes, una cámara escondida en el cuarto de la alberca donde se asume que sucedieron la mayoría de los asesinatos. Lo extraño es que no encontraron ningún casete. Más de 60 voluntarios ayudaron con la excavación de la propiedad, tan solo en el primer día de búsqueda encontraron 5 500 huesos, dientes y fragmentos óseos.

> No, Badía, no puedes comprar esa propiedad.

> Gabe, te dije que no leyeras mi diario.

No había duda: Herbert era el responsable de las muertes, y no solo de los muchachos que estaban buscando, sino de por lo menos 11 más. Sin embargo, para ese momento no sabían su paradero; se le había visto por última vez con su madre en el lago Wawasee, pero después de perder la custodia de su hijo Erich, había desaparecido.

> Maldito hurón asesino escurridizo.

> Por eso guardaba los huesos, quería ponérselos para no estar tan aguadito.

Brad, uno de sus hermanos, recibió una llamada de Herbert el 28 de junio pidiéndole dinero y se lo prestó. Luego vio las noticias sobre el cementerio en Fox Hollow Farm y llamó a las autoridades para decirles que su hermano le había dicho que iría al norte a una junta de negocios. Las autoridades pensaron que intentaría cruzar a Canadá. La Policía canadiense fue avisada y se pusieron a buscarlo, asumiendo que se iría a Ontario. Pero nunca lo encontraron; como todos los asesinos en serie que no son más que cobardes que se esconden en la violencia, Herbert estacionó su Buick 89 en el parque Pinery cerca de Ontario, se apuntó un revólver Magnum .357 a la cabeza y se quitó la vida.

> ¡Güey!, mi compita el vago también tenía un Buick 89 y no sé cómo le hacíamos pero cabíamos como 11 cabrones. Siempre olía como a queso de nacho, igual que el patio de Herbert, y siempre traíamos una manguera, por si se ofrecía… robar gasolina.

Dejó una carta donde atribuía su suicidio al rompimiento de su matrimonio y a su negocio en quiebra. Nunca se hizo responsable de las barbaridades que sucedieron en su rancho y al final de la carta de tres páginas, sus últimas palabras decían que se comería un sándwich, cuáles eran sus botanas favoritas y la frase: «Go to Sleep».

El abrupto final de Herbert Baumeister no solo dejó a decenas de familias sin respuestas y al sistema judicial sin justicia, sino que arrojó más misterios, entre ellos el de la muerte de su hermano dentro de su tina en Texas.

En su carta escribió: «Sospecho que mi hermano morirá pronto»… y que le atina…

Y Anita tuvo que lavarla.

Se supo que viajó a Ohio más de 100 veces por negocios y se cree que podría ser el asesino de la Interestatal 70, lo que lo haría responsable de otros nueve asesinatos en esa área.

Una policía de Canadá se topó a Herbert estacionado debajo de un puente un día antes de que se quitara la vida. Le preguntó si todo estaba bien y Herbert le dijo que solo estaba descansando por el viaje largo. Lo interesante de esta interacción es que la oficial luego declaró, ya cuando supo con quién había hablado, que en la parte posterior del auto había un montón enorme de casetes de video, y cuando encontraron el cuerpo en el auto, esos casetes habían desaparecido.

Fue a entregarlos a Blockbuster y lo multaron por no rebobinar.

Pero como dice el viejo refrán que me acabo de inventar: «El que vive culero, se muere culero y se queda culero», los actos escalofriantes de Baumeister no terminaron cuando se quitó la vida.

Una década después…

Rob y Vicky Graves estaban buscando casa y su agente de bienes raíces los llevó a Fox Hollow Farm. El precio era muy bajo, ellos tardaron un poco en reconocer el infame rancho porque había sido remodelado, pero después decidieron preguntarle a su agente, quien les confirmó que en efecto era la propiedad de los Baumeister. Los Graves decidieron comprarla.

¿Neta se apellidan Graves? Apellidarse «tumbas» y comprar una tumba clandestina enorme es la definición de ironía.

Es como si te apellidaras Rascón y siempre trajeras comezón en donde no te alcanzas.

Borre, otro chiste de esos y te vas a los separos de Lecumberri.

Al principio todo estaba normal, la familia no creía en fantasmas y como todo había sido demolido y reconstruido por dentro, asumieron que cualquier mala vibra se había ido.

A los pocos meses de vivir ahí comenzaron a ocurrir extrañas experiencias.

El primer evento que recuerdan los Graves fue cuando Vicky estaba aspirando tierra de la alberca. De repente la aspiradora se apagó, Vicky notó que se había desconectado y no pensó nada sobre el evento, asumiendo que simplemente había jalado el cable sin querer. Volvió a conectar la aspiradora y revisó que el contacto no estuviera flojo, pero después de unos minutos aspirando se volvió a desconectar; ella estaba segura de que esta segunda vez el cable de la aspiradora no había estado tenso, su mente comenzó a dudar de lo que estaba pasando. Volvió a suceder por tercera vez; la diferencia es que ahora Vicky estaba pendiente del cable, tratando de averiguar qué estaba causando que se desconectara y pudo ver con sus propios ojos cómo la extensión se desconectó violentamente de la pared y voló medio metro hacia el suelo como si alguien la hubiera jalado.

A falta de una manguera, una extensión eléctrica puede funcionar.

Porque te puedes enchufar y ahorcar a la vez.

En otra ocasión, Vicky llegaba del trabajo cuando vio a un hombre joven que vestía una camiseta roja parado en el jardín frente a su casa. Vicky no pensó nada en ese preciso momento hasta que volteó hacia abajo y notó que el hombre de la camiseta roja no tenía piernas, o por lo menos ella no las podía ver. En cuanto se dio cuenta de esto, el resto de la aparición comenzó a desvanecerse frente a sus ojos hasta que desapareció por completo.

Cuando le comentó a su esposo lo que había visto, Rob le dijo que seguramente era una persona que se había metido a la propiedad porque quería ver la casa del asesino en serie. Rob le aseguró a Vicky que no pasaba nada y luego instaló cámaras de seguridad.

Ese güey andaba de culo porque no tenía patas.

Al poco tiempo Rob le propuso rentar la casa de huéspedes, que estaba en desuso, separada de la casa principal, a uno de sus mejores amigos, Joe Le Blanc, quien también pensó que era una buena idea y a las pocas semanas se mudó a la propiedad junto con su perro Fred.

Si algo he aprendido de la televisión es que no hay alguien más calificado para buscar fantasmas que un joven y su perro.

«Y me hubiera salido con la mía de no ser por esos muchachos entrometidos y su perro».

Después de desempacar todo con la ayuda de Rob, Joe decidió irse a dormir. Esa noche tuvo una de las pesadillas más lúcidas de su vida. Soñó que iba huyendo de alguien a quien no podía ver, corría por su vida y sentía cómo sus músculos comenzaban a cansarse y su aliento a escapársele, no podía ver qué lo seguía, pero sabía que era algo malvado. Despertó justo cuando sintió que lo que fuera que lo estaba acechando le iba a dar alcance; el pánico de la pesadilla fue tan real que luego de abrir los ojos se levantó de la cama corriendo despavorido hasta que se golpeó con el marco de la puerta, quedó inconsciente y cayó sobre su mesa de cristal, rompiéndola.

No se lo comentó a nadie, pensando que solo había sido un mal sueño, pero unos días después, mientras caminaba hacia su casa junto con Fred, ambos vieron a un alguien parado en el bosque, un hombre que vestía una camiseta roja. Fred inmediatamente corrió hacia el espectro, Joe corrió detrás de Fred, y cuando logró alcanzarlo se topó cara a cara con una aparición de cuerpo completo que no era un humano de carne y hueso; los dos huyeron.

La aparición le dijo: «Ahorita no hay sistema, joven».

«En la otra caja, joven».

Fue con los Graves a contarles lo que vio y fue entonces cuando Vicky le contó su experiencia con el hombre de la camiseta roja. No había duda de que algo sobrenatural estaba sucediendo en la propiedad, aunque aún faltaba convencer a Robert.

Otra noche, Joe estaba lavando los platos cuando alguien tocó a su puerta, creyó que quizá eran Robert o Vicky. Cuidadosamente abrió la puerta pero no había nadie. Unas noches después, los toquidos en la puerta volvieron, pero ahora más violentos.

El de la camiseta roja le dijo: «No mames, ya déjame usar el baño, tengo que mandar un fax».

Joe fue despertado a media noche por alguien que golpeaba su puerta, se levantó de la cama y pudo ver cómo la puerta se movía con los golpes, puso su mano sobre ella y sintió la vibración en los paneles, abrió la puerta con rapidez entre los golpes y su sorpresa más grande no fue que no había nadie del otro lado, sino que el tocapuertas metálico estaba perfectamente perpendicular a la puerta, como si algo lo estuviera sosteniendo en el aire y se hubiera quedado a media acción de tocar cuando abrieron la puerta; a los pocos segundos, como de mofa, el tocapuertas bajó con fuerza y se escuchó el último golpe. Joe cerró la puerta y corrió a su cuarto mientras la chapa se movía sola.

Fred estaba con Joe en el cuarto, ladrándole al intruso invisible, la chapa seguía moviéndose y ahora Joe alcanzaba a verla girando violentamente de un lado a otro; el movimiento cesó por unos segundos, y Joe creyó que todo había terminado, pero en eso la puerta se abrió con tal violencia que rompió el marco, aventando madera astillada por toda la sala.

Joe y Fred corrieron despavoridos del departamento; una vez que se calmaron, Joe volteó hacia la puerta y vio la aparición de un hombre gritando y corriendo por su vida. En ese momento se dio cuenta de que lo que sea que estaba embrujando su departamento no quería entrar, sino que estaba tratando de escapar de ahí.

Joe y Vicky, convencidos de que los espectros de las víctimas de Herbert Baumeister aún rondaban la propiedad, comenzaron a investigar el caso más a fondo. Robert sabía que algo estaba sucediendo, pero no le había tocado tener ninguna experiencia. Viendo fotografías del caso, Joe identificó al hombre que vio salir corriendo de su departamento como una de las víctimas de Herbert Baumeister.

A ver, aquí no nomás van a estar espantando, si quieren seguir en esta propiedad, mínimo cooperen para el recibo de la luz.

Desconectar la aspiradora no es suficiente si tenemos que seguir durmiendo con la luz prendida.

Joe y Fred se darían cuenta de que dormir con la luz prendida no iba a ayudarles en lo absoluto. Una tarde, estaban caminando por la propiedad cuando Fred se lanzó corriendo al bosque, Joe lo siguió hasta que el perro se detuvo. Notó algo peculiar donde Fred se había detenido y al mover un par de hojas encontró un hueso grande. Llamaron a la Policía y confirmaron que se trataba de un fémur humano. Vicky le comentó a Joe que donde encontraron el hueso es donde había visto al hombre de la camiseta roja. Un amigo de Robert, Jeremy, que se había enterado de los eventos paranormales, quería saber si todo esto era cierto, así que visitó a sus amigos.

Todos tenemos un amigo que lo primero que pregunta en las fiestas es si el lugar está embrujado.

Un Badía cualquiera.

Por ese tipo de preguntas comen.

Otro día, Joe estaba nadando cuando sintió que alguien le tocó la espalda, volteó para ver quién lo llamaba, pero todos estaban al otro extremo de la piscina. En ese momento una fuerza invisible lo jaló hacia el fondo, Joe comenzó a pelear por volver a la superficie y Jeremy notó que algo estaba mal, fue a socorrer a su amigo y lo ayudó a salir del agua. El estado de terror de Joe era innegable y todos decidieron que sería mejor salir de la alberca.

Aparte todos notaron el submarino que salió de su túnel posterior.

Era un popodrilo dientes de elote.

Por lo que le estaba sucediendo a Joe, comenzaron a especular que ahí Herbert Baumeister pudo haber cometido sus asesinatos... quizá ese lugar escondía más secretos que la Policía no había encontrado.

Una noche, mientras Joe estaba trabajando en su computadora, Fred comenzó a ponerse tenso y no dejaba de mirar hacia la cocina. Al poco tiempo, Joe escuchó el sonido de algo raspando contra la madera de las paredes. Al investigar encontró un cuchillo sobre la mesa de la cocina, Joe estaba seguro de que no lo había dejado ahí, luego notó que había rasguños sobre una de las paredes.

«Ya no hay papel, también queda poca mayonesa y el pan ya tiene hongo».

Su obsesión con las cosas paranormales que estaban viviendo lo había llevado no solo a investigar el caso de Herbert Baumeister a fondo, sino también sobre otros casos paranormales. Fue así como aprendió sobre psicofonías. Tomó su celular y decidió probar suerte. Estando completamente solo en su cocina comenzó a hacer varias preguntas, dejando una pausa entre ellas para ver si capturaba una voz desencarnada.

Se escuchó algo tenebroso: «El saldo de tu amigo se ha agotado, te sugerimos adquirir una nueva ficha con tu distribuidor autorizado Telcel».

Una de sus preguntas fue: «¿Quién se la pasa caminando por la cocina?». La respuesta que recibió lo heló hasta los pies. Una voz masculina le respondió: «The Married One» (el esposo). Joe compartió la grabación con los Graves; entre los tres comenzaron a buscar en los archivos si alguno de los asesinados había estado casado, pero todas las víctimas eran hombres solteros homosexuales. Entonces cayeron en la cuenta de que el único muerto que tenía que ver con la propiedad y que estuvo casado era ni más ni menos que Herbert Baumeister. ▌

TRIVIA TENEBROSA:

EL RÁPIDO ASCENSO EN POPULARIDAD DEL ESPIRITISMO EN EL CAMBIO DE SIGLO, POR EL AÑO 1900, PROVOCÓ QUE LOS «MÉDIUMS» BUSCARAN USAR LAS NUEVAS TECNOLOGÍAS DE LA ÉPOCA PARA DEMOSTRAR QUE SÍ EXISTE UN MUNDO DE ESPÍRITUS. Las psicofonías fueron teorizadas en esos años y en una entrevista con *Scientific American* se le pidió a Thomas Edison que comentara sobre la posibilidad de usar sus inventos para comunicarse con los espíritus. Edison respondió que, si los espíritus fueran capaces de influencias sutiles, un dispositivo de grabación sensible proporcionaría una mejor oportunidad de comunicación que los medios que se empleaban en ese momento, como la ouija, por ejemplo. Sin embargo, no hay indicios de que Edison alguna vez haya diseñado o construido un dispositivo para tal propósito, tal vez porque estaba demasiado ocupado electrocutando animales para «demostrar» que era mejor que Nikola Tesla.

CRÍPTIDOS DE AMÉRICA

Mugwump (Canadá) ♥

Sasquatch (Canadá) ⊡ ♥

Bigfoot (EUA) ♥ ⊡

Hombre Pájaro (México) 🦇

Mothman (EUA) 👁 🦇 🌙

Chaneque/ alushes (México) ⌣ 🍵

Skinwalker (EUA) ●=▲ 👁 🐾

Thunderbird (EUA) ⌣ 👁 🦇

Nahual (México) ⌣ ●=▲

Luis Miguel (México) ⚲
Sale cuando calienta el sol

Huay Chivo (México) ●=▲ 🐾

Jersey Devil (EUA) 🐾 🌙 🦇

La Ciguapa (República Dominicana) 🐾 🌙

La Tunda (Colombia, Ecuador) ●=▲ 🐾

Chupacabras (México, Bolivia, Ecuador, Costa Rica) 🐾 🌙

La Cegua (Costa Rica, Nicuaragua) 🌙

Pombero (Argentina, Paraguay) ♥ ⌣

ICONOGRAFÍA

AMISTOSO	♥
MITOLÓGICO	⌣
PERVERTIDO	⚲
METAMORFO	●=▲
ESLABÓN PERDIDO	⊡
VIOLENTO	🐾
ANTROPOMÓRFICO	🐺
AUGURIO	👁
VOLADOR	🦇
NOCTURNO	🌙

El Ucumar (Argentina) ⊡ ♥

Imbunche (Chile)

Karupí (Paraguay) ♥ ⚲

El Bufeo Colorado (Brasil, Perú) ⚡ ●=▲ ⚲

GOTHA CATCH 'EM ALL!

河童
(KAPPA)

Tortuga tamaño humano, con corte de hongo y un hueco con agua en la cabeza. Si te lo encuentras te intentará ahogar, pero si lo saludas te regresará la reverencia, tirando el agua de su cabeza y así estarás a salvo.

厌才
(YUKI ONNA)

Mujer muy hermosa con una terrible mirada, peor que la de tu tía viendo tu tatuaje nuevo. Esta mirada te paraliza y mueres lentamente dentro de una tormenta de nieve.

伷狸
(TANUKI)

Perro-mapache que puede cambiar de forma, famoso por sus enormes y mágicos huevotes que pueden transformar en sombrillas, tambores, armas, etc. No son agresivos y les gusta jugar bromas a las personas.

禹呈
(ONI)

Shrek versión anime con la piel roja o azul. Cada febrero, durante el festival Setsubun no Hi, los niños avientan semillas a los Oni y dicen una frase al estilo «trick or treat», Oni Wa Soto, fuku wa uchi (Oni fuera, fortuna dentro).

天狗
(TENGU)

Tienen la cara colorada, nariz larga y alas. Viven en las profundidades de las montañas y son expertos en artes marciales. Usando magia pueden cambiar el clima a voluntad y les gusta secuestrar a gente indefensa.

(NEKOMATA)

Dioses felinos protectores de los templos. Tienen la capacidad de revivir a los muertos, pero los regresan a la vida en condiciones «Laura Bozzo» o sea: deplorables.

(KITSUNE)

Zorro que va adquiriendo colas según su edad, sabiduría y poder. A veces adopta la forma de una mujer joven, quien puede ser traviesa, mas no peligrosa. Si le das una ofrenda, te pagará con la fidelidad de amistades o de tu pareja.

(TSUKUMOGAMI)

Objetos cotidianos que cobran vida después de cien años. Si les diste un buen uso pueden ser cordiales y traerte abundancia, pero si los descuidaste te traerán desgracia.

(AKANAME)

Yokai doméstico, le encanta la humedad y aparece cuando no limpias bien tu baño. Tiene una lengua larga y pegajosa con la que se alimenta de tu suciedad. Su presencia causa la proliferación de hongos.

(FUTAKUCHI-ONNA)

Mujer con una segunda boca en la nuca que siempre está lanzando insultos y pidiendo comida, la alimenta usando su cabello como tentáculos. Esta maldición recae en las mujeres que no alimentan a su hijastro.

SKINWALKER

UTAH, ESTADOS UNIDOS, 1994. UNA FAMILIA DE GANADEROS COMPRÓ EL QUE CREÍA ERA EL RANCHO DE SUS SUEÑOS; NUNCA IMAGINARON QUE LA PROPIEDAD INCLUÍA UNA ANTIGUA MALDICIÓN DE LOS NAVAJO, OVNI, LOBOS GIGANTES Y *POLTERGEIST*... EN OTRAS PALABRAS, ==LA FAMILIA COMPRÓ UN RANCHO SIN SABER QUE ERA EL DISNEYLANDIA DEL FENÓMENO PARANORMAL.==

La familia decidió no vivir ahí después de sus experiencias, pero algunos curiosos, como un multimillonario de Las Vegas, el gobierno de Estados Unidos y hasta ⅓ de Blink-182, se involucraron para intentar descubrir los secretos que esconde el Rancho del Skinwalker.

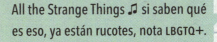

Suena a chiste: «Un multimillonario, un burócrata gringo y Tom Delonge llegan a un rancho...».

All the Strange Things 🎵 si saben qué es eso, ya están rucotes, nota LBGTQ+.

El rancho del Skinwalker está localizado en el condado de Uintah, en Utah. Fue habitado por los nativos hace más de 12 000 años y siempre ha estado plagado de misterios y leyendas.

Los utes, quienes son los nativos de estas tierras, desde tiempos milenarios no quieren tener nada que ver con el lugar. Sus historias, que han sido transmitidas desde hace 16 generaciones, hablan de algo ominoso que sucede ahí. Ellos cuentan que la tribu de los navajo (diné) maldijo las tierras después de que los utes les ayudaron a los gringos a establecerse en esos territorios. Y según sus leyendas, es así como llegó la plaga del skinwalker, que ahora es una de las cosas que merodea por esas tierras, al igual que la razón por la que así se llama el rancho.

Pero eso no es todo; para agregarle otra capa a este pastel de «Cómo hacer que algo quede embrujado», resulta que en la cuenca de Uintah hay un cementerio de soldados búfalo. No me refiero a una legión de criaturas mitad hombres mitad búfalos, sino a los Buffalo Soldiers.

Los Buffalo Soldiers fueron miembros afroamericanos del 10º Regimiento de Caballería del Ejército de Estados Unidos, quienes se formaron a mediados del siglo XIX y pelearon junto con el ejército de la Unión contra el ejército de la Confederación.

Además, eran masones y conocidos practicantes de las artes esotéricas. Y en el *twist* de película de terror menos esperado y más irónico, resulta y resalta que cuando Estados Unidos les regresó a los utes las tierras que les habían quitado, ellos construyeron sus casas sobre un cementerio gringo.

Muy práctico este tipo de cimiento, utilizado también en la arquitectura de las iglesias en Canadá.

Además, en los sesenta y setenta hubo una oleada de mutilaciones de ganado: las cordilleras alrededor son el hogar del Sasquatch. Cerca de ahí está la presa de Bottle Hollow donde hay un tipo de víbora gigante que ha ahogado a un sinfín de personas.

Pero la familia Gorman, que consistía del padre Tom, su esposa Ellen y sus dos hijos, Tad y Kate, no tenían idea de nada de esto, ellos solo querían irse a vivir a un lugar tranquilo en donde pudieran criar su ganado de sementales angus registrados.

«Nueva hamburguesa Angus Skinwalker: 100% angus, 100% sobrenatural. ¡Cómprala ya porque vuelan!».

«Es neta… a veces empiezan a flotar y no sabemos cómo detenerlas».

En el otoño de 1994 los Gorman encontraron el lugar perfecto a precio de ganga: una propiedad de 480 hectáreas llamada rancho Sherman. Les pareció raro que su antiguo dueño lo hubiera puesto en venta a tal precio y que, además, hubiese dejado casi todos sus artículos personales ahí, como si un día hubiera salido corriendo para nunca volver.

Otro hecho que alertó un poco a los nuevos dueños fue que en el contrato de compra-venta había una cláusula que prohibía escarbar en la propiedad a cierta profundidad sin antes avisar al antiguo dueño. Tambien notaron que todas las puertas tenían instalados varios pasadores por dentro y por fuera, y no solo las de acceso, sino todas las puertas de los gabinetes de la cocina también tenían pasador. A pesar de estas banderas rojas, el precio de la propiedad era demasiado bueno y decidieron ignorarlas. Se hicieron a la idea de que los dueños anteriores eran unos viejitos excéntricos paranoicos.

«Rancho en venta, 480 hectáreas, cómprelo ahora y le regalamos 117 *red flags*».

Nada que un botecito de Gerber con agua bendita no pueda solucionar.

Todavía no habían acomodado bien la sala cuando sucedió el primer incidente que los haría pensar que tal vez esos pasadores y los extraños comportamientos de los dueños anteriores tenían una razón de ser.

Mientras toda la familia estaba bajando unas cosas de la troca, Tom notó a la distancia que se acercaba hacia ellos lo que parecía ser un lobo bastante grande que caminaba en forma de S. Ed, el papá de Tom, se acercó a él y le mencionó que nunca había visto un lobo caminar así o de ese tamaño. El lobo muy casual llegó hasta unos metros de la familia, se veía completamente manso, y tenía unos ojos azules hipnóticos. Estando así de cerca, pudieron ver el tamaño de la bestia. Tom y Ed medían más de 1.80 y el lobo les llegaba casi hasta el pecho.

Ok, todo eso sonó tan erótico que el lobo de *Crepúsculo* se queda pendejo. Ojos azules «hipnóticos», completamente manso y hasta el tamaño de su bestia pudieron describir… ¿es una de esas historias que te gusta leer, Joe?

Los aullidos de los lobos son únicos e irrepetibles, como las huellas dactilares de los humanos.

Aun así no sintieron miedo. El abuelo Ed, como buen ranchero, comenzó a acariciarlo y les gritó a los niños que fueran a tocarlo y hasta comenzaron a debatir si sería buena idea quedárselo como mascota. En lo que seguramente discutían cuál sería un buen nombre para ponerle a una bestia del infierno, el lobo vio que uno de los becerros había sacado la cabeza entre las barras del corral. En un parpadear de ojos ya lo tenía en sus fauces y estaba intentando sacarlo por entre los barrotes. Sin pensarlo, Tom le puso unos patadones en las costillas mientras que el abuelo, como buen ranchero, comenzó a pegarle con un bat. Pero el lobo ni siquiera volteaba a verlos, como si no sintiera los golpes, entonces Tom le gritó a su hijo que le llevara la Magnum que tenía siempre en la camioneta.

No sabía que los lobos se calmaban con una paleta de helado.

¡Claro!, el crujiente chocolate, con almendra, y el helado suave de vainilla calma a cualquiera.

Tom apuntó y le dio directo en las costillas al animal. La bala calibre .357 no hizo nada, el lobo ni siquiera chilló. El becerro agonizante, por otro lado, sangraba profusamente. Tom disparó dos veces más en el abdomen al lobo, que seguía sin inmutarse. Un cuarto disparo le dio en el área del corazón; el lobo por fin soltó al becerro y se movió unos metros hacia atrás, pero seguía viendo a la familia sin mostrar ninguna señal de incomodidad. Al ver esto Tom gritó: «¡Tráeme mi treinta cero seis!», un rifle de alto calibre. Su hijo se lo pasó y recibió la Magnum a cambio. Tom apuntó y a 10 metros dio justo en el hombro de la criatura.

Todos vieron cómo la bala atravesó al animal y un pedazo de carne salió volando del orificio por donde también salió la bala. El lobo solo se movió por la inercia del impacto, pero le seguía valiendo madre.

Nunca sabremos si fueron los balazos o que le quitaron su comida lo que finalmente lo ahuyentó. El lobo se volteó hacia la familia una última vez, y comenzó a trotar lentamente hacia el horizonte.

El lobo se fue, extrañando los tiempos en los que solo había que soplarles a las casas de los cerdos.

O cuando andaba de travesti, disfrazándose de abuela.

Tom con el rifle y Tad con la Magnum decidieron seguir al lobo para terminar de matarlo, asumiendo que estaba malherido. Para su sorpresa, después de seguir sus huellas por el pastizal y el lodo, las pisadas simplemente desaparecieron. Era como si el animal hubiera volado o simplemente se hubiera desvanecido de ese plano de existencia. Lo más curioso es que en ninguna parte del trayecto encontraron sangre. Como estaba anocheciendo decidieron regresar a la casa.

El silencio fue roto por las palabras de Tom:

—Mira, no puedo explicar lo que sucedió, y no lo voy a intentar. Vamos a olvidarnos de lo que vimos y te invito a comer.

Sacó una bolsita de Krankys y le dijo: «Krankylízate».

Quien no podía olvidar era Ellen, porque al parecer lo que estaba en la propiedad tenía una particular necesidad de molestar a la matriarca de los Gorman.

Unas semanas después del incidente con el lobo, Ellen estaba cerrando la reja de la propiedad, y al volver a entrar a su carro vio pasar por encima de ella, y sin hacer ningún ruido, una nave triangular de color negro con luces deslumbrantes de distintos colores. Momentos después, en la periferia de sus ojos, vio algo acercándose a su carro, otro lobo, o el mismo, no sabía exactamente, pero también tenía los ojos azules y era enorme. Se puso a un lado de su carro, la cabeza del animal quedaba por arriba del techo del Chevy, incluso se agachó para asomarse por la ventana y fue cuando Ellen vio los ojos azules.

«Disculpe, señora, sabe que andamos juntando dinero porque somos bailarines y queremos completar el pasaje para competir en la final de "Danza con lobos"».

La coreografía que practican es la rola de Shakira: «Una loba en el armario tiene ganas de salir».

Al fondo alcanzó a ver a otro animal salvaje, no un lobo, era más parecido a un perro de patas delgadas. Después del incidente Ellen fue a quejarse con el consejo del pueblo, pero solo le dijeron que habían matado a los últimos lobos hacía 70 años.

Pasaron algunos días, Ellen acababa de guardar provisiones para meses en la alacena, salió de la cocina por un momento y al regresar encontró que todo el mandado estaba otra vez sobre la mesa del comedor. Lo que la hizo emputar más fue que Tom le dijo que de seguro se le había olvidado guardarlo.

Pobre señora, molestada por el lobo, el *poltergeist* y ahora el esposo.

A este *poltergeist* le encantaba molestar a Ellen: le escondía cosas que casi siempre aparecían en el microondas; cuando se iba a bañar, ponía su bata y cepillo sobre el lavabo, cerraba la puerta con seguro, y cuando salía de la regadera sus cosas ya no estaban en el baño.

Esta presencia también hizo de las suyas con Tom: una vez le desapareció una excavadora de postes. Tom creyó que había sido su hijo, pero la excavadora, que pesaba bastantes kilos, apareció meses después arriba de un árbol; las mangueras para el riego, después de haber sido instaladas y prendidas un día, aparecían enredadas en círculos perfectos de metro y medio de diámetro en diferentes partes de la propiedad. En otra ocasión, Tad y sus amigos habían colocado durante toda una jornada postes para una nueva reja. Entraron a la casa a descansar, pasaron unos minutos y en eso llegó Tom a regañarlo alegando que no habían hecho lo que les pidió, de inmediato Tad y sus amigos salieron, y todos los postes estaban otra vez donde los habían clavado, pero ligeramente movidos: había marcas que indicaban que los habían movido en algún punto.

«Soy Johnny Knoxville y esto es *Jackass: Poltergeist*».

Otro fenómeno extraordinario pero común en el rancho eran unas esferas color naranja que aparecían en la noche, flotando sobre los pastizales a un kilómetro de distancia. Tom relató cómo una noche puso la mira de su rifle sobre un árbol para observar uno de estos objetos gigantescos. En medio de la masa naranja, Tom pudo ver lo que parecía ser «otro cielo». A través de la mira vio claramente un cielo azul. En esa noche en particular, el objeto naranja parecía una ventana a otro lugar donde aún era de día. Podría haber sido una ruptura por la que se podía ver un mundo diferente o quizá el mismo mundo pero en un tiempo distinto.

¿También vio destellos brillando en las nubes sin fin?

Cuando vio la luz naranja le aceleró para que no le tocara la roja.

Para Gorman, este fue un raro vistazo a lo que realmente podría estar sucediendo en su propiedad. Después de ver el segundo cielo, comenzó a pensar que los eventos extraños en el rancho podrían ser explicados en términos de diferentes dimensiones o realidades alternas.

Otra noche, Tom estaba de nuevo sentado en el árbol mirando uno de estos portales cuando vio una nave triangular, igual a la que había visto su esposa, dentro del portal. La nave se movía veloz y se agrandaba rápidamente; se estaba acercando al portal desde la otra dimensión; por último salió del portal y desapareció en el cielo oscuro.

Tom notó otra cosa curiosa sobre estos portales una vez que logró ver uno mientras iba en su camioneta: solo eran visibles si se estaba completamente de frente a ellos, si se les trataba de ver desde un ángulo, era como intentar ver una hoja de papel por su filo a un kilómetro de distancia en lugar de estar de frente.

Pasó una estación y en el invierno de 1994, y por todo un año completo, sucedieron las desapariciones de ganado. La primera ocurrió durante una tormenta de nieve: Tom había perdido una de sus vacas angus y llevaba más de 24 horas buscándola —cada una vale miles de dólares—. No se iba a dar por vencido. En un momento dio con las huellas del animal en la nieve, eran marcas dejadas tras haber corrido como si escapara de algún depredador; lo inusual es que los depredadores ataquen durante tormentas de nieve. Siguió las huellas por varios cientos de metros y de repente simplemente desaparecieron, como si algo hubiera agarrado a la vaca desde el aire, que de hecho es lo que intentó decirse a él mismo: que tal vez el gobierno estaba probando un helicóptero súper secreto que podía volar en tormentas de nieve sin hacer ruido y levantar vacas. Tom sabía que ni de pedo era eso, pero eso se dijo a sí mismo, y su vaca nunca apareció. Durante los siguientes meses otros cuatro animales desaparecieron.

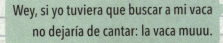
Es que las hamburguesas Angus Skinwalker® se volvieron muy populares y pues había que encontrar la manera de no parar la producción.

Wey, si yo tuviera que buscar a mi vaca no dejaría de cantar: la vaca muuu.

En abril de 1995 durante una lluvia intensa Tom y su hijo estaban juntando al ganado cuando Tad vio a una de las vacas atrapada en un canal, el lodo era tan espeso que no podía salir; Tad decidió ir detrás de la vaquilla que acababa de nacer hacía unos días y luego volver por la madre. No le tomó más de 20 minutos llevar al becerro al corral y regresar por la mamá, pero cuando regresó la vaca estaba muerta, su ano entero no estaba, había sido cortado en un círculo perfecto, y tampoco tenía vísceras, era como si algo las hubiera succionado, y de nuevo no había ni una sola gota de sangre presente.

Otro de sus sementales angus fue encontrado sin sus órganos sexuales y sin ano, y le faltaba una oreja, la cual había sido cortada con tanta precisión que bajo un microscopio incluso los pelos se veían perfectamente parejos en el corte, como si hubieran usado tijeras; al igual que en los otros casos, no había sangre ni siquiera sobre el animal mismo, pero esta vez Tom observó un charco de un líquido café con un olor muy peculiar a químicos cerca del hombro del animal. Cuando regresó con un frasco para recoger una muestra, la sustancia se había evaporado.

Durante meses Tom veía cómo su ganado, que era su patrimonio, iba menguando. El estrés estaba acabando con la paciencia de la familia; ya habían perdido a 14 de sus preciados angus o habían aparecido muertos. Pero a final de cuentas eran rancheros y los rancheros no se rajan, y estaban dispuestos a encontrar a él o los responsables y hacer algo al respecto. No iban a dejar su rancho por nada del mundo.

Unos meses después Tom y Ellen Gorman estaban tomando el fresco cuando vieron una esfera azul volando cerca de sus caballos. La esfera estaba tan cerca de los animales que su luz los pintaba de un tono azul. Los caballos, fuera de intentar espantar a las esferas con la cola como si fueran moscas, no se mostraban agitados. De repente la orbe, con una velocidad intensa, se lanzó hacia donde estaban los Gorman, quedando a escasos cinco metros de donde se encontraban. Tom pudo ver que el exterior de la esfera era transparente, como vidrio: era dos o tres veces más grande que una bola de beisbol; por dentro había una sustancia azul, que se movía y remolineaba como agua en constante ebullición.

Las vacas tienen un gran olfato: pueden percibir aromas hasta a 10 km de distancia.

El objeto hacía un ruido como la electricidad estática. Tom y Ellen observaban este asombroso espectáculo, el pelo en la parte posterior de sus cuellos se erizó. Ellen empezó a hiperventilar. Se sintieron paralizados por el miedo más profundo y visceral que jamás habían conocido. Ambos describen cómo el sentimiento de miedo era artificial: sabían que era causado por la esfera, como si tuviera el poder de controlar las emociones y lo estuviera haciendo como un experimento.

A finales de 1996 un carro llegó al rancho, se bajó un hombre alto, güero y *hippie*. Les dijo a los Gorman que había escuchado los rumores del lugar y que solo quería ver si lo dejaban meditar.

Tom cedió a la petición del *hippie* porque no tenía energía para discutir, aunque una parte de él tenía miedo de que le fuera a pasar algo a un extraño en su rancho. Lo acompañaron y le enseñaron el rancho en su troca, hasta que el güero les dijo: «Aquí, aquí quiero meditar». Era una planicie con pasto rodeada de árboles. Tom y Tad, quienes habían acompañado, estaban a unos 20 metros del *hippie* cuando comenzaron a escuchar un ruido parecido al de un cencerro, pero ellos sabían que sus vacas no usaban cencerros. De repente entre los árboles alcanzaron a ver movimiento... era una figura humana pero aun siendo pleno día estaba obstruida por una distorsión, como cuando ves algo atrás de unas llamas.

Gritando: «¡malditos *hippies*, arruinaron la psicodelia!».

Estaba buena la hierba que llevaba el *hippie*.

Lo siguieron viendo entre los árboles hasta que de repente esta cosa transparentosa corrió muy rápido hacia el *hippie*, quien seguía en su meditación y no había notado nada. Tom y Tad corrieron para ayudar, pero la criatura llegó primero; se detuvo a unos centímetros del güero y rugió tan profundo y grave como un oso o un león. El extraño comenzó a gritar también.

La entidad regresó a los árboles, Tom le preguntó al *hippie* si estaba bien, este lo abrazó y comenzó a llorar. Tom le dijo: «Si no me sueltas te voy a golpear».

«Suéltame, asqueroso *hippie,* o te traigo al hombre transparente».

Qué ganas de chingar, estás meditando y llega un hombre transparente de nombre Karen y te grita.

En abril de 1996 Tom volvió a ver una de las orbes azules; ahora la vio salir de uno de los portales, la esfera se dirigió hacia él; sin pensarlo, y quizá porque ya estaba harto de todo lo que pasaba, mandó a sus tres perros blue heeler a correr detrás de ella. La esfera bajó casi a nivel del piso y dejó que los perros se acercaran para luego, cuando la iban a morder, quitarse, como si estuviera jugando con ellos. Después de un rato la esfera se movió hacia los árboles y los perros la siguieron.

En cuanto Tom los perdió de vista, dentro del bosque escuchó el sonido de sus perros gimiendo de dolor, luego un silencio total.

> Los perros se callaron porque la esfera les dio tocino delicioso, ¿verdad?, ¿verdad?

CANIS MORDAX.

El final de la canción «A Day in the Life» de los Beatles tiene una frecuencia que solo los perros pueden escuchar, según contó Paul McCartney en una entrevista.

Sabía que lo peor había pasado, pero no tuvo la valentía de ir a buscar a sus perros a esa hora. Pensó en ellos toda la noche, en lo que les pudo haber sucedido, en esos últimos chillidos. A la primera luz del día siguiente fue a donde sabía que los había visto por última vez. Su más profundo miedo se materializó frente a él: olor a piel quemada, y a unos 10 metros de donde comenzaba el bosque encontró en el piso tres círculos grandes de pasto quemado, y al centro de cada uno había una masa negra grasosa, sus perros.

> La nueva Angus Skinwalker®
> te hará gritar ¡guau!

Lo que fuese que estuviera en el rancho del Skinwalker ahora sí se había mamado; en cuestión de horas Tom y toda su familia decidieron que iban a vender el rancho.

La publicación de un artículo en el *Deseret News* en 1996 sobre los misteriosos sucesos del rancho llamaron la atención de un solitario hotelero de Las Vegas, quien voló para reunirse con los Gorman y llegó a un acuerdo para comprar la propiedad por 200 000 dólares. Ese hombre es Robert T. Bigelow, cuya fortuna amasó en la cadena de hoteles Budget Suites of America y es muy conocido por su interés y por el dinero que ha gastado para legitimar la investigación paranormal.

Claro que quiere legitimar la investigación paranormal, ¿sabes la cantidad de fantasmas que se han creado en sus hoteles?

Hospedados gratis en sus hoteles, en Budget Suites of America nadie se va sin pagar.

El año anterior a la compra del rancho había invertido millones de dólares de su propio dinero en la fundación del Instituto Nacional para la Ciencia del Descubrimiento (NIDS), un laboratorio de investigación científicamente estricto para investigar la actividad extraterrestre y paranormal. Trasladó a todo el equipo al Skinwalker Ranch, el NIDS construyó rápidamente un puesto de observación, conectó la propiedad con cámaras de video y contrató a investigadores para que lo observaran las 24 horas del día, convirtiéndolo en el único laboratorio de investigación científica paranormal y del fenómeno OVNI en el mundo.

Me acuerdo cuando mi primo contrató Sky para poder ver todo el día *Big Brother*, la versión paranormal está más vergas.

Lo primero que descartaron fue que la familia estuviera sufriendo alguna alucinación en masa: revisaron que en el agua no hubiera residuos de plantas con propiedades alucinógenas, buscaron zonas con altas frecuencias electromagnéticas, revisaron la ubicación de la propiedad en relación con las placas tectónicas, porque se teoriza que al moverse sutilmente crean frecuencias que pueden causar alucinaciones, y todas estas cosas fueron eliminadas como la posible causa.

El equipo instaló tres torres de observación rodeadas por una malla ciclónica, adentro tenían perros guardianes y cámaras en cada torre apuntando una a la otra, tenían todo tipo de sensores y aparatos de medición, además de un físico, un veterinario y un coronel retirado del Ejército.

Otra vez parece chiste: «Un físico, un veterinario y un coronel retirado llegan a un rancho…».

Como a las 11 de la noche del 12 de marzo los perros comenzaron a ladrarle a algo invisible, los investigadores y Tom se subieron a una troca y salieron a investigar, la camioneta tenía un faro grande en el techo y cuando llegaron a una línea de árboles lograron ver dos esferas amarillas que brillaban dentro de los árboles; para la sorpresa de todos, se percataron de que no eran los típicos orbes, estas esferas eran un par de ojos que estaban reflejando la luz del faro. Tom apuntó con su rifle y disparó, los ojos se cerraron cuando se escuchó a la bala dar con el objetivo y todos escucharon algo pesado caer al piso, entonces manejaron hasta el lugar pero no había ningún cuerpo.

—¡Acá está! —gritó Tom y disparó otras dos veces.

Se escuchó a una criatura escabulléndose por la maleza del bosque. Lo habían visto, era como un perro gigante, que caminaba en dos patas.

Llevaba consigo un plato de cereal y una cuchara.

Los verdaderos lobos están en Wall Street.

Después de horas de búsqueda lograron encontrar algunas huellas: las patas de la criatura medían 40 centímetros de largo, con todo y garras.

El 1º de abril otro becerro desapareció de adentro de uno de los corrales, ninguna cámara captó nada. El 2 de abril Tom y Ellen pasaron a un lado del corral; donde estaban cuatro de sus toros sementales angus, curiosamente Ellen mencionó que si algo le pasaba a uno de ellos estarían en la ruina; fueron a reparar otro corral y regresaron en menos de una hora, y los cuatro toros habían desaparecido.

Qué toros hijos de la chingada: desaparecieron después de escuchar a la Ellen.

Tom corrió a revisar el corral, la reja seguía cerrada. A un lado del corral había una autocaravana que tenía años abandonada, Tom se asomó por la ventana y adentro estaban los cuatro sementales, como en estado de trance, le gritó a su esposa que ahí estaban... al instante los cuatro toros despertaron y comenzaron a paniquearse, hasta que tumbaron la pared trasera y salieron corriendo.

Tengo muuuucho miedo.

Cuando el equipo del NIDS revisó la autocaravana vieron que la puerta que era la única entrada estaba cerrada con un alambre y que incluso tenía telarañas, lo que comprobaba que no era posible que ese hubiera sido el punto de ingreso de los toros, sin tomar en cuenta lo imposible que es meter a cuatro toros a un espacio tan pequeño sin que te corneen duro y en repetidas ocasiones. Otra cosa que notaron es que la puerta del corral estaba magnetizada y duró así por varios días. Este fue el incidente que confirmó al equipo del NIDS que:

1. Algo inexplicable pasaba en el rancho.

2. Lo que sea que estuviera pasando parecía ser un fenómeno precognitivo consciente e inteligente, un timador (*trickster*) que parecía estar jugando con ellos, que quería hacerles saber que él, o ellos, estaba a cargo. Lo que sea que estuviera en ese rancho, incluso sabía que deseaban grabarlo, pero no quería ser investigado.

3. Aquello siempre estaba un paso adelante de sus acciones.

Se enojaron porque los grababan, es que ni se han de esperar a que terminen de comer para grabarlos.

Como sucedió cuando tres cámaras que estaban apuntándose una a la otra de repente dejaron de grabar. Cuando fueron a investigar qué había pasado descubrieron que metros y metros de *duct tape* que cubría los cables habían desaparecido junto con un metro de cable que iba directo a la cámara... simplemente no estaba, y las cámaras ahora apuntaban hacia el poste donde estaban instaladas.

Obvio fue que el ente timador estaba robándose el alambre de cobre para venderlo y poder comprar drogas.

En agosto dos miembros del NIDS tuvieron una de las experiencias más terroríficas: mientras vigilaban una de las zonas con más alta extrañeza descubrieron una de las luces naranjas que Tom habitualmente veía; uno de ellos contaba con un par de binoculares infrarrojos, mientras que el otro se encargaba de los aparatos de medición. Mike, que tenía los binoculares, podía ver que la luz flotaba a un metro del piso y que se estaba expandiendo; Jim solo podía ver una tenue luz naranja.

Mike narraba lo que estaba viendo: «no es una luz, es un túnel, puedo ver lo que hay del otro lado, hay algo, o alguien saliendo». Una figura oscura salió del túnel, moviéndose sobre sus codos y rodillas como gateando, cuando logró salir de la luz se incorporó y corrió a una velocidad no posible para un ser humano hacia donde se encontraban los investigadores; escucharon sus pisadas cuando pasó a menos de 10 metros de ellos, dejando un olor muy fuerte a almizcle a su alrededor.

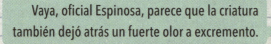

Vaya, oficial Espinosa, parece que la criatura también dejó atrás un fuerte olor a excremento.

Sí, detective Capistrán… fue la criatura, definitivamente… Ahora regreso, tengo que ir a cambiarme el pantalón por ninguna razón conectada a lo que acaba de pasar.

No hay ranas en la Antártida.

Sucesos así ocurrieron durante los ocho años que los del NIDS estuvieron investigando: luces, platillos voladores, portales, criaturas, *poltergeists*. El problema es que el fenómeno parecería ser una entidad timadora, nunca los dejó tener una evidencia sólida.

Uno de los científicos involucrados dijo que no había duda alguna de que algo paranormal o ultraterrestre sucedía ahí, pero que no fue posible obtener evidencia consistente con una publicación científica. ∎

La conspiración: en el año 2004 se deshizo el NIDS, pero Bigelow formó BAASS (Bigelow Aerospace Advanced Space Studies): Estudios Avanzados Aeroespaciales Bigelow y tomó posesión del rancho, poniendo guardias con rifles de alto calibre y una seguridad paralela al Área 51. ¿Recuerdan que el 17 de diciembre de 2017 salió a la luz que el Departamento de Defensa de los Estados Unidos tenía un proyecto secreto para examinar el fenómeno OVNI, el cual contaba con un presupuesto de 22 millones anuales? Pues esos 22 millones se fueron a BAASS y estaban investigando primordialmente en el Rancho del Skinwalker.

El día de hoy la propiedad fue comprada por la compañía de bienes raíces Adamantium, que todo indica no es más que una corporación fantasma también de Bigelow y del gobierno de Estados Unidos para continuar con la investigación.

Y no es nada sospechoso nombrar a una empresa como un metal que en los cómics es presentado como un secreto gubernamental.

Cada que los lastiman se autosanan.

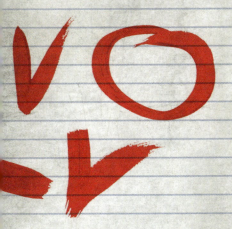

REBELIÓN EN STONEWALL

**LAS ACTITUDES MODERNAS HACIA CUALQUIER TIPO DE SEXUALIDAD QUE NO INVOLU-
CRE A UN HOMBRE Y A UNA MUJER (DE PREFERENCIA CASADOS) PROVIENEN DE FUN-
DAMENTOS RELIGIOSOS, LEGALES Y MÉDICOS. LA INTOLERANCIA Y EL ODIO QUE HAN
PERMEADO NUESTRA SOCIEDAD CON RESPECTO A LA COMUNIDAD LGBTQ+ RADICA EN
ESTOS TÚNELES DE REALIDAD QUE SE HAN IDO PASANDO DE GENERACIÓN EN GENERA-
CIÓN SIN SER CUESTIONADOS.**

Pero la lucha por cambiar esto y lograr la igualdad que toda persona se merece,
lleva muchísimos años forjándose, y un 27 de junio, en un asqueroso, pero amado
bar de Nueva York, esta lucha tuvo un detonante que cambió todo. Un millar de
personas cansadas de ser discriminadas y sus aliados comenzaron un movimiento que resonó por todo el mundo y cambió para siempre a la comunidad LGBTQ+.
    Y todo comenzó con un vaso de *shot*.

> No me acuerdo de qué pasó ayer, ese *shot* fue mala idea. ¿Qué hicimos?

> Iniciamos un movimiento social en favor de los derechos de la comunidad LGBTQ+.

> No mames, ese *shot* me mandó al final del arcoíris.

Cientos de años antes de ese *shot*, en un tiempo cuando no existía ese bar en
Nueva York, ni siquiera Nueva York, ni Estados Unidos... antes, mucho antes, en la
Alta Edad Media, los actos homosexuales eran tolerados o ignorados por la Iglesia
católica en toda Europa. No fue sino hasta principios del siglo XII cuando la hosti-
lidad hacia la homosexualidad comenzó a arraigarse y finalmente se extendió por
las instituciones religiosas y seculares europeas.

Los actos homosexuales eran castigados no por el hecho en sí, sino porque junto con otros comportamientos sexuales perseguidos en esos tiempos no tenían funciones procreadoras, y por lo tanto, eran considerados «antinaturales». Esto se convirtió en una expresión oficial en los escritos de Tomás de Aquino y otros teólogos, hasta que se generalizó, y a pesar del avance tecnológico, médico y social, ha continuado hasta nuestros días.

«Cómo van a andar desperdiciando su semilla, si hay tanto católico que engendrar».

«Comportamientos sexuales antinaturales» suena como una categoría de porno que me da miedo y curiosidad explorar.

Con tantos nuevos engendros, las enseñanzas religiosas pronto se incorporaron en las sanciones legales. Varias de las primeras colonias americanas, por ejemplo, promulgaron severas sanciones penales por sodomía, un término general que abarcaba una amplia variedad de actos sexuales que no eran procreadores, entre los que se incluía el comportamiento homosexual. Era igual de malo el sexo entre un hombre y una mujer que no estaban casados, tener sexo anal o que un esposo y su esposa tuvieran sexo con la mujer en la parte de arriba.

¿Cuál parte de arriba? ¿El ombligo?, ¿la boca?, ¿la frente?... tantas posibilidades de hacerlo y solo un hoyo permitido.

No, Borre, con la mujer arriba del hombre, montándolo, como le gusta a Satanás.

Por mucho tiempo las religiones establecían qué estaba «bien» y qué «mal». A medida que las autoridades religiosas tuvieron más poder, sus preceptos se volvieron ley, y había que acatarlos obligatoriamente. Y así, los comportamientos sexuales entre personas del mismo sexo recibieron un mayor castigo. De repente todo el mundo se obsesionó con querer decidir sobre qué hacen o no hacen las otras personas con sus genitales.

Nada más para y por sus huevos.

Fue así como todas las categorías religiosas, como posesión demoniaca, borrachera y sodomía se transformaron en las categorías científicas de locura, alcoholismo y homosexualidad.

Las personas seculares pueden ser culeras.

Para finales del siglo XIX la sociedad no tenía términos como *homosexual* o *heterosexual* porque todos los actos relacionados con la sexualidad eran considerados un pecado. Luego llegó el psicoanálisis.

¡Sigmund, ese!

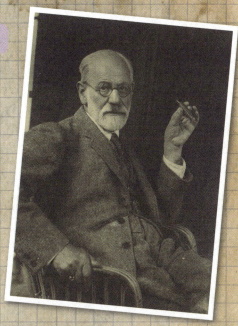

Para 1850 los sexólogos y los psicólogos comenzaron a estudiar el comportamiento sexual del ser humano, basándose en sus propias ideas de lo que, según su propio sesgo, era un comportamiento normal. Este sesgo provenía de sus creencias religiosas y sociales, pues se determinó que todo lo que no encajara dentro de esas creencias era anormal y por lo tanto era, automáticamente, un trastorno. Este sería un buen punto en esta historia para mencionar que absolutamente todos estos «ólogos» eran hombres.

«Mamá, cuando sea grande voy a ser trastornólogo, voy a decir que todos los que hacen cosas que no me gustan están mal de la cabeza y le voy a echar la culpa de todo a mis ganas ocultas de tener sexo contigo».

«Está bien, hijo, tú puedes ser lo que quieras, solo tienes que creer en ti; vente, ya es hora de amamantarte».

Después de un par de décadas, en 1870, se acuñó el término *homosexual*, que era considerado moralmente neutral, porque son científicos y no religiosos, pero a final de cuentas como científicos lo consideraban un trastorno. Para explicar esta aversión surgió la idea de la «inversión» sexual para explicar tanto la no conformidad de género como la atracción hacia el mismo sexo.

¿La inversión sexual es cuando alguien chupa muchos genitales y luego se va a dormir hasta que pase el invierno?

Estos estudiosos de lo que llamaban «inversión» creían que la homosexualidad era una tendencia innata y natural, resultado de cambios en el cerebro de un individuo mientras aún estaba en el útero. Dichos cambios hacían que tanto el cerebro como el comportamiento de los «invertidos» se parecieran a los del sexo opuesto. Esta idea de que la homosexualidad era una desviación innata del desarrollo normal de género fue ampliamente aceptada; en otras palabras: es natural, pero está mal.

Como el pito del pato: es natural, pero está mal.

Además de tener forma de sacacorchos, el pene de los patos tiene cerdas para limpiar los restos de semen que dejaron otros patos en la vagina de la pata.

Por ejemplo, las mujeres que lucharon por el derecho al voto a veces fueron descritas como «invertidas hombrunas» cuyo deseo por los derechos masculinos era acompañado de necesidad de seducir a mujeres más jóvenes. En otras palabras, solo las lesbianas quieren derechos atribuidos a los hombres, como votar.

Me imagino a la gente de esos tiempos diciendo: «Ay no, es que mira cómo se sienta con las piernas abiertas, cabello corto, *jean shorts*. ¿Quién se cree? ¿John Cena?».

No solo la gente común, sino también los profesionales opinaban así. Sigmund Freud, por ejemplo, consideraba que la homosexualidad no era una enfermedad, sino una variación de la función sexual, creada cuando hay un trastorno en la crianza normal de un niño o una niña. Pero igual que sus colegas, consideraba la homosexualidad como un trastorno.

Pero cuando la gente comienza a imponer sus creencias sobre los demás, siempre habrá quienes defiendan las libertades individuales, y en la historia moderna de la defensa de la homosexualidad se considera generalmente que comienza a mediados del siglo XIX, en Alemania.

> Ah caray, por lo regular uno se preocupa cuando algo histórico comienza en Alemania.

Karl Heinrich Ulrichs, educado en derecho, teología e historia, es considerado uno de los primeros defensores de los derechos de los homosexuales. Escribió una serie de tratados políticos criticando las leyes alemanas que criminalizaban las relaciones sexuales entre hombres.

Los bonobos tienen relaciones sexuales con una frecuencia asombrosa, que incluye relaciones homosexuales, esto con la finalidad de cimentar los vínculos sociales.

En estos tratados planteó la hipótesis de que algunos hombres nacieron con el espíritu de una mujer atrapado en sus cuerpos y que estos hombres constituían un tercer sexo que él denominó «urna», mientras que a las mujeres lesbianas las denominaba «urningin», el espíritu de un hombre atrapado en el cuerpo de una mujer. Al mismo tiempo el doctor y sexólogo alemán Magnus Hirschfeld fundó en 1896 el primer grupo de activismo por los derechos de las minorías sexuales: The Scientific Humanitarian Committee.

Pero estos movimientos serían dejados en la penumbra por la psicología, cuyas teorías eran consideradas como ciertas, sin tomar en cuenta la parcialidad de sus practicantes. La idea de que la homosexualidad era una enfermedad estaba ya fuertemente arraigada en la psique de la sociedad, los psicólogos, las instituciones y la ley. Además, en 1952 la sociedad de psiquiatría americana publicó el primer volumen del *Statistical Manual of Mental Disorder* (DSM-1), que definió a la homosexualidad oficialmente como un trastorno mental y comenzó a ser utilizado para imponer decisiones legales, diagnósticos y estudios.

Siempre es buena idea usar lo que dice un libro para imponerse sobre los demás, ¿verdad, España?

La ironía más grande es que este diagnóstico se hizo estudiando a personas homosexuales que ya estaban en un psiquiátrico; se les había llevado ahí contra su voluntad, por su familia o por la orden de una corte, por el simple acto de ser homosexuales.

Así se creó un círculo vicioso:

- La sociedad dice que estás trastornado.
- La ley te mete a un manicomio.
- Como estás en un manicomio, entonces es oficial que estás trastornado, porque si no: ¿por qué estarías en un manicomio?

¡Duh! Porque ahí están todas las personas que gozan de su sexualidad; no solo es un manicomio, es una orgía con colchones en las paredes.

Y ahora que se habían inventado una enfermedad que no existía, comenzaron a inventar curas que tampoco servían: castración, terapia con estrógenos, asesoramiento religioso, terapia electroconvulsiva o lobotomía transorbital. En este último tratamiento, un doctor, que a veces era cirujano, apuñala el lóbulo frontal con un picahielo a través del ojo, o corta fibras nerviosas directo del cerebro usando un alambre y tratando el cerebro como a un melón.

Señora Capistrán, le tengo una noticia buena y una mala, la buena es que su hijo ya no es homosexual.

Ay, qué bueno, doctor Espinosa, ya no voy a batallar con las perversiones de este muchacho. ¿Cuál es la mala?

Que ahora va a batallar para que se alimente solo y tendrá que usar pañal.

Como en los viejos tiempos, bendito sea.

Otra técnica era darles drogas que los hacían vomitar. Una vez que ya no aguantaban la tortura, les ponían fotos de mujeres atractivas desnudas o los mandaban en una cita con alguna enfermera para reafirmar el tratamiento. Un tratamiento muy expandido era la terapia de aversión o acondicionamiento aversivo con electrochoques, que consistía básicamente en enseñar imágenes a una persona, algunas de ellas eróticas, y si el paciente mostraba excitación, se le aplicaba una descarga eléctrica, comúnmente directa en los genitales.

Si sale el colorete, hay descarga eléctrica.

Esta terapia se hizo tan popular que comenzaron a vender kits caseros de «aparatos de modificación del comportamiento», que consistían en un carrusel de diapositivas y una máquina que daba toques.

Estoy seguro de que 99% de las ventas de una máquina que da toques en los genitales no es para fines de «modificación de comportamiento».

De hecho, el otro día vi en una *sex-shop* «El Zumba-Huevos 3000».

Además de tener a la psiquiatría en su contra, la comunidad LGBTQ+ también era perseguida legalmente. En 1912, después del ahora conocido como «El escándalo de Portland», en el que arrestaron a un joven de 19 años de nombre Benjamin Trout por robar algo de una tienda y después de ser interrogado, o sea torturado, confesó la supuesta existencia de una red de sexo homosexual en la ciudad, principalmente en el centro cristiano YMCA.

«El otro día entré a los baños del YMCA y vi una orgía entre un policía, un vaquero, un albañil, un soldado, un nativo americano y un tipo vestido de cuero».

«Cuando los cacharon comenzaron a cantar "Macho, Macho Man"».

El pánico contagió a la sociedad y el estado de Oregón reaccionó con una enmienda en sus leyes para que «cualquier acto o práctica de sexualidad perversa» fuera considerado delito grave junto a la sodomía, con una sentencia de 15 años de cárcel. Y en caso de que alguien fuera «un pervertido sexual o degenerado moral» el estado lo esterilizaba. Obviamente la ley no especificaba qué era considerado «perverso» o «degenerado», esa decisión era de la sociedad y las autoridades.

En México también se dio un escándalo que permitió normalizar la violencia contra la comunidad LGBTQ+. Todo comenzó en el ahora conocido «Baile de los 41»: una redada policial irrumpió en una fiesta donde había 42 hombres, 21 vestidos de mujer y 21 de hombres. Un periódico de la época escribió: «Vestían elegantísimos trajes de señoras, llevaban pelucas, pechos postizos, aretes, choclos bordados y en las caras tenían pintadas grandes ojeras y chapas de color». La fiesta había sido organizada en la Ciudad de México por Ignacio de la Torre y Mier, yerno del entonces presidente Porfirio Díaz, quien fue el único al que no arrestaron, por ello el número oficial fue 41.

RuPorfirio's Drag Race.

Esta increíble fiesta incluía, mas no estaba limitada, la «rifa del Pepito» o el efebo, un concurso donde el premio era una cita con un trabajador sexual.

> Qué chido ganarte a Pepito para llevártelo
> a tu casa y que te cuente todos sus chistes.

El precedente del Baile de los 41 permitió a las autoridades hacer redadas continuas, chantajes, torturas, palizas, envíos a la cárcel y al penal de las Islas Marías. Igual que en Oregón, ahora con la simple mención de «ataque a la moral y las buenas costumbres» los derechos individuales fueron cancelados con anuencia y tolerancia social, debido a los prejuicios respecto a la homofobia en la sociedad mexicana.

> ¡Qué! Pero si en México siempre se han respetado los derechos individuales sobre todas las cosas.

Ante esta discriminación, la pelea por los derechos estaba sucediendo en básicamente todo el mundo, pero en Estados Unidos estaba cuajando una revolución.

Cansados de la persecución y en paralelo al movimiento por los derechos civiles liderado por los afromericanos, la comunidad LGBTQ+ formó su organización para los derechos de su comunidad: The Mattachine Society (*mattachine* era un término medieval francés para unos bailarines que criticaban y satirizaban las convenciones sociales).

> En México, los matachines son unos hijos de la chingada que tapan las calles para tocar sus tambores, bailar en calzones y rendir homenaje a la virgen.

La Mattachine Society ayudó a avanzar los estudios en psiquiatría con lo referente a la homosexualidad como un trastorno. En uno de sus estudios más graciosos, la psiquiatra Evelyn Hooker reclutó a 30 hombres heterosexuales y a 30 homosexuales, les aplicó varios test psicológicos y después se los llevó a sus colegas expertos, a quienes les dijo que los analizaran, y que desde sus estudios y perspectivas como psicólogos determinaran quién era «normal» y quién tenía el «trastorno de la homosexualidad». Todos los psicólogos fracasaron, un doctor incluso pidió otra oportunidad, se la dieron y fracasó de nuevo.

> «Por favor, déjame hacer el test de nuevo, esta vez prometo discriminarlos como se lo merecen».

> «Es que si te doy una oportunidad más, también se la tendría que dar a tus compañeros».

Cinco años después de la fundación de The Mattachine Society se formó en San Francisco The Daughters of Bilitis, la primera organización lesbiana en Estados Unidos. Sus fundadoras fueron Dorothy Louise Taliaferro «Del» Martin y Phyllis Ann Lyon, que buscaban un espacio seguro para socializar con otras lesbianas: el luego conocido como DOB pronto se convirtió en un foro para la promoción de los derechos de las lesbianas. La organización también publicó la popular revista *The Ladder* desde 1956 hasta 1972.

De hecho, fue justo gracias a una revista que el primer gran avance legal para la comunidad fue logrado: en 1958 la Suprema Corte de los Estados Unidos tomó una decisión histórica en favor de la libertad de expresión y de los derechos LGBTQ+. La revista *One Inc.*, publicada por la Mattachine Society, demandó al Departamento del Servicio Postal cuando este se negó a distribuirla porque: «La edición de octubre tenía contenido obsceno, lascivo y sucio».

«Este contenido obsceno, lascivo y sucio no debe llegar a mentes inocentes, mejor me lo quedo yo aquí por si las dudas, ahorita regreso, voy a leerlo para saber qué tan lascivo es y así poder advertirle a la sociedad; cancelen todas mis juntas».

Al proteger esta revista, se facilitó el florecimiento de una cultura gay y lésbica. Esto marcó un gran paso, ya que, por primera vez en la historia editorial estadounidense, se podía afirmar que de ninguna manera es apropiado describir una historia de amor entre dos homosexuales como una obscenidad.

Estas historias ahora se clasifican como Yuri y Yaoi.

Como las *Frozen* que son lesbianas y al que diga que no, lo veo en la Megabandera para darnos un tiro.

El 21 de abril de 1966 Dick Leithsich, Craig Rodwell y John Timmons, tres miembros de la Mattachine Society, entraron a un bar a una cuadra del Bar Stonewall con un reportero del periódico *The New York Times* para comprobar que existía discriminación. Y es que en el estado de Nueva York había una ley bastante anticonstitucional, que estipulaba que cualquier bar podía ser allanado por la Policía por ser «desordenado»; esto incluía que un hombre le comprara una bebida a otro hombre o que le hablara de forma «coqueta». Y el plan de los astutos caballeros de la sociedad era tener pruebas para demandar al estado ante la Corte Suprema por sus leyes discriminatorias.

«Oiga, compadre, invíteme un cosmopolitan de fresa, pero no me haga ojitos cuando me lo traiga».

«Es que, viéndolo bien, usté no está tan feo, compadre».

Así que entraron al bar y pidieron ser servidos, cuando les dieron sus tragos uno de ellos anunció que eran homosexuales, lo que hizo que el *bartender* se los retirara y les dijera que no les podía servir porque era contra la ley. El reportero del *New York Times* tomó la ahora famosa foto y el periódico publicó la noticia con el título «Tres desviados son excluidos por los bares».

Gracias a esto, en 1967 la Mattachine Society ganó otra pelea en la corte en favor de la igualdad, pero la ciudad de Nueva York, específicamente el alcalde Robert Wagner, decidió que no le importaban los derechos humanos y simplemente no dio licencias para vender alcohol a los bares que atendieran a gente homosexual. Aunque la Mattachine Society estaba dando grandes pasos para lograr la representación equitativa de la comunidad LGBTQ+ legalmente, el movimiento como tal no había agarrado tracción, hasta que llegaron las queens con sus tacones.

A levantar el evento, claro que sí.

Llegaron Latifah, Isabel, Of Hearts y otras.

La discriminación del día a día seguía existiendo por todos lados, personas eran arrestadas por nada, por ser quienes querían ser. Encarceladas por obstruir la acera. Encarceladas por vestirse como una mujer. E igual que con todo gran movimiento, solo se necesitó una chispa, o en este caso, mucha brillantina, para que se encendiera un cambio mundial.

¡Yas queen!

No, mi ciela, aún no eres lo suficientemente fabuloso para usar esa frase.

En el caso del movimiento LGBTQ+, la primera chispa de brillantina brilló en agosto de 1966 en lo que ahora se conoce como «El motín en la cafetería Compton». Un establecimiento de San Francisco que abría 24 horas y era el lugar favorito de mujeres trans y *drag queens* en contra de los deseos de su gerencia: los trabajadores a menudo llamaban a la Policía para que hostigaran y, cuando fuese posible, arrestaran principalmente a las mujeres trans y travestis por el crimen, real en ese tiempo, de «suplantación femenina».

Ahora a las personas que creen en la «suplantación femenina» se les conoce como J. K. Rowling.

En una de esas redadas policiacas una *queen*, cansada del hostigamiento, le aventó su café caliente en la cara al policía. Obviamente el oficial la quiso arrestar, lo que a su vez hizo que detonara una batalla campal entre las mujeres trans y travestis contra los policías. La gente volteó mesas, lanzó cubiertos por los aires. Los azucareros chocaron contra las ventanas y puertas del restaurante. Las *drag queens* golpearon a los policías con su pesados bolsos.

La multitud se defendió a golpes de ser arrestada, destrozó un auto de policía y prendió fuego a un puesto de periódicos. Y uno imaginaría que un disturbio que involucrara a unas fabulosas *queens* y mujeres trans partiéndole la madre a la chota estaría en primera plana, pero ninguna publicación en San Francisco quiso tocar el tema para no usar el término mujer trans.

> Tan bonito que se hubiera visto un encabezado que dijera «¡Se armaron los trans-cazos!».

Aunque el motín no resonó en los medios tradicionales, sembró la semilla en la mente de toda la comunidad y pavimentó el camino para el que se considera el gran catalizador del fuego que masificó el movimiento de la liberación gay tres años después: el famoso caso de Stonewall.

El barrio de Greenwich Village, en Nueva York, era el corazón de los movimientos contestatarios; siempre estaba lleno de artistas, poetas y *beatniks*, entre ellos estaban los famosos escritores William Burrough y Alan Ginsburg, quienes escribían abiertamente sobre la homosexualidad.

En esas calles estaba el bar Stonewall Inn: un lugar asqueroso, con bebidas diluidas y adulteradas, donde lavaban los vasos en una tina y los baños estaban tapados. Pero ahí, pese a que eran penalizados los bares que atendieran a personas gay, les importaban un carajo los permisos: el Stonewall Inn era manejado por una de las familias mafiosas más famosas de la historia, la familia Genovese.

> «Les haré una oferta que no podrán rechazar: barra libre de *shots,* nomás no pregunten de qué están hechos».

> «Sírvame otro "final del arcoíris" que hoy sí voy a encontrar a ese maldito duende y le robaré su oro».

La mafia tenía un acuerdo con la Policía: de vez en cuando había redadas ensayadas, donde los oficiales tocaban la puerta, se abría una puertita para verificar qué pasaba, la policía se anunciaba, entraban a recibir su soborno y listo, trabajo bien hecho.

Pero algo cambió la madrugada del 28 de junio de 1969: la Policía no respetó el pacto; se decía que la familia Genovese estaba extorsionando a empresarios y personas de renombre que frecuentaban el bar y dejaron de darles mordida a los policías, porque ahora tenían contactos importantes. Sea cual sea la razón, aproximadamente a la 1:20 de la mañana la policía abrió la puerta a la fuerza y entró al bar. Había aproximadamente 200 personas adentro y la policía les ordenó a todas que se pusieran contra la pared. Los comensales hicieron caso sin oponer resistencia porque ya se sabían la rutina; al final solo mostraban su identificación y de ahí no pasaba.

Ya se la saben… todos contra la pared, abran las piernas y deshágansе el *tuck* para que el oficial Espinosa los revise.

Oiga, detective Capistrán, varios traen macana.

Esta vez la policía tocó inapropiadamente a las mujeres que estaban en el bar y trató excesivamente mal a los travestis y trans… pero, más que nada, estaba germinando la semilla del *sit-in* de los Mattachine y la insurrección de la cafetería en Compton en un campo de décadas de represión a la comunidad LGBTQ+, lo que iba a hacer que la gente por fin se hartara e hiciera algo al respecto.

Esa noche en el bar estaba una de las íconos de Greenwich Village: Marsha P. Johnson, una mujer transgénero y artista; estaba celebrando su cumpleaños su amiga Silvia Rivera, una mujer trans de Puerto Rico.

Cuando vieron entrar a la policía, Silvia se asustó porque creyó que había olvidado su identificación, lo que seguramente haría que la llevaran a la cárcel; algo que no la tenía tan nerviosa era que solo tenía puesto un poco de maquillaje, porque según las leyes si traías menos de cuatro artículos de ropa específica a tu género, no te arrestaban.

Los oficiales se acercaron a Silvia, quien mostró su identificación, pero aun así, la policía comenzó a hostigarla preguntándole si era hombre o mujer, al ver esto Marsha se hartó y tuvo que ser detenida por un amigo para que no atacara al oficial.

Oiga, detective Capistrán, ¿las pashminas son femeninas o masculinas?

No lo sé, oficial Espinosa, solo sé que son fabulosas.

Mientras Marsha y Silvia estaban siendo hostigadas dentro del bar, la cadenera del Stonewall, una lesbiana mulata de nombre Stromé DeLarverie, quien además era guardaespaldas, cantante y *drag king*, estaba siendo llevada hacia la patrulla. Stromé se les escapó en varias ocasiones, así que fueron sumándose oficiales para someterla; ella pudo con cuatro y se habría escapado si otro policía no le hubiera dado un macanazo en la cabeza que la derribó y la hizo sangrar. Cuando la estaban llevando de nuevo a la patrulla, les gritó a quienes estaban ahí que por qué no hacían algo.

—*Why don't you guys do something?*

Con esas palabras la multitud se prendió y decidieron que era hora de pelear.

Es que esas no son formas…

Se dice que Marsha fue la primera que lanzó un vaso de *shot* a la policía, incitando a que todos los de adentro se rebelaran, en lo que ahora se conoce como «el vaso de *shot* que se escuchó alrededor del mundo». Tras ese primer ataque, Silvia reaccionó aventándole a la policía la botella entera. Para este momento había unas 200 personas en la calle y 100 aún dentro del bar, y todos comenzaron a defenderse peleando, y después a bailar y a cantar mientras quebraban los vidrios de las patrullas. Quemaron botes de basura y lograron que la policía tuviera que emprender una retirada hacia adentro del bar, donde se acuartelaron en lo que llegaban los refuerzos.

Qué rápido se les desaparecieron las piernas a los oficiales.

Culillos de a peso.

Con la policía amotinada en el recinto, una *drag queen* llamada Miss New Orleans logró arrancar un parquímetro que la multitud usó como ariete para derribar las puertas.

Cuando finalmente llegó la Policía de Fuerza Táctica para apoyar a sus compañeros y controlar a la multitud, fueron recibidos por una línea de travestis, quienes se formaron enfrente del Stonewall, se tomaron por los brazos y comenzaron una línea de can-can, levantando las piernas al aire para que nadie pudiera pasar, mientras cantaban:

> *We are the Stonewall girls* / Somos las chicas de Stonewall
> *We wear our hair and curls* / nos ponemos nuestro cabello y caireles
> *We don't wear underwear* / no usamos ropa interior
> *We show our pubic hair* / les enseñamos nuestro pelo público

Esto dio justo en el centro de la baja autoestima y homofobia policiaca. De inmediato comenzaron a golpear con sus macanas. El acto de rebelión duró aproximadamente tres horas y se calcula que se llegaron a reunir más de 1 000 personas. Al día siguiente regresaron temprano, ahora a pintar en las paredes frases de orgullo gay y los policías volvieron a salir a hacer detenciones, detonando otra trifulca que duró unas cuatro horas.

¿Cuatro horas peleando contra la policía en tacones?
A mí se me engarrotan los dedos a la media hora.

Para el tercer día el periódico *The Village* publicó un artículo condenando a la comunidad LGBTQ+, llamándolos depravados y un peligro, además de que dijeron que los disturbios habían sido porque unas *drag queens* estaban melancólicas por la muerte de la actriz Judy Garland, que sucedió unos días antes de los hechos en Stonewall. Esto era totalmente falso, y es obvio que solo querían demeritar la verdadera razón por la que la comunidad peleaba: por sus derechos.

¿La prensa está mintiendo para empujar una agenda? Pero si eso solo pasa SIEMPRE.

Así que sus oficinas fueron visitadas por cientos de miembros de esta comunidad, quienes los amenazaron de quemarles el edificio si no se retractaban por sus comentarios altamente homofóbicos. Estos eventos sucedieron de lunes a miércoles, y para el jueves era evidente que la comunidad LGBTQ+ en Greenwich no volvería al clóset nunca jamás.

La única razón para regresar al clóset es para ir a Narnia a conseguirte un oso.

Esto abrió las puertas a las primeras asociaciones LGBTQ+ con la palabra *gay* en su nombre, como The Gay Liberation Front y la Gay Activist Association. Estas nuevas organizaciones tomarían una postura más «en tu cara» sobre la equidad, sin miedo a ser reprimidos, sin esconderse, orgullosos de quienes eran.

Como hombre blanco cisgénero, tengo que aguantarme las ganas de gritar «¡Y la queso!», así que mejor me callo y no estorbo.

Qué bueno que te aguantes, Lolo, porque tú tampoco eres lo suficientemente fabuloso para usar ese lenguaje aún.

El 28 de junio de 1970, un año después y en conmemoración de la rebelión en Stonewall, se hizo el primer desfile de orgullo gay en Estados Unidos, cambiando completamente la forma en que de ahí en adelante se pelearía por los derechos LGBTQ+. Ese mismo día se hacen marchas simultáneas en Los Ángeles y San Francisco, y es así como en Estados Unidos y por primera vez en la historia de ese país se conformó el primer movimiento nacional por los derechos de la comunidad gay.

Al siguiente año de la primera marcha, Boston, Dallas, Milwaukee, Londres, París, Berlín Oeste y Estocolmo celebraron sus propias marchas. Y desde entonces no se han detenido.

Aún estamos muy lejos de lograr la equidad en muchas partes del mundo, pero lo que sí es claro es que desde Stonewall se ha llegado lejos en los derechos y la educación para la inclusión de toda la comunidad LGBTQ+. ▎

TRIVIA TENEBROSA:

EL 26 DE JULIO DE 1978, EN LA CIUDAD DE MÉXICO, SE CELEBRÓ POR PRIMERA VEZ LA MARCHA DEL ORGULLO HOMOSEXUAL. Las autoridades les prohibieron pasar por la avenida Reforma y los obligaron a hacerlo en la calle lateral, Río Lerma. Gracias a grupos como el Movimiento de Liberación Homosexual, el Frente Homosexual de Acción Revolucionaria y los grupos Horus, AMHOR, Buquet, Grupo Nueva Batalla y Guerrilla Gay, en 1980 la marcha del orgullo homosexual se celebró en la avenida Reforma, marcando un punto de partida importantísimo para la búsqueda de la equidad de la comunidad LGBTTTIQ+ en México.

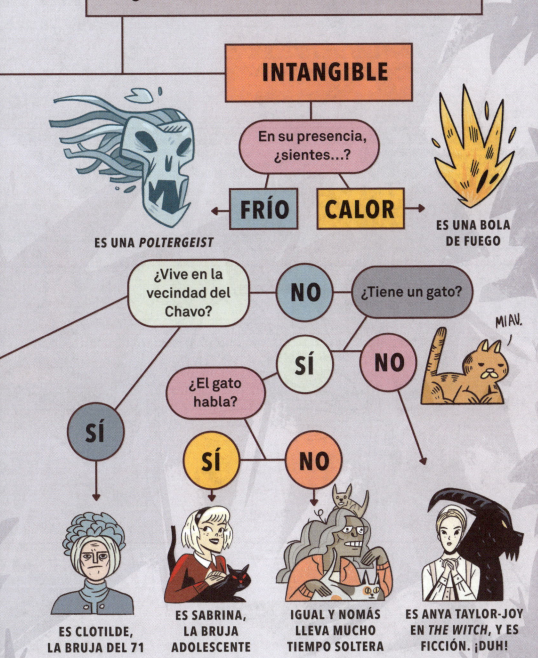

¿CÓMO ES SU FORMA FÍSICA?

INTANGIBLE

En su presencia, ¿sientes…?

FRÍO → ES UNA *POLTERGEIST*

CALOR → ES UNA BOLA DE FUEGO

¿Vive en la vecindad del Chavo?

NO → ¿Tiene un gato?

SÍ → ¿El gato habla?

NO

MIAU.

SÍ → ES CLOTILDE, LA BRUJA DEL 71

SÍ → ES SABRINA, LA BRUJA ADOLESCENTE

NO → IGUAL Y NOMÁS LLEVA MUCHO TIEMPO SOLTERA

ES ANYA TAYLOR-JOY EN *THE WITCH*, Y ES FICCIÓN. ¡DUH!

BILLY MILLIGAN

ENTRE 1975 Y 1977 TRES MUJERES FUERON ABUSADAS SEXUALMENTE Y ASALTADAS POR UN GRUPO DE PERSONAS EN OHIO. ENTRE LOS INDIVIDUOS QUE ESTABAN COMETIENDO ESTOS CRÍMENES ESTABAN UN YUGOSLAVO EXPERTO EN ARMAS, UN MAESTRO ESCAPISTA, UN PSEUDOGÁNGSTER DE BROOKLYN Y UNA LESBIANA INTROVERTIDA A QUIEN LE ENCANTABA ESCRIBIR POEMAS.

¿Y qué tienen en común estas personas? Que eran cuatro de las 24 personalidades distintas que vivían dentro de la mente de un solo hombre: William Stanley Milligan. La primera persona en Estados Unidos en ser encontrada inocente de cometer crímenes debido a su personalidad múltiple.

Apuesto a que no esperaban aprenderse el origen del meme «No fui yo, fue Patricia» en este libro.

¿En algún punto Billy Milligan habrá querido bajar todas sus personalidades al mismo tiempo, así como bolígrafo de cuatro tintas? No pregunto yo, pregunta Lario Mópez Chafistrán (mi personalidad pacheca).

El trastorno de identidad disociativo (TID), también conocido como desorden de personalidad múltiple, se caracteriza por la existencia de dos o más personalidades en una persona, cada una con su propio patrón de percibir y actuar con el ambiente. Al menos dos de estas personalidades toman el control del comportamiento del individuo de forma rutinaria y también están asociadas con un grado de pérdida de memoria que se conoce como «tiempo perdido» o «tiempo amnésico».

> Es lo que pasa cuando sales de tu casa y no sabes si guardaste tu *stash* y puede que alguien lo encuentre, tantos sentimientos encontrados.

> Yo le llamo «Badía nos invitó a pistear tranqui en su casa y amanecimos dos días después en Bangladesh».

> Quedamos en que nunca íbamos a volver a hablar de Bangladesh, Espinosa.

Aunque muchas personas creen lo contrario, existen pruebas científicas contundentes que apuntan a que el trastorno es real y podría ser la clave para conocer más sobre las habilidades que puede tener la mente sobre el cuerpo. De hecho, el TID cobró importancia desde 1800, cuando se hizo famoso el caso de Shirley Ardell Mason gracias a un libro que, a su vez, también sembró la duda de si el caso era real o no, ya que su autora quería vender y vender libros.

> Tan fácil que es ahora abrir una cuenta de TikTok y engañar a todos ahí.

> Hicieron lo que tenían que hacer para llegar a su objetivo, como el papá de Luis Miguel.

> Imagínate si el papá de Luis Miguel hubiera tenido TikTok.

> No se autodiagnostiquen en TikTok, por el amor de Beelzebub, vayan con profesionales.

De hecho, con nueva tecnología y conocimientos en la materia los doctores han encontrado que cuando una persona verdaderamente tiene personalidad múltiple puede cambiar su forma de hablar, caminar, escribir o su lateralidad (si es diestro o zurdo); incluso puede ser que las personalidades hablen y escriban en diferentes idiomas, tengan diferentes tipos de talento artístico y hasta puedan cambiar su fisiología y su cerebro.

Se descubrió que medicar a pacientes con TID es muy complicado, ya que una dosis pensada para un adulto puede povocar sobredosis a la misma persona si cambia a una personalidad de niño. Al hacer estudios con un electroencefalograma se ha descubierto que el flujo sanguíneo en el cerebro cambia dependiendo de la personalidad, al igual que la presión sanguínea.

¿O sea que puedes combatir la hipertensión y embriagarte te sale más barato?

Pero te pueden arrestar por darle alcohol a un menor de edad si te embriagas a ti mismo en personalidad de niño.

Es importante saber que el TID es real, porque esta historia parece escrita para una película... de hecho, la película *Fragmentado* (2016) de M. Night Shyamalan está inspirada parcialmente en la historia de Billy Milligan.

William Stanley Milligan nació el 14 de febrero de 1955. Tenía un hermano mayor de nombre Jim (Jimbo) y una hermana menor, Kathy Jo. Su mamá, Dorothy Milligan, era cantante, y su papá, Johnny Morrison, segundo esposo de Dorothy, era comediante, alcohólico con muchas deudas a prestamistas y problemas para encontrar trabajo.

El matrimonio iba mal y un día Johnny fue encontrado dentro de su carro en el estacionamiento de un motel, con una manguera conectada del escape a la ventana para suicidarse con monóxido de carbono. Dejó una carta de ocho páginas que entre varias cosas decía que utilizaran parte del seguro de vida para pagar sus deudas. A la siguiente semana del suicidio los prestamistas comenzar a llamar para cobrar, así que Dorothy y los niños se mudaron, primero a Florida y luego a Circleville, Ohio.

En su testamento le heredó sus rutinas sobre el matrimonio a su hijo: «Algún día las entenderás, Billy».

Qué bonita es la vida de comediante, es un honor estar en el «estandop».

En 1962, mientras cantaba en el *lounge* de un boliche, Dorothy conoció a Chalmer Milligan, un viudo que vivía con su hija Challa, de la misma edad que Billy. Se casaron en octubre de 1963 y sellaron la vida de Billy.

Algo que tienen en común todas las personas con TID es que sufrieron un trauma tan grande que su psique se divide como un mecanismo de defensa, de esta manera la personalidad principal no siente el dolor del trauma, ya sea físico o psicológico. En la mayoría de los casos esto sucede a una temprana edad, comúnmente entre los 7 y 9 años. Billy tenía esa edad cuando su padrastro Chal lo llevó por primera vez a su rancho, que quedaba a 15 minutos de la casa, ahí comenzaría su martirio. Chal mandó a Jimbo a cazar mientras que amarró a Billy a una trituradora de paja, la prendió y amenazó con echarlo dentro si decía algo, le dijo que lo enterraría y les diría a todos que se fue de la casa; luego abusó de él sexualmente.

> Lo quería triturar con una paja y le trituró la psique.

En la casa, Chal se ponía extremadamente agresivo cuando bebía. Golpeaba con severidad a Dorothy y a los niños, pero tenía una ira especial contra Billy y lo atormentaba casi a diario. Pero Billy nunca sintió el dolor del pedazo de manguera que el padrastro usaba para golpearlo, ni los abusos sexuales, simplemente despertaba en otro lugar cuando las cosas comenzaban a ponerse amenazantes. A sus 9 años su psique ya se había fragmentado.

> Hubiera echado el «chal» con su esposa en lugar de tirar chingazos.

¿CÓMO SE DIVIDIÓ LA MENTE DE BILLY?

Christine
- Niña inglesa de 3 años muy calmada y brillante, que puede leer y escribir, pero con dislexia.
- Se creó para tomar el lugar de Billy cuando los maestros lo castigaban y lo sentaban viendo hacia la esquina por decir algo raro (por culpa de una de sus personalidades que había tomado control de su cuerpo); Christine era buena para quedarse horas viendo a la pared.

> Parece algo insignificante, pero es una habilidad indispensable para sobrevivir a cualquier trabajo de oficina.

Ragen Vadascovinich
- Yugoslavo de 23 años con un acento eslavo muy notable, y que padecía de daltonismo.
- Apareció cuando Christine quería una manzana que no podía alcanzar.
- Tras madrear a cuatro *bullies* que atacaban a Billy se convirtió en el Guardián del odio.
- Cuidaba a todos los demás cuando el cuerpo estaba en peligro.

Arthur

- Inglés de 22 años, racional, ateo declarado, sin emociones, con acento británico.
- Usaba anteojos.
- Autodidacta en física, química y medicina; además, leía y escribía con fluidez en árabe; aunque era un conservador incondicional y se consideraba capitalista.
- Se creó al principio para resolver los exámenes de la escuela de Billy.

Obviamente iba a «descubrir» la existencia de los demás, es británico, está en su ADN.

El Arthur abriendo su museo de personalidades con el penacho de Ragen Vadascovinich.

Danny

- Chico de 14 años, les temía a las personas, especialmente a los hombres.
- Apareció cuando Chal llevó a Billy de 14 años a la granja, lo enterró vivo con un tubo en la boca para que pudiera respirar, le dijo que si le decía a alguien del abuso lo mataría. Antes de desenterrarlo, Chal meó dentro del tubo. Danny fue quien vivió esta situación, por lo que desarrolló una fobia a la tierra: se negaba a tocar el pasto, acostarse en el piso o pintar paisajes.

Cuando te mean en el tubo que te dieron para respirar se llama el *snorkel*, el popote amarillo, el chisguete. Si el tubo es de pvc se le conoce como boli de piña, el macarrón erguido, la luciérnaga. Si es de cobre, el parito, camaroncito en pala, *golden bronze*, etc.

A veces me impresionas y me asustas en igual proporción, Borre.

No fui yo, fue Alan Reyes, mi personalidad *bully*.

Adalana

- Chica de 19 años, introvertida, lesbiana, le gustaba escribir poesía y cocinar para los demás.
- A Billy le encantaba cocinar, ayudar a su madre en el aseo de la casa y escribir poesía; cuando su padrastro comenzó a prohibirle hacer esas cosas y a decirle maricón, apareció ella. Era la única personalidad que sufría de nistagmo, una afección en la que los ojos se mueven de forma rápida e incontrolada, ya sea de lado a lado, de arriba hacia abajo, o en círculos.

Tenía personalidad camaleónica.

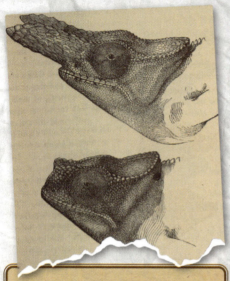

Los camaleones pueden ver en distintas direcciones a la vez. Y lo pueden hacer porque sus ojos tienen unas particularidades anatómicas que les permiten realizar movimientos independientes entre sí.

Allen

- Estafador, de 18 años, de muy buena labia, por lo que era quien más a menudo trataba con extraños.
- Tocaba la batería, pintaba retratos y era la única de las personalidades que fumaba cigarrillos.
- Tenía la partidura del cabello a la derecha, porque era el único diestro.

David

- Niño de 8 años, era el Guardián del dolor, el empático.
- Existía para absorber todo el sufrimiento de las otras personalidades.

David escuchaba My Chemical Romance y se pintaba las uñas de negro con marcador.

Tommy

- Chico de 16 años, artista del escape, como Houdini.
- Beligerante y antisocial.
- Un día, mientras Billy intentaba arreglar una lámpara de su cuarto, recibió una descarga eléctrica; cuando despertó, era Tommy.
- Tocaba el saxofón, era especialista en electrónica y excelente pintor de paisajes.

Pobre Danny, él tanto que odia pintar paisajes y Tommy haciéndolo por *hobby*.

Ni por los canapés iría a una de sus exposiciones.

De todas las personalidades, Arthur fue el que notó que había varias personas viviendo dentro de un mismo cuerpo. Comenzó a tomar notas, preguntando a su familia y conocidos dónde había estado, qué había dicho y hecho. Finalmente, una noche sintió una presencia y se forzó a no dormir...

—¿Quién eres? —preguntó.

—¿Quién eres tú? —le respondió una voz.

—Soy Arthur.

—Yo soy Tommy, ¿qué haces aquí?

—No tengo ni puta idea —contestó Arthur—, pero algo está pasando.

El Arthur acá de «Qué, mi Tommy, ¿traes chicles o por qué este paquetote?».

Entonces se puso de acuerdo con Tommy para marcar en el clóset cada hora que estuvieran conscientes y ver si sumaban todo un día. Se dieron cuenta de que las horas que ambos pasaban despiertos no sumaban un día entero, así que Arthur dedujo que tenía que haber otros y comenzó a buscarlos. En total encontró a 24, incluyéndose a él y a Billy, la personalidad original.

Deduciendo aún más pudo descifrar quién era cada quien y cuál era su función. Presentó a todos y les dijo lo que estaba pasando. Acuñó el término «poseedor de la conciencia» para referirse a la personalidad que estaba en control del cuerpo.

«Poseedor de la conciencia» suena como nombre de banda.

Y su más grande éxito es un cover de «It Wasn't Me».

También asumió que, por sus conocimientos y siendo el único que podía visualizar momentáneamente las memorias de las otras personalidades, ahora tenía la responsabilidad de una familia disfuncional de 23 integrantes. Arthur asignó tiempos a cada personalidad para poseer la conciencia, dependiendo de la situación o el momento. La forma en que hacían esto lo describen como una luz que ilumina un cuarto oscuro desde el techo, la personalidad que se paraba en la luz era quien asumía control del cuerpo.

Arthur con complejo de jefe de maquila, haciéndolos checar entrada y salida.

En 1970 Billy entró a la preparatoria. Un día un grupo de muchachas lo vieron en el pasillo y le dijeron que se metiera al baño de mujeres porque le iban a enseñar algo. Ahí dentro lo acorralaron y comenzaron a hostigarlo preguntándole si era cierto que aún era virgen, Billy contestó que sí (lo que Billy no sabía es que una de sus personalidades ya había tenido sexo, era Phillip de 20 años, un neoyorquino con un fuerte acento de Brooklyn). Las muchachas comenzaron a burlarse de él diciéndole que de seguro tenía sexo con los animales de la granja, entre otros insultos, luego le quitaron los pantalones y salieron corriendo con ellos.

> Eran unas expertas *bullies*, utilizaron la reconocida técnica «el corral», con un magistral uso de la humillación para debilitarlo y concluyeron con una elegante aplicación de la majestuosa técnica conocida como «la abanderada», que consiste en ondear el pantalón para celebrar la victoria. Sublime.
> –Alan Reyes

Billy no podía más, una maestra lo encontró saliendo del baño, le regresó sus pantalones y le preguntó por qué dejaba que le hicieran eso, a lo que Billy respondió: «Porque a las mujeres no se les pega».

Llorando y humillado vio que el conserje había dejado abierta la puerta para subir al techo, lentamente la atravesó y subió las escaleras. Arriba escribió en uno de sus cuadernos: «Adiós, perdón, pero ya no puedo más»; puso el cuaderno en la orilla del techo y se hizo para atrás para agarrar vuelo. Corrió hacia la orilla a toda velocidad, cerró los ojos, sintió el final del techo bajo sus pies y despertó siete años después en la celda de una prisión.

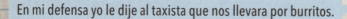

> Esto es como cuando Badía nos invita por «unas tranquis» en un bar en Bangladesh, para bajar la cruda y apareces en un *donkey show*.

> ¿Eso era un burro? Yo creí que era una cebra chaparrita.

> En mi defensa yo le dije al taxista que nos llevara por burritos.

En octubre de 1977 Billy fue arrestado por violar a tres mujeres en el campus de la Universidad Estatal de Ohio. Fue identificado por una de sus víctimas gracias a las fotos policiales existentes de delincuentes sexuales; dos años antes había sido arrestado y luego dejado en libertad condicional por otro crimen sexual, además de la foto pudieron identificar sus huellas dactilares tomadas del auto de otra de las víctimas.

Una de las víctimas dijo que era bastante amable y que parecía actuar como una niña de 3 años. Otra víctima dijo que la llevó a comer hamburguesas y nieve.

Dos de ellas contaron cómo su asaltante, cuando les pidió que le dieran todo su dinero, les preguntó si tendrían suficiente dinero para aguantar la quincena, al contestar que no, su secuestrador les dijo: «Ok, haz un cheque por 400 dólares, voy a entrar contigo al banco, saca los 400 y te doy 200, en cuanto puedas reportas que yo te asalté y escribiste ese cheque en contra de tu voluntad y así te regresan tu dinero, ganas 200 dólares y la única víctima es el banco».

Un ladrón con mejores modales que muchos policías.

Sí hay policías con modales, una vez al Lario lo agarraron, le quitaron la mota pero le regresaron la pipa porque era mi favorita… Digo, su favorita.

Billy Milligan fue arrestado dentro de su departamento, después de que un policía fingiera ser vendedor de Domino's Pizza para lograr acceso al lugar. Una vez adentro, el policía inmediatamente supo que algo no estaba bien. En el lugar parecía que vivían varias personas, había juguetes, pinturas hiperrealistas contrarrestadas con dibujos infantiles. Había libros de medicina, un taller electrónico con varios artefactos y su ahora prisionero se estaba comportando como un niño de siete años que no sabía lo que estaba pasando y solo pedía perdón.

Como dijo el famoso filósofo ninja adolescente anfibio mutante Miguel Ángel: «Perdonar es divino, pero nunca pagues completa una pizza retrasada».

¡Kowabunga!

Al llegar a la jurisdicción cambió de nuevo de personalidad y se puso histérico cuando un policía quiso tomarle las huellas, Billy lloraba diciendo que le tenía miedo al «hombre malo» y una detective tuvo que calmarlo para poder marcar sus huellas dactilares. Cuando lo iban a transferir de la comisaría a la prisión lo esposaron a un prisionero en una línea de reos. Cuando llegaron a la cárcel, bajaron todos los prisioneros a excepción de Billy, quien aún estaba sentado en la parte de atrás del transporte. El hombre a quien Billy había estado esposado volteó a ver al policía y le dijo: «Yo no tuve nada que ver».

Cuando su abogado defensor llegó, Billy le dijo que no sabía qué estaba pasando, que no recordaba nada de las violaciones y Arthur, siendo el poseedor de la conciencia, pidió que lo revisara un psiquiatra.

Al día siguiente Billy intentó quitarse la vida dos veces, la primera golpeándose la cabeza contra la pared. La segunda rompiendo el excusado de porcelana con su puño de un solo golpe para intentar cortarse las venas con los pedazos. Los abogados defensores no tenían una sola duda de que ese hombre no estaba apto para ser enjuiciado y comenzaron a conseguir psiquiatras para examinarlo.

Mientras tanto, en la cárcel le pusieron una camisa de fuerza para evitar que intentara suicidarse de nuevo. Cuando el médico de la cárcel fue a revisar cómo estaba, encontró a Billy dormido, usando como almohada la camisa de fuerza que se había quitado.

«Buenos días, doc Russ, ¿me hace piojito?».

«Ya te dije que no, Billy, no estudié ocho años de medicina para hacerles piojito a prisioneros».

La abogada defensora Judy Stevenson necesitaba convencer a las personalidades de que se mostraran ante los psiquiatras para poder armar un caso a su favor. Todas se negaban porque iba en contra de su código de no destapar su secreto y el único que podía darles permiso de hablar era Arthur. Después de hablar con casi todos, finalmente logró convencerlos de hacer que Arthur tomara posesión de la conciencia.

Arthur, molesto porque lo interrumpieron en sus estudios, le explicó a Judy que el día que Billy se iba a suicidar en el techo de su escuela, Ragen lo tacleó y tomó posesión de la conciencia, desde ese día Ragen y Arthur decidieron que, por su bien, Billy ya no podría estar en control. Además, creó cinco reglas que todas las personalidades debían seguir:

- Nunca mentir.
- Siempre comportarse bien con niños y mujeres, esto incluía no decir groserías. Las mujeres y los niños deben de ser protegidos siempre.
- Ser célibes, hay niños aquí adentro y no podemos exponerlos a una situación de ese tipo.
- Todo el tiempo deben utilizarlo para mejorarse a sí mismos, deben estar estudiando sus especialidades siempre, estén o no en posesión de la conciencia.
- Respetar la propiedad privada de los demás miembros de la familia.

Ese Arthur seguro era el alma de las fiestas.

Regla 6: no se habla de las fiestas.

Quien rompiera alguna de estas reglas sería considerado un «indeseable» y sería vetado para siempre de usar el cuerpo. El primero en ser convertido en un indeseable fue Samuel, un judío ortodoxo que un día vendió la pintura de un desnudo de una de las otras personalidades porque no le gustaba y necesitaba dinero.

Otro indeseable era Martin, un fresa *snob* de Nueva York que un día se fue a jugar golf, se enojó porque iba perdiendo y dejó de controlar el cuerpo; David, de 8 años, despertó en un carro de golf que, por no saber manejar, terminó estrellando contra un lago.

¿Cómo que no sabes manejar un carrito de golf, paps?
¿Eres del monte o qué, mi *lord*? Qué oso, goe.

¿Estás bien, Borre?

No fui yo, fue Iker Limantour, mi personalidad mirrey.

Después de ser examinado por varios meses cuatro psiquiatras líderes en sus áreas concluyeron que Milligan sufría de un trastorno de personalidad múltiple. Los defensores públicos Gary Schweickart y Judy Stevenson abogaron por una defensa de no culpable por razón de locura y el juez la aceptó. Se dictaminó que Billy sería mandado al hospital psiquiátrico estatal Athens hasta que se pudiera atender su trastorno.

El plan en el hospital era fusionar las personalidades poco a poco hasta que solo existiera la principal. Comenzaron con las que eran más parecidas, las de los niños, luego con los jóvenes, así poco a poco había menos personalidades dentro de Billy y él tenía menos tiempo perdido en su día a día.

Se daba sus dosis de pegamento por vía nasal para pegar sus pedazos rotos.

Pero todo cambió cuando un día Billy entró a la oficina del doctor Caul, y hablando con un acento de Brooklyn le preguntó:

—Eh, doc, ¿usted es el psiquiatra de Billy? —Sin esperar a que respondiera, continuó—: Pues yo soy Philipp y varios de nosotros creemos que tiene que saber algo. —Le tendió una hoja de papel y salió de la oficina.

En la hoja venía una lista con los nombres de las personalidades de Billy, y al final de la lista venía solo el nombre del Maestro. El doctor Caul comenzó a indagar en sesiones con Billy sobre este Maestro. Finalmente logró que las personalidades de Arthur y Ragen pudieran conversar al mismo tiempo y así descubrió que el Maestro era la combinación de todas las personalidades.

> El maestro es como cuando se juntaban los zords para crear el Megazord.

Arthur le dijo al doctor:

—¿Quién crees que les enseñó a todos lo que saben? El Maestro ha estado ahí adentro dando clases, enseñando habilidades, es el único que posee las habilidades y los conocimientos de todos, tiene memoria total y fotográfica. Puede acordarse de toda la vida de Billy desde que tenía 2 años y de todo lo que ha hecho cada personalidad. El Maestro es Billy en una sola personalidad.

Después de mucha deliberación con el doctor, Arthur y Ragen decidieron que lo mejor para Billy sería que se convirtiera en el Maestro, en control de todos los poderes y conocimientos de todas las personalidades y sin la pérdida de tiempo.

> «¡Esta ni siquiera es mi forma final!».

Después de varios meses de práctica lo lograron: una fusión casi perfecta. El Maestro finalmente tomó posesión de la conciencia.

Cuando le preguntaron qué tan atrás podía recordar le dijo al doctor que recordaba cuando lo sacaron del hospital, sus primeros amigos imaginarios desde los 5 años, la vez que la Policía le llamó a su mamá para informarle que su papá había muerto y el abuso sexual por parte de su padrastro. Les contó que durante los siete años que Billy estuvo «dormido» Ragen se convirtió en ejecutor y traficante de drogas para la mafia rusa, y que una vez se metió a una bodega para robar una silla de ruedas para una niña paralítica que conoció en la calle. Arthur fue médico en una prisión, Tommy le propuso matrimonio a una novia de varios años justo el día que los arrestaron. Un día amanecieron en un hotel en Londres con 72 dólares en su cartera porque Arthur quería visitar su país.

Aquí es cuando Badía te dice en el *donkey show* que alguien le dijo de un pisto psicotrópico famoso en Egipto y que tenemos que ir a probarlo.

Ese pisto estaba horrible, de seguro es el que dejó sin nariz a la esfinge.

No me voy a disculpar por haberles abierto las mentes a la cuarta vertical y los conocimientos secretos de Anubis.

Lo más importante es que por fin se pudo aclarar quién fue el culpable de las violaciones: todo comenzó con Ragen tomando posesión de la conciencia para ir a asaltar a alguien porque estaban desesperados por dinero para pagar la renta. Cuando Ragen vio a la primera víctima se negó, porque no atacaba mujeres ni niños, pero Adalana lo quitó de la luz y tomó posesión del cuerpo, secuestró a la mujer para llevarla a comer y tratar de sentir algo de amor, quería que la abrazaran, tener contacto humano, luego Phillip quitó a Adalana y viendo la situación se aprovechó de ella.

Después de la violación, Tommy tomó la conciencia, ya manejando de regreso asumió que estaban asaltando a la víctima y se le ocurrió lo del cheque. En la mañana siguiente Allen vio el dinero y se lo gastó en cosas de arte para los niños. La siguiente noche Ragen vio que el dinero no estaba y salió a asaltar de nuevo. Esto se repitió varias veces.

Con el Maestro en posesión de la conciencia, Billy poco a poco comenzó a poder salir del hospital, primero acompañado de dos enfermeros, luego uno y al final completamente solo. Podía pintar en todos los estilos de sus personalidades, leer y escribir en varios idiomas, incluso vendió varias pinturas y usó el dinero para comenzar una asociación sin fines de lucro contra el abuso de menores.

Había 24 personas en la asociación, pero solo una silla.

Todo apuntaba a que iba a poder vivir una vida normal, pero la vida de Billy nunca fue fácil y esto no iba a cambiar. Un día, mientras visitaba a su hermana, le pidió la carta de suicidio de su padre, la hermana se la entregó renuentemente.

La carta describía cómo Dorothy se la pasaba saliendo con mafiosos y seduciéndolos para poder conseguir mejores lugares en donde cantar, además les debía miles de dólares a prestamistas. Dorothy nunca se quiso casar con Johnny, quien comenzó a perder trabajos porque se deprimió cuando Dorothy le quitó a los hijos, además de tener que estar pagando las deudas de Dorothy para evitar que algo le pasara a su familia.

Todo lo que la mamá de Billy le había contado de su padre irresponsable, flojo y adicto a las apuestas era una farsa. Billy volvió a fracturarse psíquicamente.

No regresaron todas las personalidades, pero el Maestro ya no tenía el control y Arthur y Ragen eran los dominantes. Además de la recaída, un juez determinó que, con la llegada del Maestro, Billy tenía conocimiento de los crímenes que cometieron sus otras personalidades, lo consideró responsable de sus acciones y lo volvió a mandar a prisión donde su psique se fracturó aún más.

Se lo fracturó el siete pilas.

Lo bueno es que cuando lo mandaban a solitario, siempre tenía compañía.

Un día el doctor Caul recibió una carta escrita en serbo-croata firmada por Ragen:

«¿Cómo estás? Espero que bien, perdí tiempo. No hay cura para Billy mientras esté dormido, él está bien, haré todo lo que pueda por él, yo voy a tomar el control. Puedes contar conmigo, la necesidad no conoce reglas».

Después de varios años de malos tratamientos en la cárcel y muchas apelaciones sus abogados y doctores al fin lograron que regresara al hospital Athens, donde pudieron fusionar un poco más todas las personalidades. Para 1991 Billy estaba completamente en control y fue liberado, pero con una deuda de 450 000 dólares por los costos de su tratamiento psiquiátrico. Billy Milligan murió de cáncer en un hospital en Columbus, Ohio, en 2014. ∎

Fue enterrado en un ataúd sardina.

TRIVIA TENEBROSA:

LOS OFTALMÓLOGOS QUE HAN ESTUDIADO ESTOS CASOS SE HAN DADO CUENTA DE QUE TAMBIÉN VARÍA LA GRADUACIÓN DE LOS LENTES O QUE HAY PERSONALIDADES QUE NO NECESITAN USARLOS PORQUE LES CAMBIA LA CURVATURA DEL OJO Y SU REFRACCIÓN. En algunos casos se ha documentado el cambio de color de los mismos. Una mujer con TID padecía estrabismo solo en una de sus personalidades; otro paciente sufrió daño muscular en su ojo, lo que hacía que estuviera permanentemente volteando hacia afuera, pero solo en una de sus personalidades.

LA ABDUCCIÓN DE TRAVIS

CUANDO SE TRATA DE ABDUCCIONES EXTRATERRESTRES, POCOS CASOS SON TAN FAMO-SOS Y CONTROVERSIALES COMO EL QUE SUCEDIÓ EN ARIZONA, ESTADOS UNIDOS, EN 1975. ESTE CASO TRAUMÓ A UNA GENERACIÓN COMPLETA CON UNA FOBIA EN ESPECÍFI-CO: SER EL SUJETO DE EXPERIMENTOS BIOLÓGICOS A MANOS DE UNA RAZA ALIENÍGENA.

Tal vez los aliens piensan que el ano es el timbre a nuestra alma.

Tal vez son aliens adolescentes bromistas, por eso tocan el timbre y se van corriendo.

Pues mi alma y timbre están listos para ser descubiertos por los aliens.

Todo comenzó en la mañana del 5 de noviembre de 1975, con siete leñado-res trabajando en el bosque nacional Apache-Sitgreaves cerca del poblado de Snowflake en Arizona. Los siete hombres eran Travis Walton, Steve Pierce, John Goulette, Allen Dallis, Ken Peterson, Dwayne Smith y Mike Rogers, este último era el jefe, cuñado y mejor amigo de Travis.

«Cuñado, te quiero mucho, vamos a poner un negocio de leñadores, para vernos así como los de los calendarios».

Los hombres trabajaban del amanecer al anochecer cortando árboles para el Ser-vicio Forestal de Estados Unidos. Rogers había ganado el contrato con precios más bajos que los demás en la subasta, cobraría 27.70 centavos por acre. El con-trato estipulaba que tendrían 200 días hábiles para despejar 1 205 acres, pero para noviembre los hombres ya solo tenían cinco días para terminar el trabajo o Rogers tendría que pagar 2 500 dólares en multas.

Haciendo todo al último, como yo de estudiante.

«Cuñado, deja de posar para calendarios imaginarios y ponte a cortar más árboles».

Ese día, cuando se ocultó el sol a las 6 de la tarde y la temperatura bajó a -10 °C, Rogers le indicó a su equipo que era hora de marcharse. Subieron sus motosierras y tanques de gasolina a su troca International del 65; los fumadores, Dwayne, John, Steve y Allen iban en el asiento de atrás mientras que Travis iba de copiloto, Ken iba en medio y Rogers manejaba.

Era un tramo de alrededor de una hora de camino, de modo que estarían pisteando y relajándose para las 7:30, pero sus planes iban a ser interrumpidos por algo que ninguno de los leñadores esperaba.

A la mitad del bosque los hombres vieron una luz incandescente que provenía de entre los árboles de su lado derecho, rumbo al oeste. Primero asumieron que era el sol, pero pronto comprendieron que no podía ser, pues se había metido hacía ya casi una hora.

Acá en México hubieran pensado que la luz era una bruja y le hubieran gritado groserías como «chinga tu madre, bruja», «bruja pendeja», «culikitaca ti, bruja».

Empezaron a teorizar si podría ser una fogata hecha por cazadores, un incendio forestal o incluso los focos de otro automóvil. Siguieron manejando hasta percatarse de que iban directamente hacia la luz. Mike sacó la cabeza por la ventana para intentar ver qué era lo que estaba produciendo ese destello blanco amarilloso, cuando le preguntaron qué era, les dijo: «No lo sé, pero parece un avión que se estrelló y se quedó colgando en los árboles».

Iba a comentar algo, pero se me fue el avión.

Te iba a contestar algo, pero me dejaste colgado.

Queriendo averiguar qué era exactamente, Rogers comenzó a manejar hacia una colina más cercana al objeto. Cuando llegaron justo debajo de la luz, Allen saltó de la troca, vio hacia arriba y gritó: «¡Por Dios, es un platillo volador!».

La nave era de un color metálico entre plateado y dorado, con forma de disco que medía aproximadamente dos metros y medio de altura con un diámetro de seis metros. Estaba flotando a unos ocho o 10 metros del suelo, cerca de las copas de los árboles.

La luz provenía de paneles en su parte inferior separados por líneas verticales metálicas y no se veía ningún tipo de apertura o ventanas, tampoco se movía y era completamente silenciosa.

Travis decidió que tenía que verla más de cerca y se bajó de la troca, mientras sus compañeros le preguntaban qué demonios estaba haciendo. Se metió las manos en las bolsas para resguardarlas del frío y comenzó a caminar hacia la aureola de luz que se marcaba en el suelo del bosque justo por debajo de la nave. Cuando llegó a su destino Travis notó algo extraño que más tarde describió así:

«Me di cuenta de un sonido apenas audible proveniente de la nave. Pude detectar una extraña mezcla de sonidos mecánicos graves y agudos. Hubo puntos agudos, penetrantes e intermitentes de pitidos superpuestos al distante y grave sonido retumbante de maquinaria pesada. Los tonos extraños estaban tan mezclados que era imposible compararlos con cualquier sonido que pudiera recordar haber escuchado».

Wow, no sabía que los aliens escuchan a Romeo Santos.

Mientras su amigo Rogers le gritaba que se alejara del lugar, Travis comenzó a sentir que el aire cambiaba. El suelo y todo su ser comenzaron a vibrar, como si la nave hubiera echado a andar sus motores, u otra cosa. Travis y los leñadores entonces vieron cómo la nave comenzó a tambalearse sobre su eje como un trompo perdiendo inercia.

El sonido comenzó a tornarse ensordecedor. Travis se tiró al suelo en cuclillas cubriendo sus oídos.

Ay sí, güey, la bachata puede llegar a ser muy molesta.

«Haré lo que quieran, pero por piedad ya quiten a Romeo Santos».

Travis sintió una fuerza entumecedora, como si fuera electrocutado pero sin el dolor, seguido de un sonido como si el aire estuviera crujiendo. Con todas sus fuerzas se levantó e intentó correr. Al hacer esto, sus amigos vieron que una luz azul verdosa salió de la parte inferior de la nave y cubrió a su amigo, como si hubiera reaccionado a su huida. Travis luego declararía que él ni siquiera vio la luz que sus amigos describieron, solo recuerda haber intentado correr y luego oscuridad.

Steve gritó, mientras los demás veían cómo el cuerpo de Travis se arqueaba hacia atrás con los brazos extendidos hacia los lados, luego vieron que la luz hizo levitar a su amigo y después lo lanzó unos tres metros hacia el suelo.

Dwayne exclamó que se fueran de ahí a la chingada; Rogers ya estaba intentando prender la troca cuando los demás leñadores se subieron apresurados, la International encendió y todos comenzaron su huida dejando a Travis tirado en el piso del bosque.

A los hombres les preocupó que la nave los siguiera, pero después de unos momentos se recuperaron del *shock* y pensaron en Travis. Rogers detuvo la camioneta y todos comenzaron a debatir si debían regresar por su amigo o no. Dwayne estaba seguro de que Travis había sido desintegrado por el rayo, otros lo corrigieron diciendo que lo habían visto caer. Rogers intervino en la discusión y les dijo que bajaran algunas de las ramas que traían en la caja de la troca y gasolina para encender una fogata, uno de ellos se quedaría ahí por si Travis regresaba, mientras que los demás se irían a buscar ayuda al pueblo.

Todos accedieron a este plan y en lo que estaban llevándolo a cabo vieron las luces de un automóvil que se aproximaba. Rogers les dijo a todos que se subieran a la troca para alcanzar al auto y pedir ayuda. Antes de que pudieran estar todos dentro del automóvil, lo que creían que eran luces de faros lentamente se elevó en un ángulo de 90 grados y desapareció en las altitudes del cielo. Esto los asustó de nuevo y emprendieron su huida por segunda vez.

Finalmente, a un kilómetro y medio de donde habían perdido a su amigo, el miedo de los leñadores se convirtió en vergüenza y decidieron volver a buscar a Travis.

Cuando llegaron al lugar del avistamiento buscaron más allá de la cresta hacia el norte y luego más al sur. No encontraron ninguna señal en ninguna parte, ni objetos extraños ni marcas inusuales. No había quemaduras, huellas de tren de aterrizaje ni alteraciones del suelo. Tampoco encontraron algún rastro de huellas de Travis ni había evidencia de alguna lucha. Cuando estaban seguros de que habían buscado en todos lados y que no había rastro de Travis decidieron regresar a su plan original y buscar ayuda en el pueblo.

Habían transcurrido casi dos horas desde el incidente cuando los leñadores arribaron al pueblo de Herber donde llamaron a la Policía. Por miedo a que las autoridades los ignoraran si decían la verdad —o sea que su amigo el curioso se había bajado a investigar una nave voladora en el bosque, que luego la nave aventó una luz que lo hizo levitar y que finalmente su amigo desapareció—, mejor dijeron que había desaparecido en el bosque.

«Bien, su historia es muy interesante, señor, así que voy a transcribirla en mi máquina de escribir invisible».

El sheriff Chuck Ellison se presentó ante los leñadores para tomar los datos del caso. Ya en persona, los hombres comenzaron a contarle la verdadera historia, algunos aún en *shock* y otros con lágrimas en los ojos. A pesar de que la historia era increíble, Ellison notó la angustia de los leñadores llorando frente a él y decidió llamar a su superior, el sheriff Marlin Gillespie, quien le dijo a Ellison que iba en camino.

Pasó otra hora, y entonces llegó el sheriff acompañado del oficial Kem Coplan. A pesar de que ambos estaban escépticos ante la historia, la realidad era que había un hombre perdido en el bosque y su función era encontrarlo; así que decidieron regresar a la escena del crimen cósmico. Solo Pierce y Goulette prefirieron no acompañar a los demás y regresaron a Snowflake.

Snowflake, Herber, Goulette. ¿Es un pueblo o es una tienda con puras marcas genéricas?

«La abducción de Travis Waldo's».

Cuando los oficiales y los leñadores arribaron al lugar, encontraron lo mismo que los amigos de Travis algunas horas atrás: nada.

Sin binomios caninos ni refuerzos, y con temperaturas extremas que podrían darle hipotermia a cualquiera, los oficiales decidieron que lo mejor sería continuar la búsqueda una vez que saliera el sol. Rogers y Coplan fueron quienes le avisaron a Mary Walton Kellett, la madre de Travis, sobre lo que había sucedido y ella le marcó a su hijo, Duane Walton, a las 3 de la mañana para avisarle. Al escucharla, el hermano de Travis inmediatamente hizo el viaje a Snowflake para estar con su madre.

«Mijo, a tu hermano se lo llevaron unos aliens en el bosque, eso le pasa por no hacerme caso y salirse de la casa sin suéter».

Para mediodía del 6 de noviembre la Policía había revisado toda el área donde Travis había desaparecido, pero sin encontrar nada. Para el 8 de noviembre ya habían involucrado a decenas de oficiales y utilizado helicópteros y aún no había rastro del leñador. La Policía comenzó a sospechar de Rogers y los demás, a pensar que quizá la historia de la nave espacial había sido inventada para ocultar un accidente o un asesinato.

Creo que un grupo de personas que se dedican a cortar cosas podría inventarse una mejor coartada.

Para el cuarto día de la desaparición, las noticias ya habían dado la vuelta por todo Estados Unidos. Esto atrajo al ufólogo Fred Sylvanus, quien entrevistó a los involucrados.

El hermano de Travis, Duane, le comentó que ambos habían estado interesados en el fenómeno OVNI por años y que incluso habían hecho un pacto de que, si algún día veían uno, se acercarían a él, ya que «los aliens no les harían daño, porque simplemente no hacen esas cosas».

Otra declaración que salió en este tiempo es que Rogers pidió una ampliación a su contrato con la agencia forestal por lo que había sucedido. Estos dos comentarios luego serían usados en contra de los leñadores por la gente escéptica del caso.

«Oiga, ¿sabe qué?, no terminamos a tiempo porque unos extraterrestres secuestraron a uno de mis trabajadores».

«Era el que andaba sin suéter, ¿verdad?».

Mientras tanto, el alguacil del pueblo de Snowflake, Stanford Flake, propuso que todo este escenario había sido orquestado por los hermanos Walton como una broma a sus amigos y que habían utilizado luces amarradas a globos con un temporizador programado y sincronizado con toda la puesta en escena. Sin ninguna otra pista o evidencia y con solo hipótesis sobre qué pudo haber sido la nave, la Policía simplemente podía ir a casa de Mary Walton a ver si su hijo había regresado o si ella había encontrado algo más.

Duane les dijo a los policías que si querían volver a hablar con ella tendrían que hacerlo desde el porche de la casa y que si ella en algún momento ya no quería hablar, deberían dejarla en paz.

El 10 de noviembre, como respuesta al escepticismo de la Policía y a la posible implicación de los leñadores en la desaparición de su amigo, estos decidieron hacerse una prueba de polígrafo. La prueba fue administrada por el Departamento de Seguridad Pública de Arizona, y se les preguntó si le habían hecho daño a Walton, si sabían dónde estaba localizado su cuerpo y si en realidad creían que habían visto un ovni. Todos los leñadores pasaron la prueba y el sheriff Gillespie comenzó a retractarse de sus sospechas de homicidio y hasta le pareció algo creíble la parte extraordinaria de la historia.

> Las pruebas de polígrafo se pueden manipular apretando el ano, ¿no?... tal vez por eso los aliens gustan de acariciar el nudo de globo.

> Exacto, si aflojas el nudo se te escapan las mentiras.

La noche del lunes 10 de noviembre Travis Walton despertó a la orilla de la carretera. Cuando abrió los ojos, vio la nave que lo había secuestrado cinco días antes perderse entre la oscuridad del cielo, y la historia que tenía que contar sobre dónde estuvo durante todos esos días iba a traumar a generaciones de personas que vieron su historia en la película *Fuego en el cielo* en los noventa.

> Aparecer a la orilla de la carretera, sin ropa y viendo cómo se aleja el vehículo que te secuestró... suena a algo que pasa en una carretera federal en México.

> Prefiero mil veces que me levante un alien curioso que un soldado con tenis.

Después de unos minutos Travis se compuso y logró determinar que se encontraba en la carretera que llevaba al pueblo de Herber. Sin ninguna otra opción, comenzó a correr hacia esa dirección. Llegó a una gasolinera unas horas después de su arribo espacial y de ahí llamó a su hermana y a su cuñado Grant para decirles que había regresado. Grant manejó a Snowflake para decirle a Duane de la llamada. A pesar de que ambos hombres sospechaban que todo podría ser una broma, decidieron ir a revisar. Manejaron 53 kilómetros a Herber y ahí en la gasolinera fueron recibidos por Travis.

> Ojalá y todavía no haya orinado, me tiene con mucho pendiente la muestra, debe ser en ayunas y la primera de la mañana.

En el camino de regreso, Travis describió brevemente a los extraterrestres que conoció durante su encuentro: eran bajos y calvos, de piel blanca en lugar de gris y con ojos grandes e inquietantes. Estas declaraciones sorprendieron a los dos hombres, pero lo que asombró a Travis fue enterarse de que había desaparecido por cinco días, y no por una o dos horas, que es el tiempo que él sintió que había transcurrido desde esa misteriosa noche.

> Cuando te das un toque de la mota que trae el conserje de tu escuela pasa lo mismo.

> Me preocupa tu adolescencia, Borre.

La noticia del regreso de Travis se esparció rápidamente y Duane recibió, entre muchas otras, una llamada telefónica de Coral Lorenzen, de la Organización de Investigación de Fenómenos Aéreos o APRO, un grupo de investigación OVNI. Lorenzen prometió hacer arreglos para que Travis se reuniera con un médico general llamado Joseph Saults y un pediatra, el doctor Howard Kandell.

> ¿El pediatra era para que le revisara el chiquito?

> Ese se lo revisaron los aliens.

Los exámenes comenzaron esa misma tarde. Pero entre la llamada de Lorenzen y los exámenes se involucró el *National Enquirer*, un conocido tabloide estadounidense que le prometió a Lorenzen financiar dicha investigación a cambio de la cooperación de APRO y el acceso a la familia Walton. Lorenzen aceptó sin imaginar que el tabloide terminaría complicando las cosas para todos los involucrados.

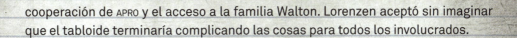

Esos tratos incluyen apariciones en las convenciones de ufología, donde puedes ver a tus ídolos, tomar fotos y comprar pósteres firmados por 750 pesos.

El examen médico de Walton determinó que estaba relativamente bien de salud, considerando su situación. No notaron ningún problema grave con él, a pesar de que estuvo cinco días en el bosque sin comida ni agua y con temperaturas bajo cero. Las dos cosas de interés que sí notaron fueron una pequeña mancha roja en su brazo derecho que parecía una marca de aguja hipodérmica, y una clara falta de cetonas en su orina. Si hubiera estado sin comida durante el tiempo que supuso, su cuerpo habría comenzado a descomponer sus reservas de grasa y sus niveles de cetonas en la orina hubieran estado elevados.

Travis les contó lo que le había pasado durante el tiempo que desapareció. Recordó que después de que lo alcanzó la luz y todo se puso oscuro, abrió los ojos lentamente sin tener idea de cuánto tiempo había pasado.

Se sentía débil, notó un sabor metálico en la boca. Estaba acostado sobre una superficie dura y sobre su pecho había un artefacto metálico que no reconocía. Había un rectángulo en lo que parecía ser el techo que emanaba una luz blanca, y cuando pudo enfocar se dio cuenta de que el techo tenía una forma triangular o de trapezoide con la parte más ancha apuntando hacia sus pies.

De repente su memoria sobre los sonidos mecánicos y la luz comenzó a regresar. Le dolía la cabeza y lo primero que pensó fue que había tenido algún accidente y ahora estaba en un hospital.

El sabor metálico me lo imagino como cuando estaba en la primaria y chupaba el tornillo que detiene la navaja del sacapuntas.

También tu infancia es preocupante, Borre.

Esta deducción solo duró unos segundos… de repente vio con horror a una criatura que lo miraba cara a cara. Era un humanoide con grandes ojos luminosos color café y piel blanquecina que «parecía un feto humano gigante». Su horror creció cuando se percató de que no era uno, sino tres criaturas que lo veían; todas medían menos de metro y medio y traían puestos overoles color naranja.

Travis se levantó de la mesa, al mismo tiempo tiró un trancazo intentando golpear a los dos humanoides que estaban a su derecha. Logró golpear a uno con la parte de atrás de su brazo y rápidamente se puso de pie, con la mesa entre él y los aliens. Al intentar retroceder, se topó con una mesa que contenía lo que parecían ser instrumentos médicos que no reconocía, entre ellos un recipiente cilíndrico de vidrio.

Travis lo tomó e intentó romperlo para convertirlo en un arma, pero se sorprendió al ver que el recipiente no se dañó cuando lo golpeó con todas sus fuerzas.

> Ahora venden unos *bongs* de ese material y te hacen la prueba antes de venderlo.

> Hornos de microondas y *bongs* que no se rompen, los marihuanos tienen mucho que agradecerle a la tecnología alienígena.

El artefacto que había estado en su pecho cayó al suelo haciendo un sonido metálico y luego comenzó a emanar luces verdosas que salían de la parte inferior de la extraña máquina. Cuando esto sucedió, las tres criaturas empezaron a caminar hacia él, así que Travis, arrinconado, comenzó a gritarles amenazas verbales con la intención de asustarlos. Los aliens se detuvieron por un segundo, y luego continuaron acercándose hacia él lentamente.

> Es que eso funciona con brujas mexicanas, no con arcturianos.

> Los aliensillos acá de: «No oigo, no oigo, soy de palo, tengo orejas de arcturiano».

Fue cuando pudo ver a los seres a detalle:

«Sus delgados huesos estaban cubiertos de carne blanca con aspecto de malvavisco. Llevaban puesto un overol de una sola pieza, hecho de un material suave, parecido al terciopelo, de color marrón anaranjado. No pude ver ningún grano o tejido en el material, como se ve en la tela. De hecho, su ropa ni siquiera parecía tener costuras. No vi botones, cremalleras ni broches. No llevaban cinturones. Las prendas sueltas y onduladas estaban recogidas en las muñecas y tal vez en los tobillos. No tenían ningún tipo de cuello levantado. Llevaban calzado sencillo de color canela rosado. No pude distinguir los detalles de sus zapatos, pero tenían pies muy pequeños, alrededor de una talla cuatro según mis cálculos.

Cuando extendieron sus manos hacia mí, noté que no tenían uñas. Sus manos eran pequeñas, delicadas, sin vello. Sus finos dedos redondos parecían suaves y sin arrugas. Su piel suave era tan pálida que parecía tiza, como el marfil. Sus cabezas calvas eran desproporcionadamente grandes para sus débiles cuerpos. Tenían cráneos abultados y de gran tamaño, una estructura de mandíbula pequeña y una apariencia poco desarrollada en sus rasgos que era casi infantil. Sus bocas de labios finos eran estrechas; nunca las vi abrirse. Al costado de sus cabezas, a ambos lados, había pequeños lóbulos de orejas arrugadas. Sus narices redondeadas en miniatura tenían pequeñas fosas nasales ovaladas. ¡El único rasgo facial que no parecía subdesarrollado eran esos ojos increíbles! Esos orbes relucientes tenían iris marrones dos veces más grandes que los de un ojo humano normal, ¡casi una pulgada de diámetro! El iris era tan grande que incluso partes de las pupilas estaban ocultas por los párpados, lo que les daba a los ojos un cierto aspecto felino. Se veía muy poca parte blanca del ojo. No tenían pestañas ni cejas».

Si a toda esa descripción le agregas cabello ondulado, estás describiendo a Carmelita Salinas.

Por eso tenía aliens en su público, eran sus parientes que iban a visitarla en el trabajo.

A pesar de los gritos amenazantes, los pequeños aliensitos nunca le hablaron ni mostraron alguna señal de miedo ante Travis, pero cuando él intentó volver a atacarlos los tres lentamente retrocedieron por la única puerta que había en el cuarto y viraron hacia la derecha para perderse en el pasillo exterior. Al percatarse de que lo habían dejado solo, Travis no perdió tiempo para emprender su huida.

Salió al mismo pasillo, donde ya no encontró a los aliens, y lo siguió hasta llegar a un cuarto que parecía el centro de control de la nave. Las paredes comenzaron a dejar entrar luz, y fue cuando notó que se habían vuelto semitraslúcidas y lo que estaba observando eran las estrellas en la parte exterior de la nave.

Se sentó sobre una silla que era demasiado pequeña para él y observó hileras de botones iluminados y una palanca en forma de T. Apretó algunos de los botones, pero no sucedió nada; luego decidió mover la palanca y a través de la pequeña ventana podía ver en relación con las estrellas que la nave estaba cambiando de curso. Después de unos segundos pensó que, si estaba en una nave voladora, posiblemente iba a terminar causando que se estrellara, así que decidió dejar de jugar con los instrumentos.

Se levantó de la silla y cuando volteó hacia la puerta por donde había entrado, frente a él estaba parado lo que solo podía describir como un ser humano de dos metros de altura con un casco de cristal sobre su cabeza. «Era extremadamente musculoso y de proporciones uniformes. Parecía pesar unas 200 libras. Llevaba un ajustado traje azul brillante de un material suave como el terciopelo. Sus pies estaban cubiertos con botas negras, una banda o cinturón negro alrededor de su cintura. No llevaba herramientas ni armas en el cinturón ni en las manos; ninguna insignia marcaba su ropa».

Espero que haya sido La Roca.

Yo solo sé decir: «de nada».

El humanoide no dijo nada, solo tomó gentilmente a Travis del brazo como para indicarle que lo siguiera. Travis dejó de gritarle cosas y accedió, ambos atravesaron un pasillo y llegaron a un par de puertas. Después de unos minutos estas se abrieron y una luz calurosa penetró el cuarto. Por primera vez desde que había comenzado esta experiencia Travis sintió una brisa y respiró lo que parecía ser aire fresco, pero rápidamente se dio cuenta de que solo había salido de una nave para entrar a otra.

Estaba dentro de lo que parecía ser el hangar de una nave nodriza, su forma era casi idéntica a la que lo había secuestrado, pero era tan grande que dentro pudo ver tres naves más como aquella en la que había arribado. Estas naves también eran un poco más grandes que la nave que lo transportó y carecían de tren de aterrizaje, simplemente se balanceaban a la perfección sobre la media esfera que formaba su parte inferior.

Había Stormtroopers limpiando, arreglando y haciendo *valet parking* de las naves.

El alien guapo lo guio a través de varios pasillos sin decir una sola palabra, hasta que entraron en un cuarto amplio con techos blancos y altos. Este cuarto estaba prácticamente vacío, con la excepción de una mesa, una silla y otros tres humanoides. Dos tenían la misma musculatura y altura que el que lo iba guiando, y otro tenía una cara extremadamente simétrica y un cutis perfecto, sin poros, arrugas o lunares. Ninguno de estos tres humanoides portaba casco, y todos parecían ser familiares por sus similitudes físicas.

Travis les exigió que le dijeran qué estaba pasando, en dónde estaba y en resumen qué demonios estaba sucediendo. Pero nadie le contestó.

Estaban grabando un pódcast y llegó Travis a interrumpir.

«Bienvenidos a Abducciones Abominables, el pódcast en el que cada semana yo Troz'uid, le contaré a Striq'eods y a Mario Capistrán...».

Dos humanoides avanzaron hacia Travis lentamente, lo tomaron cada uno de un brazo y comenzaron a encaminarlo hacia la mesa en el centro de la habitación. A pesar de estar asustado, Travis cedió sin oponer resistencia, pero solo al principio porque al llegar a la mesa sintió que querían acostarlo sobre ella, y ahí sí comenzó a resistirse.

Los humanoides lo cargaron como si no pesara nada y lo acostaron sobre la fría superficie. Travis intentó levantarse en varias ocasiones, pero fue gentilmente regresado a su posición horizontal por los tres humanoides sin casco.

«Shhhh, cállate y déjate llevar, Travis» (*lo empuja con sutileza con su dedo índice postrado en su boca*).

Espero que se haya lavado el dedo antes de tocarle los labios.

Después de esa experiencia erótica del tercer tipo, Travis volteó al techo y notó que estaba cubierto de paneles luminosos que emanaban una extraña luz azul. De repente vio que un ser traía algo en su mano, y lo levantó como para mostrárselo. Era un objeto del tamaño de una pelota de golf, casi esférico y de color negro, con un lado cóncavo.

Ahí fue cuando Travis se dio cuenta de que estaba viendo algo semejante a una mascarilla, pero sin ningún tipo de tubos conectados a ella. El alien presionó el objeto sobre la nariz y boca de Travis, él intentó removerla, pero de inmediato todo comenzó a tornarse negro, se fue sintiendo débil, no podía mantener los ojos abiertos y sucumbió.

Cuando volvió a abrirlos estaba acostado boca abajo con la cabeza sobre su brazo derecho en la carretera al oeste del pueblo de Herber. Al levantar la cabeza alcanzó a ver la superficie metálica de una nave, era más grande que la que lo había abducido, aproximadamente de 12 metros de diámetro, flotando sobre la carretera a unos cuantos metros de su cabeza. Sin hacer ruido, la nave se elevó y desapareció en la distancia.

Esta fue la historia que Travis trajo al mundo y que cambió su vida. Además de los exámenes médicos, se sometió a numerosos polígrafos y sesiones de hipnosis a lo largo de los años para demostrar que estaba diciendo la verdad y posiblemente recuperar más recuerdos de su tiempo con los extraterrestres.

Su historia estuvo envuelta en controversias más de una vez mientras intentaba demostrar su veracidad. Cuando reprobó el primer polígrafo que tomó, cuestionó los métodos del administrador y pasó favorablemente dos pruebas más adelante.

Eso le pasó por no apretar su remolino con fuerza.

Es que se lo dejaron tiernito, después de tanta sonda ya no chifla como antes.

Al igual que mi amistad con este par de pervertidos, la historia también fue cuestionada cuando la prensa se enteró de que él y su hermano eran creyentes del fenómeno ovni y hasta tenían un plan de contingencia.

También salió a relucir lo parecida que era su historia con la de los Hill, y que por las fechas en que fue abducido había salido una serie sobre extraterrestres —igual que como se mencionó con los Hill—. Para cuestionar su historia también se dijo que todo había sido una excusa inventada por Travis y Rogers para poder safarse de su contrato con el servicio forestal y no tener que pagar la multa.

Como en la Universidad Autónoma de Chihuahua: hacen llamadas falsas sobre amenazas de bomba en la escuela para tener un día más para estudiar. Carnal, es la UACH… no tienes que estudiar.

Travis se casó con Dana Rogers y tuvo numerosos hijos con ella; posteriormente terminó convirtiéndose en el capataz de un aserradero en Snowflake, Arizona. Publicó el libro *The Walton Experience* en 1978, detallando su relato, el cual se vendió razonablemente bien. En 1993 fue adaptado para la película *Fuego en el cielo* escrita por Tracy Torme, dirigida por Robert Lieberman y protagonizada por D. B. Sweeney como el propio Walton.

Su vida fue una constante pelea por defender su historia de las repetidas acusaciones de fraude a lo largo de los años, acusaciones que van desde lo razonable hasta lo ridículo, pero a pesar de todo ha defendido la veracidad de su historia durante décadas. Cuando no está trabajando en el aserradero, da charlas sobre el tema de la abducción extraterrestre y su historia es considerada como una de las más reales sobre el tema dentro de los círculos de ufología. En la actualidad, todavía vive en Arizona y aún afirma, como lo había hecho desde 1975, que durante cinco días fue tomado y retenido por seres de otro mundo. ▮

TRIVIA TENEBROSA:

SI YA VIERON LA PELÍCULA *FUEGO EN EL CIELO* SE PODRÁN HABER DADO CUENTA DE QUE NO ES IDÉNTICA A LO RELATADO AQUÍ. HAY UNA EXPLICACIÓN: DINERO. El estudio de cine, Paramount Pictures, sintió que lo que contó Travis estaba bien para una película, pero que le faltaba drama, y mucha más exploración anal tenebrosa. Así que contrataron al escritor Tracy Tormé, de la miniserie *Intrusos*, para agregar más exámenes rectales, por la nariz y drama.

[EUA]
9-SEP-1961.
Betty y Barney Hill
son abducidos en las
Montañas Blancas;
ella se quiso robar
un libro de la nave,
él contrajo herpes
espacial.

[México]
25-AGO-1974.
OVNI choca contra
una avioneta del
narco en Coyame,
Chihuahua.

[EUA]
25-ENE-1967.
Betty Andreasson
es abducida en
South Ashburnham,
Massachusetts, y
los extraterrestres le
muestran a Dios.

[México]
Extraterrestres
mantienen
a Tampico y
Ciudad Madero,
en Tamaulipas,
a salvo de los
huracanes.

[Perú]
11-ABR-1980.
Un piloto sigue a una
nave y le dispara en
Arequipa, Perú.

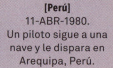

[Brasil]
6-OCT-1957.
El granjero Antonio Vilas Boas es
abducido en São Francisco de Sales
y tiene sexo con una extraterrestre.

AVISTAMIENTOS Y ABDUCCIONES

F A M O S A S

[Italia]
27-OCT-1954.
Avistamiento masivo durante un partido de futbol ante 10 000 espectadores en Florencia, Italia.

[Rusia]
27- SEP-1989.
Jóvenes reportan haber visto una nave espacial y un extraterrestre de tres ojos en Voronezh, Unión Soviética.

[Inglaterra]
25-DIC-1980.
Soldados en una base militar documentan avistamiento OVNI en Rendlesham.

[Eslovaquia]
2005.
Dos aviones militares reportan OVNI sobre una planta nuclear en Jaslovské Bohunice, Eslovaquia.

[Zimbabwe]
16-SEP-1994:
62 niños ven naves cerca de su escuela en Ruwa, Zimbabwe, y hablan con sus tripulantes.

[Sudáfrica]
1954-1963.
La meteoróloga Elizabeth Klarer se va de aventura con extraterrestres y tiene un hijo con uno de ellos.

[Australia]
6-ABR-1966.
Avistamiento OVNI masivo en Clayton South, Australia.

 AVISTAMIENTO ABDUCCIÓN CONTACTO ATAQUE

JEFFREY DAHMER

A FINALES DE LOS SETENTA Y PRINCIPIOS DE LOS OCHENTA UN HOMBRE SOLITARIO ATERRORIZÓ A LA COMUNIDAD LGBTQ+ DE MILWAUKEE COMETIENDO ASESINATOS DEPRAVADOS Y SANGUINARIOS, TODO EN NOMBRE DE LA BÚSQUEDA DEL PERFECTO ESCLAVO SEXUAL.

Se busca esclavo sexual, disponibilidad de horario, experiencia comprobable y que no esté «pendejeando» en el celular.

Interesados favor de caminar a solas por un callejón oscuro durante altas horas de la noche.

Jeffrey Lionel Dahmer nació el 21 de mayo de 1960 en la ciudad de Milwaukee, en Wisconsin, Estados Unidos. Su padre era químico y su madre, Joyce, ama de casa. Su padre estaba ausente por su trabajo y su madre sufría depresión posparto no diagnosticada, lo que hizo difícil que formara un vínculo sólido con su hijo. Cuando Dahmer tenía 2 años, su padre, Lionel, recibió una beca para su doctorado en la Universidad de Ames en el estado de Iowa y la familia se mudó.

En 1964 operaron a Dahmer de una hernia, el doloroso proceso lo cambió para siempre, al grado que en su cabecita de niño de 4 años comenzó a pensar que el dolor intenso que sentía después de la operación se debía a que el doctor le había removido sus genitales completamente, y se especula que aquí pudo haber sido donde comenzó a nacerle la obsesión por el cuerpo humano.

El miedo a que te hayan quitado un órgano que no debían quitarte es conocido en algunos lugares como IMSSfobia.

Andaba buscando sus genitales dentro de otros cuerpos como cuando en una cajita sorpresa de dulces se buscan «tamborcitos», una paleta de dedo o un pirulí.

En 1966 el padre consiguió un puesto de tiempo completo en la Universidad de Ohio y la familia de nuevo se mudó. Económicamente les iba mejor, pero la depresión de Joyce se agudizó con su segundo hijo.

Después de la gestación, la madre pulpo no se alimenta. Su cuerpo se consume a sí mismo para subsistir y proteger a sus hijos. En la mayoría de las ocasiones, cuando las crías nacen la madre muere a cambio de que sus hijos puedan nacer y vivir.

Muchos asesinos en serie comienzan a experimentar con el sadismo lastimando animales, Jeffrey fue diferente. En una ocasión rescató un halcón herido y lo cuidó hasta que lo pudo liberar. La obsesión de Dahmer fue, más bien, con los animales ya muertos, específicamente con su anatomía, y comenzó cuando descubrió esqueletos de ratas debajo de la casa.

Durante una cena familiar, Dahmer le preguntó a su papá qué pasaría si metía los huesos del pollo que se estaban comiendo en cloro. Lionel vio esta curiosidad como una buena forma de desarrollar un interés académico por las ciencias y se involucró en el *hobbie* de su hijo; incluso le compró un kit de química, y le enseñó cómo blanquear con cloro los huesos de los animales y formaron un vínculo... años después aplicaría el mismo método para blanquear los huesos de sus víctimas.

Se pueden blanquear con tantito bicarbonato, vinagre y pintura blanca en aerosol.

«Oye, papá, ¿y esto también sirve con huesos humanos? Es que me preguntó un amigo…».

Con los cuerpos y huesos de animales que iba coleccionando formó un museo de lo macabro en la choza detrás de su casa. También había un cementerio con pequeñas lápidas decoradas con cráneos.

Hasta aquí todo es normal, yo también tenía el jardín de mi madre decorado con lápidas de mis hámsteres y sapos (QEPD Bill, Ted, Alien, Predator, Morgana, Dextro, Monster y Miriam).

No porque tú lo hagas quiere decir que sea normal, Joe. Al contrario, creo que si tú también lo haces solo confirma que no es normal.

Museo del cadáver: toca, juega y aprende.

Dahmer era un adolescente típicamente rarito: antisocial, bien portado, inteligente y llegó a estar en el equipo de tenis. Sus materias favoritas eran Biología y pistear. Todos los días llegaba a clases con por lo menos una pinta de alcohol o cerveza en su sistema.

Desayuno de campeones: un cigarro suelto, una cerveza y una dona de azúcar de hace tres días. Coca-Cola no, porque hace daño.

Yo una vez desayuné Pepsi con Cheetos Flamin' Hot y me dio antrax.

Entonces ocurrió algo que trastornó a Dahmer para siempre: la clase donde se diseccionó un feto de marrano. Se llevó algunas partes a su casa, se quedó con el esqueleto y en lugar de comenzar un *hobby* como la taxidermia, se obsesionó con querer los interiores de los animales. Hasta aquí todo normal.

Quería dar el paso del puerco corto al puerco largo.

Yo una vez me llevé de la escuela un feto y un corazón de vaca a mi casa. Como solo podía cargar un frasco de formol de regreso a casa, tuve que cortarle la cabeza al becerro y ponerlo junto al corazón. Esto causó un pánico satánico en mi prepa.

Lo normal es jugar futbol, dibujar o quemar una palmera del patio de la escuela con un encendedor.

El verdadero problema nació cuando comenzó a sentirse sexualmente estimulado al momento de rebanar y mutilar los cadáveres de los animales. Esta obsesión, las hormonas adolescentes y los problemas domésticos empujaron a Dahmer al alcoholismo.

Además, Jeffrey se dio cuenta de que era gay; pero como vivía en los setenta y en una ciudad conservadora, decidió mantenerlo como un secreto, lo que lo impulsó a expresar su sexualidad en forma de fantasías, las cuales poco a poco se mezclaron con su obsesión de diseccionar, con el sadomasoquismo.

Es importante denotar que la homosexualidad de Dahmer no tuvo que ver con su patología criminal; cuando tiempo después salió del clóset, su papá le preguntó por qué no le había dicho antes y le dio su apoyo. Lo mismo hizo su madre cuando Dahmer le dijo que estaba ayudando en una clínica de enfermos de VIH. Obviamente existía la presión social, pero Dahmer no tenía sus fantasías oscuras o impulsos asesinos por su sexualidad; esta solo fungió como un determinante para el tipo de víctimas que escogía, de la misma manera que un asesino en serie heterosexual prefiere atacar a mujeres.

Aun con todas sus rarezas, en la prepa Dahmer logró salir un poco de su introversión, y lo logró gracias a su humor y su alcoholismo. Como todos los *dorks*, *geeks* y *freaks*, hacer bromas y usar el humor sirve para expresarse y pertenecer. Para Dahmer, esta era la única forma en que sabía cómo interactuar con otras personas socialmente.

Si no hubiera tomado no sería el más divertido de la clase.

Yo también salí de mi introversión gracias al humor y al alcoholismo, pero me tomó casi 30 años.

¿Seguro que saliste?

Un día vieron a Dahmer fingir parálisis cerebral y eso se les hizo tan gracioso que sus compañeros lo invitaron a formar parte de un grupo, al que luego llamaron «The Jeffrey Dahmer fan club». Dahmer se convirtió en el hazmerreír de la clica, imitando borregos, fingiendo que le estaban dando ataques epilépticos, al grado de que el hacer bromas tipo *Jackass* se convirtió en «Hacer un Dahmer».

Otra vez, durante un viaje a Washington, D. C., Dahmer llamó por teléfono y convenció al vicepresidente de Jimmy Carter, Walter Mondale, de que los recibiera. En una broma con un presagio ominoso, sus compañeros lo animaron a lanzarse como candidato a presidente de la prepa, y consiguió más votos que todos los demás candidatos combinados.

Bromas que terminan con alguien como presidente, un microcosmos de la política en México.

Bien dicen que la cárcel es una escuela para criminales, pero a mí se me hace que los políticos dan mejores clases y prestaciones de ley.

Durante esa época las fantasías de Dahmer comenzaron a volverse más fuertes y perturbadoras. Se obsesionó con un hombre mayor que él que corría para hacer ejercicio, al cual veía casi a diario en su camino a la escuela. Dahmer comenzó a fraguar un plan basado en su fantasía de tener al hombre inconsciente y poder explorar su cuerpo como y cuanto tiempo quisiera.

Su *sugar dead body*.

Al principio comenzó a esconderse detrás de la maleza que colindaba con la orilla de la carretera por donde pasaba su *crush* y solo lo observaba, hasta que un día decidió hacer realidad su fantasía; llevó un bat y estaba dispuesto a atacar al corredor; por suerte, por alguna razón desconocida, el hombre no salió a correr ese día.

En 1978 todo se alineó para crear el monstruo que conocemos hoy. Comenzó con el fin del matrimonio de sus padres. Durante el divorcio, Lionel y Joyce estaban peleando por la custodia del hijo menor y ninguno le prestó atención a Dahmer. Para lidiar con lo que estaba sucediendo, comenzó a tomar aún más y a obsesionarse con sus fantasías, que ahora se enfocaron en secuestrar a alguien que estuviera pidiendo aventón y llevarlo a su casa.

El 18 de junio la fantasía de Dahmer se hizo realidad: cuando regresaba de comprar más alcohol vio a Steven Hicks, un irresistible joven de 18 años sin camisa que había salido de un concierto de rock y estaba pidiendo aventón para llegar al cumpleaños de su papá. Hicks no solo aceptó el aventón, sino que también accedió a tomar unas cervezas y fumar en casa de Dahmer antes de seguir su camino.

Después de pistear por horas Hicks le dijo a Dahmer que tenía que irse; él le respondió que lo llevaría pero que tenía que recoger algo rápido del sótano. Lo que recogió fue una pesa de cinco kilos con la cual golpeó a Hicks en dos ocasiones en la cabeza. Procedió a desvestir a su víctima, acarició su cuerpo y luego se masturbó sobre él. Una vez que había eyaculado se dio cuenta de lo que había hecho. En estado de pánico se llevó el cuerpo y lo dejó en el entrepiso, debajo de la casa.

Al día siguiente regresó con un cuchillo; primero le cortó los brazos, las piernas y la cabeza y finalmente le abrió el abdomen y por primera vez vio los adentros de una persona. Puso los órganos y miembros en bolsas de basura. Después de varios días viviendo sobre el cadáver, Dahmer decidió que era tiempo de deshacerse de él, se tomó varias cervezas para agarrar valor, sacó las bolsas del entrepiso y las metió a su auto para ir a tirarlas a un río.

A los pocos minutos de su viaje fue detenido por manejar erráticamente. Le aplicaron un examen de ebriedad, pero lo pasó; luego le preguntaron por el olor y calmadamente contestó que era basura y que como no podía dormir decidió llevarla al tiradero, el oficial lo dejó ir. Asustado, regresó a su casa y volvió a meter las bolsas debajo de la casa, pero no sin antes sacar la cabeza descompuesta de Hicks y llevársela a su cuarto para masturbarse mientras veía a lo que quedaba de sus ojos.

A la mañana siguiente Dahmer metió los restos de Steve Hicks en una tubería de drenaje y no fueron descubiertos sino hasta tres años después.

Uno sin ojos y el otro con los ojitos en blanco.

Este primer asesinato marcó el *modus operandi* de Dahmer. Para la mayoría de los asesinos en serie organizados, limpiar la escena del crimen es una necesidad, pero para Dahmer se convirtió en una parte integral de su elaborado proceso de asesinar.

Limpiar era lo excitante, no el asesinato en sí; su fantasía era saciada al experimentar con los cuerpos, por eso no los enterraba o tiraba en otros lugares, y matar era simplemente el medio para un fin, al grado de que Dahmer tenía que ponerse muy ebrio para tener la valentía de quitar una vida.

Unos toman para convivir con los demás, otros para desvivir a los demás.

Yo tomo para no enamorarme ♫

Yo me enamoro para no tomar ♫

En 1978, convencido por su padre, Dahmer entró a la universidad a estudiar negocios. Después de dos meses, la abandonó, y exhortado por su padre se unió al Ejército, donde estudió, irónicamente, medicina. Al año, su alcoholismo lo alejó de sus compañeros; sus fines de semana libres se trataban de alcoholizarse solo, escuchando a Black Sabbath.

¿Y qué tiene de raro tomar solo mientras escuchas a Black Sabbath? Raro sería decapitar un feto de vaca porque no cabe en un frasco.

¿Qué iba a hacer, rechazar el regalo? Soy un caballero, Espinosa, tengo modales.

Debido a su alcoholismo y su renuencia para realizar sus deberes, el Ejército lo dio de baja.

En 1981 Dahmer decidió irse a probar suerte en Miami; consiguió un trabajo del que lo despidieron pronto. Cuando lo corrieron del motel donde se hospedaba acampó por meses en la playa, hasta que sus padres lo convencieron de que regresara a Ohio. Sin tener muchas opciones, accedió y de las primeras cosas que hizo cuando regresó a su casa de la infancia fue sacar lo que quedaba del cuerpo de Hicks, limpió los huesos y luego los trituró usando un martillo. Tomó lo que quedó de los huesos con sus manos y lo esparció en las cercanías de su casa girando como una especie de macabro aspersor de césped.

El polvo de hueso sirve para fertilizar, tiene más sentido usarlos así que guardarlos en su museo del horror.

Se echó un último polvo con Hicks.

Se la pasaba pisteando en parques o bares hasta que, a finales del año, lo arrestaron por intoxicación pública. Tras el incidente su padre lo mandó a vivir al sótano de su abuela en la ciudad de West Allis; creía que la cercanía con ella podría ser beneficiosa para ambos.

Y sí, los primeros meses le sentaron bien: consiguió un trabajo como flebotomista en un banco de sangre y plasma, de donde en una ocasión se robó unas muestras, las cuales intentó beber pero no le gustó el sabor. Pero en algún punto su alcoholismo lo alcanzó y lo despidieron.

«Oiga, ¿y no me puede pagar mi liquidación en especie?».

Tras un nuevo arresto por bajarse los pantalones en un lugar público, dejó de tomar por dos años y decidió erróneamente acudir a rezar y leer la Biblia. Este camino religioso solo le provocó culpa por su homosexualidad, lo que hizo que se reprimiera más y que sus fantasías se solidificaran aún más.

En 1984, mientras deambulaba por una calle, vio la solución a sus problemas: un maniquí en una tienda... eso era lo que siempre había querido: un amante justo como le gustaban: inmóvil. Dahmer pensó que el maniquí podría ayudarlo a saciar sus necesidades, así que se lo robó.

> Con unas ligas, unas toallas y un melón partido a la mitad queda como vivo.

> Ah, pero el raro soy yo.

Pasó semanas experimentando con su nuevo *boy-toy*, platicaba con él, lo vestía y maquillaba, lo desvestía y se venía arriba de él. Pero su *sex-doll* se fue de su vida cuando su abuelita lo encontró, irónicamente, en el clóset. Y Dahmer decidió deshacerse de su maniquí por la vergüenza que había sentido.

Este momento de su vida fue relativamente bueno para Dahmer: dejó de pistear tanto y consiguió un trabajo en la fábrica de chocolates Ambrosia y luego descubrió los baños gay.

> ¿Son los baños públicos que se ven, huelen y hablan bien?

> No, Borre, son un punto de reunión para la comunidad gay, donde pueden convivir y expresarse libremente.

El sauna Club Baths pronto se convirtió en su primer coto de caza. Comenzaba a pensar en matar de nuevo cuando se dio cuenta de que su necesidad de tener el control total lo llevaba a molestarse cuando se le pedía cualquier reciprocidad. Así que decidió que la mejor manera de conseguir lo que quería era usando halcion o triazolam, que es un medicamento hipnótico que favorece el sueño y se usa para el tratamiento de pacientes con insomnio.

Dahmer ponía el halcion en el pisto y después de que sus víctimas se lo tomaban y comenzaban a sentirse soñolientos se los llevaba a algún cuarto privado, donde abusaba de ellos.

En la mixología eso es conocido como un «Bill Cosby Special».

«Hay gente que te espera en casa, no manejes cansado o tomado», Secretaría de Carreteras y el Buen Dormir (SCBD)

No pasó mucho tiempo para que los asistentes al club lo reportaran; cuando le ocasionó una sobredosis a una de sus víctimas el Club Baths le retiró su membresía.

Dahmer cambió su coto de cacería al bar Club 219, donde usaba la misma técnica: drogaba a hombres para luego llevarlos a un motel donde los manoseaba, luego eyaculaba sobre sus pechos y finalmente le gustaba poner su oído sobre sus pechos para escuchar los órganos internos.

Me imagino que era difícil escuchar a través del semen que rociaba en el pecho de su víctima.

El semen no es buen conductor de sonido, solo de futuros casos de demanda por manutención.

Dahmer tenía una gran necesidad de compañía; toda su vida había sentido rechazo, de su madre depresiva, de su padre ausente y hasta su maniquí lo había abandonado.

Para compensar, necesitaba un hombre que no lo fuera a dejar después de que se le pasara el efecto de la droga; más importante que eso, necesitaba una pareja que no lo abandonara nunca. Pensó que robar un cadáver podría solucionar sus problemas, pero como era más difícil de lo que pensó, tuvo que dejar la idea.

La noche del 5 de septiembre de 1987 fue al Club 219, donde después de unos tragos consiguió el valor de acercarse a Steve Tuomi, de 25 años. Le ofreció un trago que contenía halcion, e igual que en todas las ocasiones anteriores, se llevó a Steve al hotel Ambasador. Después de que Steve perdió la conciencia Dahmer abusó sexualmente de él. En algún punto de la noche, Dahmer golpeó a Steve tan brutalmente con sus propias manos que le colapsó el pecho, la golpiza fue tan salvaje que las manos de Dahmer estaban completamente negras de moretones por la fuerza tan desmesurada con la que atacó a Steve.

Cuando Dahmer se despertó y vio la horripilante escena se paniqueó, pero no por haber matado a alguien, sino porque le entró el miedo de que lo fueran a atrapar.

Lo primero que hizo al ver la escena fue tomarse una taza de café para poder pensar mejor y para controlar su cruda, luego metió el cuerpo de Steve al clóset, salió del cuarto y puso el letrerito de «no molestar» y se dirigió al Grand Avenue Mall, donde compró una maleta tamaño «me tengo que deshacer de un cadáver», con llantitas.

«Disculpe, ¿tendrá una maleta más o menos como de mi tamaño? Es para… un maniquí».

«Mire, señor, esta maleta con mango de goma hará que no le duelan sus manos amoratadas. Solo una pregunta, ese maniquí ¿se parece a usted?».

El vendedor hizo bien su trabajo al darle a Dahmer una maleta apropiada para cargar un cuerpo humano, así que Jeffrey no tuvo que descuartizar a su víctima y simplemente forzó el cuerpo de Steve dentro de la maleta. Salió de nuevo, ahora con el cuerpo, y pidió un taxi para que lo llevara a casa de su abuela.

Abuelita Dahmer estaba dormida cuando llegó su nieto favorito y Dahmer pudo entrar hasta su cuarto en el sótano con su maleta sin que ella se diera cuenta. Como niño en la mañana de Navidad, Dahmer no aguantó para abrir su regalo, sacó el cadáver de la maleta, necrofilió el cuerpo, después se masturbó sobre él y por último se acurrucó a su lado. Regresó el cuerpo de Steve a la maleta, donde estuvo descomponiéndose por una semana hasta que decidió que tenía que deshacerse de la evidencia. Descuartizó el cuerpo y puso las piezas en bolsas de basura; por último, envolvió los huesos en una sábana y los pulverizó en piezas más pequeñas con un martillo.

Comida, fertilizante y placer sexual… el Dahmer sabía aprovechar un cadáver al 100%, como las personas que dejan sin nada las alitas.

Dahmer fue uno de los pioneros del Zero Waste.

Todo el proceso para dejar sin nada las alitas le tomó dos horas; cuando terminó, limpió su desastre y puso las bolsas con los restos afuera para que se las llevaran los recolectores de basura. Pero no se deshizo de todo, se había quedado con dos piezas: la cabeza, que limpió como su padre le había enseñado, y los genitales, que momificó y guardó en su clóset junto con el cráneo en una caja con candado.

Hay personas que cuando terminan una relación se quedan con cartas, peluches o una camiseta…

No dejo de imaginar el pene momificado con sus brazos al frente, saliendo de su truzarcófago y lleno de vendas chiclosas.

El asesinato de Steve Tuomi cambió todo para Dahmer, porque en ese momento completó el ciclo de los asesinos seriales. Ahora quería más.

Dahmer aceleraría: en enero de 1988 entró en *full serial killer mode* y asesinó a tres hombres más. El 23 de abril conoció a Ronald Flowers Jr., de 23 años, en el Club 219 y su racha de terror estuvo a punto de ser descubierta.

Todo iba de acuerdo con el plan que había funcionado en las otras ocasiones; Flowers estaba inconsciente cuando abuelita Dahmer se despertó y le gritó a su nieto que dejara de hacer ruido y que no tenía permiso de tener personas en su cuarto a esas horas. Dahmer tenía un dilema, si mataba a Flowers y su abuela entraba al cuarto estaría en problemas, pero si lo dejaba ir no solo lo podría identificar sino que Flowers sabía dónde vivía.

Pero le tenía más miedo a la abuela que a la autoridad, así que decidió pedir un taxi y se llevó a su semiinconsciente víctima a un terreno, donde lo dejó tirado. Flowers fue a la Policía, pero como no podía probar lo que había pasado y aún estaba drogado, esta decidió ignorar todo asumiendo que el incidente había sido un problema doméstico homosexual y, como verán, la Policía no quería tener nada que ver con este tipo de problemas.

Aquí no tratamos con problemas domésticos homosexuales, deja de llorar y búscate un problema doméstico heterosexual, ahí sí tendrás nuestra atención.

Exacto, problemas domésticos heterosexuales sí atendemos, siempre y cuando sean de gente blanca.

Dahmer se salvó de la Policía, pero no de su abuela. Cansada del estilo de vida de su nieto, su constante estado de ebriedad, los olores fétidos y las visitas extrañas, le pidió que se fuera de la casa. Dahmer consiguió un departamento en el 808 de la calle 24 Norte en Milwaukee, que además estaba a unas cuadras de su trabajo en la fábrica de chocolates.

Una noche después de haberse mudado a su nuevo depa conoció a un joven de 13 años llamado Somsack Sinthasomphone. Le dijo que le habían cancelado una sesión de fotos y le ofreció pagarle 50 dólares por modelar. Somsack aceptó. De vuelta en el departamento y después de unos tragos, las pastillas somnolientas hicieron efecto, pero no el que Dahmer esperaba. Somsack comenzó a sentirse mal y se fue sin que Dahmer lo pudiera detener.

Los papás de Somsack lo llevaron al hospital donde tuvieron que succionar su estómago para salvarle la vida. Al día siguiente la policía arrestó a Dahmer en la fábrica de chocolate por los cargos de explotación de un menor y asalto sexual en segundo grado. Originalmente Dahmer se declaró no culpable y pagó 2 500 dólares de fianza para salir.

A pesar de que la víctima tenía credibilidad y de que la Policía había encontrado el mismo tipo de píldora que había en la sangre de Somsack en el departamento de Dahmer, junto con las polaroid que había tomado del menor, gracias a su abogado solo tuvo que declararse culpable para llegar a un acuerdo, con el que bajaron su crimen a una felonía sexual: le dieron ocho años de sentencia suspendida, tendría que registrarse como un delincuente sexual y pasar un año en la cárcel del condado.

> Esas succiones de estómago duelen, una vez me comí una canica y duele.

> Yo también me comí una canica, pero no dije nada y logré vomitarla. Confirmo que duele.

> Hoy aprendí que dos de tres integrantes de Leyendas Legendarias se han comido una canica. Ah, pero el raro soy yo.

Su comportamiento como prisionero fue tal que el Día de Acción de Gracias le dieron permiso de salir por 12 horas para ir a visitar a su familia. Pero Dahmer no pensó en comer pavo; no, no, se fue directo al Club 219, donde tuvo una cita apasionada con Karma.

Verán, en esa ocasión le aplicaron a Dahmer una cucharada de su propia medicina, o mejor dicho, pastilla somnolienta: fue drogado y despertó en la casa de un hombre extraño; Dahmer estaba vestido con traje completo de piel S&M, suspendido del techo con ganchos por los pies, sus brazos estaban amarrados por su espalda y tenía una vela dentro del culo. El extraño lo estaba sodomizando. Dahmer gritó tanto que su captor decidió dejarlo ir.

«¡Suéltame!… y pásame unos tips…».

Se le derritió la vela del culo de lo culo que se puso.

Tiempo después, el juez revisó el caso de Dahmer y gracias a su impecable comportamiento en prisión decidió dejarlo ir. Después de pasar solo 10 meses en la cárcel, Dahmer salió libre el 2 de marzo de 1990; en menos de dos semanas fue por su caja de cosméticos macabrosa y se cambió a vivir al departamento 213 en el complejo Oxford Apartments, ubicado en el 924 de la calle 25 Norte en la ciudad de Milwaukee.

Y no perdió tiempo en estrenar su nuevo departamento: el 14 de mayo drogó a Raymond Smith, un sexoservidor de 32 años a quien, ya muerto, sodomizó y luego colocó sobre su mesa en diferentes posiciones, cuando encontró una que le gustó, guardó el momento con su Polaroid.

Como que tener una cámara instantánea es sospechoso, ¿no? Es para que nadie más pueda ver lo que estás fotografiando.

Hay que vivir en el momento, Borre, así lo dice el eslogan de Polaroid: «Live for the Moment».

Dahmer decidió elevar su nivel de manualidades y pintó el cráneo de Raymond con una lata de *spray*; más adelante lo pondría junto con el de Anthony.

Y así, siguió matando. Y llegó el punto en que su obsesión lo llevó a guardar la carne de los muslos de una de sus víctimas en su congelador, pero su ya mórbida decadencia cruzaría una línea más en poco tiempo: el canibalismo.

Preguntando en grupos de Facebook si alguien tiene *dealer* de píldoras a domicilio pero en fa.

Y de pasada preguntando si alguien tenía recetas para hacer *pulled (long) pork*.

Tomó parte de los bíceps de Miller y los selló por ambos lados en su estufa y luego se los comió acompañados de hongos y cebolla. Al igual que la mayoría de los caníbales, la acción de consumir a su víctima era, para Dahmer, la forma definitiva de posesión y le dio una noción de que de esta manera siempre estaría con él. Dahmer solo se comía a quienes consideraba que eran un espécimen perfecto.

«Qué asco, este tiene celulitis, mejor me preparo una Maruchan».

Después estuvo en otro periodo de enfriamiento debido a que comenzó a batallar para conseguir más víctimas. Compró un acuario de agua salada que mantuvo impecable y comenzó a planear la construcción de un altar con los cráneos y huesos de sus víctimas en su departamento.

Entre estos proyectos comenzó a rondarle una idea en su cabeza, un proyecto aún más macabro que los demás: crear zombis.

Un día, mientras Curtis Straughter le hacía sexo oral, Dahmer lo estranguló con un cinturón, después abrió su abdomen e introdujo su pene para tener sexo con sus vísceras hasta eyacular. El cráneo de Straughter tomó su lugar junto a otros tres y Dahmer finalmente decidió echar a andar su *plan Z*.

Vaya manera de inventar una nueva ETS.

Seguro se siente calientito calientito… pero qué pinche enfermo.

El experimento consistía en intentar crear una especie de zombi: un hombre que estuviera vivo pero que no hablara ni se moviera, un esclavo sexual subordinado que además no lo fuera a abandonar, su propio y personal maniquí humano.

Su primer experimento fue hecho con un adolescente de 19 años llamado Errol Lindsey, que no era gay pero que accedió a tener relaciones con Dahmer a cambio de dinero. Lo drogó como a sus demás víctimas, pero en lugar de estrangularlo, Dahmer utilizó un taladro que acababa de comprar justo para esta operación y le hizo un agujero en el cráneo. Luego le inyectó ácido hidroclorhídrico directo en el cerebro con una jeringa para marinar comida. Aparentemente la sustancia contrarrestó los efectos del somnífero porque Lindsey inmediatamente se levantó y gritó: «Me duele la cabeza. ¿Qué hora es?». Luego colapsó en el piso y Dahmer decidió estrangularlo.

Wow, le hizo un cortocircuito, tal vez Dahmer solo era un hombre demasiado curioso y demasiado tímido para preguntar o leer.

O tal vez era un pinche loco que acababa de taladrarle el cráneo y echarle ácido por el agujero a un hombre inocente.

Dahmer no iba a dejar que un experimento fallido lo detuviera para lograr su fantasía de tener un *living sex-doll*, así que el 24 de mayo se acercó a un joven de nombre Anthony Huges. Tony era sordomudo y Dahmer usó notas escritas para invitarlo a su departamento. Su cráneo terminó como decoración del lugar.

Después de este asesinato sucedió lo que tiene que ser una de la más tristes y oscuras bromas del destino que jamás hayan ocurrido. Mientras estaba simplemente caminando por la calle sin planes de atacar, se topó con un jovencito de 14 años que atrapó su atención.

Coleccionaba cráneos como si fueran recuerditos de pueblos mágicos.

El nombre de este joven era Konerak Sinthasomphone; era el hermanito de aquel a quien Dahmer había intentado abusar sexualmente y la razón por la que estuvo en prisión. Dahmer llevó a Konerak a su departamento con el pretexto de dinero y pisto, y sin perder el tiempo lo drogó y luego se tomó su tiempo taladrándole un agujero en el cráneo. Le inyectó ácido hidroclorhídrico puro y esta vez no pasó nada, el joven seguía vivo e inconsciente, Dahmer aprovechó para hacerle sexo oral y abusar sexualmente de él.

Todo el proceso hizo que le diera sed, pero cuando buscó otra cerveza, se dio cuenta de que ya no tenía, así que dejó a Konerak inconsciente en la sala y salió a conseguir más pisto. Pero no fue por otro seis, Dahmer se fue a pistear a un bar. Mientras, Sinthasomphone se despertó, y aunque estaba desorientado logró salir del departamento y comenzó a deambular por la calle.

Cuando Dahmer regresó del bar se topó con la surreal escena de Konerak parado afuera de los departamentos, completamente desnudo, hablando incoherencias, cubierto en sangre y platicando con tres vecinas. Dahmer intentó llevarse a Konerak discretamente, pero cuando se resistió, se puso más agresivo, le aplicó una llave de cabeza y comenzó a llevárselo a su depa, pero era demasiado tarde. Las autoridades ya habían sido notificadas y al poco tiempo arribaron la policía y los bomberos.

¡Por fin! Llegaron las autoridades, justo a tiempo para no hacer nada otra vez.

Al ser confrontado por la policía con literalmente las manos en la masa, y por masa me refiero a un asiático menor de edad desnudo, incoherente y con sangre en las nalgas, Dahmer mantuvo la calma, les explicó a los oficiales que era su novio, que estaba así porque se ponía iracundo cuando tomaba y que claro que no tenía 14 años, tenía 20. Las vecinas interrumpieron a Dahmer e hicieron obvio que ese niño no tenía 20 años. La policía blanca, que estaba hablando con un hombre blanco, les pidió a las muchachas que se callaran y dejaran a los hombres blancos hablar.

Luego tres oficiales acompañaron a Dahmer hasta su sala, donde acostó a Konerak en el sillón; los policías observaron un tiempo el depa, hicieron una broma de que olía a que alguien se había cagado en medio de la sala y luego se fueron sin saber que detrás de la puerta de la recámara que tuvieron a medio metro de distancia estaba un cadáver en el piso.

En cuanto se fueron los oficiales, Dahmer inyectó de nuevo a Konerak matándolo. Dahmer se había salvado de nuevo gracias al racismo, el completo desdén de la policía por la comunidad LGBTQ+ y por su lengua de plata.

«Ya nos vamos, aquí huele a caca; en fin, cuide a su noviecito y cómprese aromatizante, muchas gracias por los sándwiches de *pulled pork*».

(*más tarde en la comisaría*) «Ese sándwich de *pulled pork* me hizo parir un muerto en el baño, no entren si se respetan, y si entran, se persignan antes».

Dahmer se deshizo de los torsos de Hughes y Konerak metiéndolos en un tambo de 200 litros lleno de ácido. Sus cabezas las guardó en el congelador para utilizarlas después. Asustado por lo cerca que estuvo de ser apresado, y con la comunidad LGBTQ+ en alerta, Dahmer decidió que sería mejor intentar su depravación en otro lado.

Tomó el camión y se fue a Chicago, un viaje de menos de dos horas; ahí consiguió otra víctima, le dio de beber, le taladró el cráneo, y como Dahmer seguía el método científico, asumió que lo que estaba matando a sus *sex-toys* era el ácido, no la taladrada en el cerebro y el consecuente trauma. Así que decidió usar agua hirviendo en lugar de ácido.

Que aproveche el agua hirviendo, si le echa dos rodajas de limón, una ramita de canela y dos clavos, se sale el olor a caca de su departamento.

Según el MC-14 o método científico consistente en 14 etapas, la etapa 2 es «¿Existe algún problema?», y claramente el problema aquí es que este imbécil sigue taladrando cráneos ajenos.

La víctima no murió instantáneamente, pero entró en estado vegetativo. La parte de zombi estaba ahí, pero Dahmer quería que la persona pudiera obedecer sus comandos, y como no fue el caso lo estranguló. Después mató, decapitó y se comió a un fisicoculturista.

Ese sabía a pollo de KFC por tanto esteroide.

El megaproyecto de altar incluía una mesa negra flanqueada por dos esqueletos humanos completos pintados con colores a juego, como centro de mesa iría su colección de cráneos también pintados y coordinados para que combinaran; toda la escena sería acentuada por una cortina azul en el fondo, frente a la cual se colocarían cuatro lámparas esféricas también de color azul para combinar con el *backdrop* y para armonizar toda la escena. El ambiente era completado por dos incensarios a los extremos de la mesa para que el altar involucrara a todos los sentidos.

¿En qué momento pasó de científico *wannabe* a decorador de interiores?

Dahmer nació para ser decorador de interiores: el altar estaría tapado por una cortina negra de plástico y el *accoutrement* central sería una silla negra donde podría sentarse a admirar «su obra». Pero la verdad es que sobre todo era para masturbarse; más que un bonito punto focal para su depa, era un masturbatorio macabro.

Nuevo Masturbatorio 3000, ahora con dispensador de crema automático, calcetines con suavizante y cráneos que parece que te están viendo con desaprobación.

El 19 de julio de 1991 fue despedido de su trabajo en la fábrica de chocolates; y salió a cometer otro asesinato.

Y otro, y comenzó a experimentar un falso sentido de que era intocable, y esto sería su fin.

En la tarde del 24 de julio de 1991 Dahmer engatusó a otra víctima en una pizzería: Tracy Edwards, heterosexual, de 32 años, con problemas económicos. Aceptó ir al departamento de Dahmer a tomarse fotos, ahí bebieron hasta que Tracy, justo antes de que terminara de levantarse del sillón, fue apresado con unas esposas en su muñeca y un cuchillo en el cuello.

—Estoy escuchando tu corazón, porque me lo voy a comer —le dijo Dahmer poniendo el oído sobre su pecho.

Pero en lo que Dahmer se volteó a agarrar su cámara para tomarle una foto, Tracy lo golpeó y sin mirar atrás se escapó de la casa del horror; paró una patrulla y aún con las esposas en una de las muñecas, les preguntó a los oficiales si podían quitárselas; probablemente por querer mantener su encuentro homosexual en secreto no mencionó la parte del cuchillo.

A veces a uno lo prende que le digan «te voy a comer»… pero no así.

No es lo mismo «te voy a comer la boca a besos» que «te voy a comer la masita que te sale entre los dedos de los pies», se siente más rico una que otra.

Los oficiales acompañaron a Tracy hasta el depa de Dahmer; cuando este les abrió les dijo que el hombre era su novio, que estaban teniendo una noche de *kinky sex* y que no tenía las llaves de las esposas… de hecho no las tenía; Dahmer les cortaba las manos a sus víctimas para poder removerlas.

Aun cuando sospechaban, los oficiales no podían entrar sin una orden de cateo y Dahmer estuvo a punto de salirse con la suya. Pero Tracy empujó la puerta y corrió hasta el cuarto de Dahmer buscando el cuchillo, esta acción fue suficiente para que los policías entraran al departamento y se toparan con una escena de crimen salida de una película de terror.

El *shock* fue grande: una cama llena de polaroids de torsos desmembrados con las vísceras al descubierto, cuerpos humanos colocados en poses retorcidas e inhumanas, en una de las fotos una de las víctimas tenía el cuerpo arqueado con el pecho apuntando hacia arriba y la cabeza apuntando hacia los pies.

La reacción de Dahmer fue un «déjenme les explico», pero los policías le informaron que estaba bajo arresto; intentó huir pero no llegó lejos. El caníbal de Milwaukee había sido capturado.

Solo les tomó 13 años: eficiencia pura.

13 años y cachitos.

El equipo forense encontró una carnicería al abrir el refrigerador de Dahmer: cabezas congeladas, un pene entero servido sobre un plato en el refrigerador,

una olla con manos y más genitales cercenados, dos corazones humanos, parte del músculo de un brazo parcialmente devorado, un recipiente lleno de sangre y un pene negro maquillado para parecer caucásico y una Biblia.

Dahmer decidió confesar todo, esto hizo que el juicio fuera rápido. Admitió haber asesinado a 16 hombres, incluyendo a Steven Hicks en 1978.

> Si sustituyes los restos humanos por sobras de comida y jamón con moho, su refrigerador era como de joven adulto que se acaba de ir a vivir solo.

A inicios de 1992 Dahmer fue declarado culpable del asesinato de 12 personas, porque cinco no pudieron ser identificadas, y fue sentenciado a 957 años de cárcel.

Tras un año purgando su sentencia un prisionero intentó asesinarlo con un cepillo de dientes afilado; Dahmer se rehusó a ser puesto bajo custodia preventiva, y a los pocos meses un guardia lo dejó solo junto a Jessy Anderson y un prisionero esquizofrénico, Christopher Scarver.

> Era una celda muy concurrida.

> Estoy 100% seguro de que se armaron las apuestas para ver quién salía con vida.

Scarver confrontó a Dahmer con recortes de periódico de sus crímenes, que cargaba en sus bolsas. Después lo golpeó en la cara y en la cabeza con una barra de metal que había tomado del cuarto de pesas, luego asesinó a Anderson y lo sodomizó con un palo de escoba, finalmente caminó calmadamente hacia los guardias y les dijo: «Dios me dijo que lo hiciera».

Horas después, en la cama de un hospital, terminó la historia del caníbal. ∎

«Si tan solo un adulto se hubiera hecho responsable y dicho: "Vaya, este niño necesita ayuda", ¿podría haberse salvado Dahmer? ¿O sus víctimas no habrían sufrido ese espantoso destino? No digo que hubiera tenido una vida normal... Probablemente habría pasado el resto de sus días drogado con antidepresivos y viviendo en la habitación de invitados de su padre. Una vida triste y solitaria que Dahmer habría aceptado gustosamente en lugar del futuro infernal que le esperaba».

—John Backderf, autor de *My Friend Dahmer*

JONESTOWN

EN 1978 UN ACTIVISTA SOCIAL, PREDICADOR Y SANADOR QUE PODÍA RESUCITAR MUERTOS Y CAMINAR SOBRE EL AGUA HIZO SU MILAGRO MÁS GRANDE: CONVERTIR UNA BEBIDA DE FLAVOR AID, SABOR UVA, EN UN ARMA DE DESTRUCCIÓN MASIVA QUE UTILIZÓ PARA ASESINAR A CASI 1 000 PERSONAS. ESTA ES LA HISTORIA DEL NOTORIO REVERENDO JIM JONES Y SU «TEMPLO DEL PUEBLO», MEJOR CONOCIDO COMO LA COMUNA DEL INFIERNO JONESTOWN.

> Flavor Flav también mató a muchos, pero de aburrimiento con su *reality show*; nada que tenga *flavor* en su nombre está chido.

El protagonista de esta historia, James «Jimmy» Warren Jones, nació el 13 de mayo de 1931, en Crete, Indiana, en Estados Unidos. Su madre, Lynetta, se había casado dos veces antes, pero cuando conoció a James Thurmond Jones vio en él algo maravilloso: su familia era adinerada; y él, además, era un veterano de la Primera Guerra Mundial, alcohólico y miembro del Ku Klux Klan.

> La Lynetta así de: «¿Tienes un billete más chico?, que ese fajo de billetes no me entra». Verbo mata carita. Dinero mata carita y verbo.

> Y en este caso, dinero mata afroamericanos.

Pues del dinero nació el amor, se casaron y James padre compró de regalo un gran rancho, aunque no le alcanzó para comprar animales ni maquinaria porque a su familia le había tocado vivir la Gran Depresión. Pero Lynetta deseaba una vida de lujos, y pensó que embarazándose su suegro les daría más dinero, pero esta nueva situación solo complicó las cosas: James sufrió un ataque nervioso que lo mandó al hospital por meses y lo volvió alcohólico, perdieron la granja y se vieron forzados a mudarse con los hermanos de James.

En el otoño de 1936 el pequeño Jimmy entró a la primaria y su madre a trabajar a una fábrica de vidrio. Su madre le impuso una regla: no tenía permitido entrar a la casa hasta que ella regresara del trabajo, por lo que Jimmy solía pasar las tardes deambulando. En la colonia vivía Myrtle Kennedy, una fanática religiosa nazarena, quien un día utilizó un pay recién hecho para engatusar a Jimmy e introducirlo al mundo de Jesús y los nazarenos.

> Un buen pay tiene el asombroso poder de hacerte creer en Dios, deberían dar pay en vez de hostias.

«¡El cuerpo de Cristo sabe a zarzamora!».

En la religión Jimmy encontró su nueva vocación. Rápido se hizo fan de subirse a un árbol y predicar la palabra del señor; también recogía animales muertos para luego hacerles funerales largos y elaborados.

Después de un tiempo, comenzó a creer que Dios le había otorgado poderes, y para probarlo, convocó a varios niños de la colonia, se puso una toalla como capa, brincó del techo de su casa y como Dios no le había otorgado ni madres, se rompió el brazo.

> No puedo creer. Que de volar no tenga el poder. Ni los cielos gozar. Como un ave volar y volaaaar ♫

«Eres un fanático religioso. ¡No puedes volar!».

A sus 10 años Jimmy encontró un nuevo ídolo y no fue Buzz Lightyear, sino Adolf Hitler. Iniciada la Segunda Guerra Mundial, encontró carismático al líder que daba enérgicos discursos. Mientras los demás niños jugaban a ser aliados que peleaban contra nazis, el pequeño Jimmy jugaba a ser un pequeño Hitler, forzando a sus primos a marchar, a hacer el saludo nazi y a escuchar sus discursos de niño dictador.

Cuando Jimmy llegó a la adolescencia su obsesión por emular a Hitler fue sustituida por una más natural: el sexo. Podía durar horas platicando de sus temas favoritos: sexo y religión.

Sexo, religión y Hitler, la secuela de *Sexo, pudor y lágrimas* que sí queríamos ver.

Yo tengo un *hitter* al que le digo el Führer, porque Gestapotente.

En 1951 James padre murió. Ni Lynetta ni Jimmy fueron al funeral. Con los cheques de pensión por viudez, Lynetta decidió mudarse a Richmond, un condado más grande y cosmopolita donde Jimmy ingresó a una nueva preparatoria en la que se unió inmediatamente a un grupo cristiano.

Yo estoy en un grupo cristiano de Facebook, «Los CR7».

Además de su nueva actividad extracurricular, Jimba, como le decía su madre, comenzó a trabajar para ayudar con los gastos. Consiguió un puesto en el hospital Reid Memorial como ayudante de enfermero: ahí descubrió que tenía una habilidad extraordinaria para memorizar los nombres de los pacientes, sus familiares y sus historias, logrando un *rapport* instantáneo con ellos.

«Mira, Jimba, todo lo que toca el vómito, es tu trabajo».

«Todo lo que toca el vómito… ¿pero y ese lugar sin vómito?».

«Está más allá de tu trabajo, nunca debes ir allá, Jimba».

En el hospital conoció al amor de su vida: Marceline Baldwin, una muchacha tres años mayor que él, inteligente y bella, hija de una familia adinerada de Richmond, quien estaba haciendo sus prácticas de enfermera. Se conocieron como en una escena de alguna comedia romántica: cuando Marceline necesitaba que alguien le ayudara a cargar y preparar un cadáver. Jimba la enamoró con sus ideas progresistas de igualdad racial y después de unos meses de conocerse, se casaron en 1949.

«¿Trabajas en la morgue?».

«No».

«¿Y ese tieso?».

Jim se graduó de la preparatoria y entró a la universidad, pero balancear la escuela con su trabajo y su nuevo matrimonio no le permitió mantener buenas calificaciones. Su plan de conseguir un diploma y trabajar como administrativo en el hospital se estaba desvaneciendo. Fue entonces cuando Jim se reencontró con su pasión: la religión.

Acudió a un templo metodista afroamericano. Este templo ayudaba a los más necesitados, era completamente inclusivo y sus feligreses mostraban una especial devoción por el predicador.

A sus 21 años Jim decidió que se convertiría en ministro y en el verano de 1952 fue contratado como estudiante de pastor en la iglesia metodista Somerset de Indianápolis.

¿Cómo que te contratan de estudiante?
Y yo estudiando de a gratis.

¿El estudiante de pastor es el que acomoda el trompo?

Jim entonces comenzó a frecuentar las Carpas de Avivamiento Evangélico; ahí, estudió cuidadosamente cómo hablaban los predicadores, cómo curaban y más que nada cómo le hacían para exprimir cada centavo que podían de sus feligreses. Después de unos meses decidió que estaba listo para hacer su propio avivamiento. Se puso a repartir volantes, erigió su propia carpa y esperó.

El primer día una docena de personas acudió a conocer al nuevo predicador. Antes del sermón, Jim caminaba entre los asistentes escuchando todo lo que hablaban y lo memorizaba. Era un predicador nato, apasionado y bueno para el discurso, ya que tenía practicándolo toda su vida; hablaba de resolver problemas reales en ese momento, no en el cielo, y esto resonaba con la gente.

Era común que Jim les preguntara a los feligreses qué les afectaba, la gente contestaba cosas mundanas: «batallo con la renta», «los de la Comisión de Electricidad no me han resuelto mi problema», luego Jones hablaba con la gente pertinente y arreglaba las cosas.

Un predicador con complejo de mesías que ayudaba a la gente para ganarse su confianza, nada puede malir sal.

Les ayudaba a buscar lo vital, no más.

Este es el libro de Leyendas Legendarias, no *El libro de la selva*: TODO VA A SALIR MAL.

Poco después comenzó a fingir que Dios le había dado poderes: comenzaba a hablarle a la gente sobre cosas que no era posible que supiera, nombres de familiares, problemas que no le habían comentado. Nada de eso venía de un poder divino sino de su memoria eidética, pero la gente comenzaba a creer que este hombre blanco, que predicaba en favor de la igualdad racial y los ayudaba con sus problemas, tal vez era un enviado de Dios.

Sentían raro de ser escuchados, como yo siento raro leer «memoria eidética» en lugar de «memoria fotográfica».

Sus «increíbles habilidades» comenzaron a hacerse famosas y cada avivamiento que hacía iba creciendo en espectadores, pero aun así no había suficiente dinero, seguían viviendo del trabajo de Marceline. Jones tuvo varios trabajos de medio tiempo, incluyendo vender monos araña de puerta en puerta a 29 dólares cada uno.

¿Si le cortas las uñas al mono araña, ya nomás es mono?

El mono araña, a diferencia de los humanos y otros primates, no tiene pulgares oponibles, es decir que no los puede doblar. De hecho, en sus manos solo tienen cuatro dedos.

Jim comenzó a elevar el nivel de sus milagros; su plan era cobrar por ellos. Comenzó a hacer que los lisiados caminaran usando a una feligresa que fingía estar en silla de ruedas para luego levantarse con el poder de Jones. Comenzó a curar el cáncer: diagnosticaba a uno de sus cómplices, luego esa persona se iba al baño con otro cómplice, donde después de varios sonidos guturales, salían con el «cáncer» en la mano y se lo enseñaban a todos para que vieran el milagro con sus propios ojos. El «cáncer» eran vísceras de pollo que habían dejado unos días al sol para que se pudrieran un poco. También intentaba curar gente que no conocía; en ocasiones, ya sea por el efecto placebo o por algo psicosomático, sus trucos funcionaban, pero cuando sus curaciones no tenían éxito Jones culpaba al enfermo por no tener fe.

Se me antojaron esas vísceras, cocinaditas con limón, pimienta y en taquitos.

Su poder más grande era su habilidad para empatizar con la gente, con solo unos momentos de escucharlos parecía que ya los conocía de toda la vida y que comprendía sus problemas. La gente lo amaba tanto que, en algún punto, comenzaron a darle su dinero.

Para mediados de 1950 Jones pudo comprar una propiedad de 50 000 dólares en Indianápolis gracias a las donaciones de sus feligreses; este templo era una antigua sinagoga con la palabra TEMPLE en la fachada, Jones decidió agregar PEOPLE's y así nacería el notorio «People's Temple».

Sacar dinero de sus seguidores para comprar una propiedad me parece un tema del que debemos hablar en un segmento exclusivo disponible en patreon.com/leyendaspodcast.

Básicamente, Marceline se convirtió en la que manejaba el *patreon* de Jim y comenzó a usar sus contactos para convencer a gente adinerada de unirse al templo y hacer donaciones.

En poco tiempo abrieron una cocina para gente pobre en la que no cobraban, y convirtieron su casa en un hogar para cuidado de ancianos. Con el tiempo eran tantos los miembros del templo que los políticos comenzaron a voltear a ver a Jones, quien con una palabra en sus sermones podría aportar muchos votos a su causa.

Los predicadores son los *influencers* y los políticos las marcas.

A principios de 1957 Jim Jones se había convertido en un líder espiritual con poder político, vivía de su congregación y estaba logrando verdaderos cambios en la sociedad. Pero quería más. Y para ello necesitaría expandir su templo a todos los Estados Unidos; la forma más fácil de lograrlo era absorber templos ya existentes con miles de fieles bien adoctrinados.

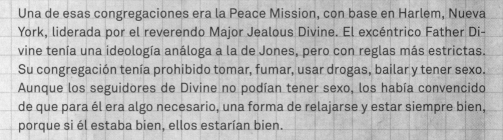

ALV como la mafia, eso hacen esos güeyes, desmantelan laboratorios para luego quedárselos, Jim Jones es todo un THUG.

Eso es ridículo, Borre, la religión y la mafia no son iguales. Una es liderada por un jefe que tiene control absoluto de todos los que están debajo de él y los castiga si lo desobedecen, la otra es la mafia.

Una de esas congregaciones era la Peace Mission, con base en Harlem, Nueva York, liderada por el reverendo Major Jealous Divine. El excéntrico Father Divine tenía una ideología análoga a la de Jones, pero con reglas más estrictas. Su congregación tenía prohibido tomar, fumar, usar drogas, bailar y tener sexo. Aunque los seguidores de Divine no podían tener sexo, los había convencido de que para él era algo necesario, una forma de relajarse y estar siempre bien, porque si él estaba bien, ellos estarían bien.

Porque no hay vato más sano que el que explora un ano.

La lección más importante que aprendió Jones de Divine fue la de tener enemigos, sin importar si eran falsos o verdaderos. La existencia de un villano hace que la comunidad esté más unida y no hay nada mejor que el miedo a un enemigo invisible para reclutar y controlar. Al final no pudo añadir esa congregación a la suya; pero aquella lección lo cambió todo.

Después de visitar Nueva York, Jones disfrutaba del fresco en el porche de su casa cuando una bala quedó incrustada en uno de los pilares. La Policía abrió una investigación por el atentado, y señaló que el balazo parecía haber sido disparado desde la casa hacia la calle, pero Jones nunca dijo eso, le comentó a su comunidad que ahora eran el blanco de una gran conspiración por parte del FBI, la CIA y el gobierno.

De seguro la CIA usó de esas balas que se disparan al revés, con las que muchos se han suicidado disparándose por la espalda.

Siguiendo los pasos de su mentor, Jones convenció a su esposa Marceline, con la que tenía un hijo biológico y seis adoptados, de que para estar bien y el templo estuviera bien, él necesitaba más sexo; Marceline tenía problemas de espalda crónicos que no le permitían tener una vida sexual constante, así que accedió y Jones tomó a Carolyn Layton como una de sus primeras amantes y le dio un puesto importante en el templo.

Como buen líder de culto, se elevó a él mismo a ser ahora la manifestación reencarnada de Buda y otros grandes hombres que pelearon por la igualdad y la justicia. En 1965 Father Divine falleció, Jim se autoproclamó la reencarnación de Divine y anunció que sus seguidores deberían irse al Templo del Pueblo para continuar con su misión. Mother Divine se proclamó en contra de la declaración; así que Jim instruyó a sus seguidores que mandaran cartas a los miembros de Peace Mission en las que les hablaban de los milagros que su predicador podía hacer, como detener una tormenta en Canadá, regresar a 30 personas de la muerte y caminar en las aguas del Pacífico.

¿Jim Jones era algo de David Copperfield?

Creo que más bien era el Criss Angel de los predicadores.

Era el David Blaine de decir mamadas.

Usando el pretexto de una inminente guerra nuclear, movía a su congregación a su gusto por todos los Estados Unidos, consagrando su templo más grande en el valle de Ukiah y Redwood en California. Había aprendido que, si alejaba a los seguidores de sus familiares y amigos, dejándolos sin tener a dónde ir, con quién hablar, a quién contarle los secretos del templo, sería muy difícil que desertaran.

Mucho ojo, cuate, si Jimba te pregunta si quieres acariciar su mono araña a solas, aléjate de inmediato y cuéntaselo a quien más confianza le tengas.

El templo siguió creciendo y Jim se convirtió en un depredador sexual insaciable. Cuando se aburrió de su primera amante, comenzó a buscar mujeres más jóvenes. Si accedían «voluntariamente», Jones no titubeaba para cruzar la línea y lanzarse sobre ellas. Si notaba disidencia de algunas les daba puestos importantes en el templo para mantenerlas calladas y que no huyeran. Jim era bisexual de clóset y también acosaba a los hombres.

Mientras Jones se estaba cogiendo a todo lo que se movía en el templo, les prohibía el sexo a los demás miembros de la congregación. Los abortos a escondidas se convirtieron en algo común.

> Los predicadores son jugadores de futbol americano ¿o por qué tienen tantas amantes?

> Yo creo que son políticos de derecha, porque también hacen abortos a escondidas.

Igual que en la política, el líder de un culto forma una élite solo para miembros VIP. Su objetivo es adoctrinar a los más fieles seguidores con su pensamiento y así tener apoyo a la hora de manipular a los demás.

En el caso de Jones esta élite se llamaba The Planning Commission y estaba formada por la gente más cercana a él. Este grupo secreto le ayudaba a «leer mentes» y controlar a la gente; además les ofrecía un lugar a las mujeres con las que se quería acostar, por lo que pronto se volvió un culto sexual.

Este grupo también se convirtió en el jurado que decidía a quién había que castigar y en el verdugo que aplicaba los castigos, que variaban desde horas extra de guardia o limpieza hasta ser azotados en público.

Por ejemplo, Peter Wotherspoon era un pederasta que había sido aceptado en el templo bajo la promesa de que no lo volvería a hacer, pero obviamente no cumplió su palabra. Su castigo fue desnudarlo, poner sus genitales sobre una mesa, y golpearlos con una manguera hasta que se hincharon a cuatro veces su tamaño normal. Lo hicieron prometer de nuevo que no iba a volver a pederastear y después de ese escarmiento decidieron dejarlo que se quedara en el templo.

> Eso es una técnica de agrandamiento del miembro, si querían que ya no hiciera daño debían reducirlos, no agrandarlos.

> Sospecho que ese castigo no perjudicará a Peter, el pederasta pedestre.

Los siguientes años el templo siguió creciendo y Jim logró comprar su entrada a los círculos políticos. Pero abusar sexualmente de todos, dar discursos que duraban tanto que tenía una bacinica abajo del púlpito y no delegar nada porque quería tener la última palabra no era fácil, así que Jim comenzó a usar drogas, muchas drogas.

Para 1971 consumía anfetaminas y barbitúricos diariamente, tenía los ojos tan rojos y llorosos que siempre usaba lentes oscuros. Las drogas estaban prohibidas en el templo, por lo que les decía a sus seguidores que tenía que usar lentes porque la «energía divina» que emanaba de sus ojos era tan poderosa que si los veían directamente los podía chamuscar.

Jones cada vez se volvió más paranoico, más desviado sexualmente y más violento con su gente. Estaba seguro de que el FBI, la CIA y el presidente Nixon estaban detrás de él, comenzó a armar a sus guardaespaldas y a almacenar reservas de armas.

Las gafas aquí representan que nomás yo me puedo drogar y ustedes no deben darse cuenta.

Lente oscuro, predicador hocicón seguro.

La deserción de ocho jóvenes afroamericanos que estaban hartos de ser abusados sexualmente fue el pretexto perfecto para que Jones se asegurara de que nadie más intentara irse. Su preocupación más grande era que los desertores hablaran con la prensa, así que comenzó a probar qué tan lejos podía llegar con los miembros de la congregación a la hora de violentarlos y humillarlos.

En una ocasión humilló a una miembro del consejo de planeación haciendo que se desnudara para luego decirle que con ese cuerpo nunca lo iba a seducir y que le daba asco, luego la obligó a quedarse desnuda por lo que restaba del día. En otra ocasión ordenó que le amarraran los brazos a una mujer que había roto una regla y que la aventaran a una alberca, luego ordenó que la sacaran justo antes de que se ahogara. Cuando tenía que disciplinar a menores de edad, Jones hacía que sus padres o guardianes fueran los que los golpearan para evitar problemas legales.

La Biblia dice que para eso son los hijos, pa que uno los maltrate.

Otra táctica para evitar deserciones era forzar a los padres a que firmaran un documento dejando a sus hijos a cargo del templo, luego los guardias armados los hacían empuñar una pistola, la cual guardaban en una bolsa, finalmente les indicaban que no volvieran al templo ni intentaran recuperar a sus hijos o usarían esa pistola con sus huellas digitales para cometer un crimen e implicarlos.

No sabía que Jones había inventado el sistema judicial mexicano.

Pero la extorsión no era lo más extremo que Jones y su consejo de planeación estaban dispuestos a hacer.

El 5 de octubre de 1971 el cuerpo de Bob Houston, un disidente del templo, fue encontrado mutilado por un tren. La investigación concluyó que se había quedado dormido en las vías, pero los miembros del templo concluyeron que eso ni de pedo era cierto. Jones y su gente nunca fueron implicados, pero este sería uno de los eventos que marcarían el principio del final, porque el padre del asesinado era un periodista del diario *The Chronicle* y muy buen amigo de un congresista... la muerte de su hijo no se quedaría sin justicia.

Jim ya había inyectado en la mente de sus seguidores la idea del gran éxodo a Jonestown, un paraíso fuera de los Estados Unidos donde estarían a salvo de la guerra nuclear profetizada y del control del gobierno opresor.

Para Jones, lo más importante de este paraíso era que al estar aislados de todo contacto con sus seres cercanos en otro país, su gente no podía desertar. Encontró el lugar perfecto en Sudamérica para su comuna socialista autosustentable: Georgetown, la capital de Guyana.

«Comuna socialista autosustentable» suena a como le dice un vagabundo *hipster* a la parte de abajo del puente donde vive con otros siete vagabundos.

Ya te pedí que dejes de decirles vagabundos a mis *roomies*.

Negoció con el primer ministro el arrendamiento de 3 000 hectáreas de jungla y en 1974 mandó a los pioneros, liderados por su confidente Charlie Touchette y su hijo Mike.

La jungla era una trampa mortal con víboras venenosas, mosquitos con enfermedades, ejércitos de hormigas gigantes y felinos asesinos. Los árboles eran tan duros que las motosierras se rompían cuando intentaban cortarlos, los pies se les comenzaron a pudrir por la humedad y por si eso no fuera suficiente, había larvas en el lodo que se enterraban dentro de la piel y luego ponían huevos. La tierra era infértil y nada crecía.

El Jim Jones era medio larva, nada más que él te ponía los huevos.

Pero no todo era horrible, también estaba Mr. Muggs, uno de los primeros misioneros enviados a lo que se convertiría en Jonestown. Mr. Muggs era un chimpancé que Jones dijo que había salvado de un laboratorio de experimentos científicos, pero que en realidad compró en una tienda de mascotas.

Los chimpancés pueden deprimirse y morir de tristeza ante la pérdida de un ser querido.

En septiembre de ese año Jim decidió hacer una prueba con sus tenientes más cercanos. Les ofreció una copa de vino y después de que se la tomaron les informó que el vino estaba envenenado, que tenían 45 minutos de vida y que no había antídoto. Jones los hizo describir los síntomas que sentían al estar muriendo, después de los 45 minutos les dijo que todo era una prueba, que tenían que estar dispuestos a morir por la causa y que se tenían que ir a Jonestown.

«No se crean, el vino no estaba envenenado».

«Ay, qué bueno, qué fea bromita ¿eh?»

«Era Lambrusco».

«Hijo de la verga, mejor me hubieras matado».

Todos sus tenientes estaban preparados psicológicamente no solo para dejar los Estados Unidos, sino para aplicar lo que Jones llamaba un «suicidio revolucionario».

Sus discursos hablaban cada vez más de la reencarnación, de la conspiración del gobierno por destruir todo y a todos lo que eran parte del Templo del Pueblo. Así, los feligreses comenzaron a compartir la paranoia de su líder. Jonestown comenzó a convertirse en el paraíso utópico prometido y aunque la comuna estaba muy lejos de ser un paraíso, un nuevo evento aceleraría el éxodo.

En 1977 Marshall Kilduff del periódico *Chronicle* de San Francisco comenzó a escuchar todos los rumores que rodeaban al culto y decidió investigar. No batalló mucho para encontrar disidentes que estaban más que contentos en contarle sobre los abusos físicos y sexuales, los secuestros de sus hijos, los fraudes y todo lo que estaba haciendo Jim Jones.

Originalmente el plan era mandar alrededor de 600 miembros a Jonestown durante un periodo de 10 años, pero mandaron ese mismo número en tan solo unas semanas. Jones hizo su escape bajo la cubierta de la oscuridad, se fue al aeropuerto de San Francisco donde lo esperaban sus hijos Lew, Jimmy y Tim, Stephan Gandhi ya estaba en Guyana, Carolyn y su más nuevo engendro, Kimo, los alcanzarían en Jonestown.

Sus hijos cantaban: «Ay ho, ay ho, de casa hay que escapar».

Me imagino que Carolyn y los otros niños sospechan que algo anda mal, pero Kimo ¿sabe?

Si sigues haciendo esos chistes, Espinosa, yo soy el que se va a tomar el Flavor Aid.

Los pioneros en Jonestown estaban aprendiendo a ser felices en la jungla de la muerte, pero las cosas comenzaron a complicarse cuando se aceleró la llegada de Jones y los miembros del templo.

Los miembros tenían que dormir en el mismo cuarto junto a una docena más de personas, no tenían papel de baño y solo tenían dos minutos una vez a la semana para bañarse. Mientras tanto Jimba vivía en su cabaña personal junto con sus amantes y sus hijos, dormían en colchones nuevos, tenían una letrina personal, un generador de electricidad para sus abanicos y un minirrefrigerador repleto de refrescos, carne, huevos y agua.

El uso de drogas de Jones empeoró en Guyana y su paranoia siguió incrementándose. Comenzaron a contrabandear armas a la comuna, cuyo nombre clave era «biblias». Y también les quitaron los pasaportes a todos sus miembros para evitar que huyeran.

El grupo entero dependía del dinero que les mandaban los miembros del templo en Estados Unidos, pero como el gobierno estadounidense frenó la correspondencia de cheques, Jones entró en pánico. Así que les quitaron a sus miembros todas las joyas y objetos de valor para venderlos en Georgetown.

Dame todas tus joyas o te leo un salmo.

Nunca falla empeñar el tanquecito de gas y así no tienes que empeñar las joyas de la abuela.

Para ahorrar dinero, comían arroz con pan y para saborizar el agua compraron Flavor Aid, ya que era más barato que el Kool-Aid. Jones mostraba su infinita bondad saliendo a caminar y dando a sus feligreses una galleta una vez a la semana. Este estilo de vida llevó a los residentes de Jonestown a compensar su sufrimiento con «jugo de jungla», una bebida alcohólica que los nativos preparaban, cuando eran descubiertos inconscientes y crudos se les aplicaba el castigo de manguerazos hasta que Carolyn convenció a Jones de que quizá sería mejor otro tipo de castigo para no bajar tanto la moral.

Jones instauró el «Equipo de aprendizaje»: si alguien era acusado de una falta a las reglas, se convertía en un paria de la comuna, nadie le hablaba ni lo alimentaba y tenía que trabajar hasta que Jones decidía que ya había aprendido su lección. Con el tiempo el Equipo de Aprendizaje se hizo cada vez más sádico, pasaron de la exclusión a las golpizas. Era común castigar a los adultos usando a sus hijos, a quienes colgaban por horas boca abajo dentro de un pozo o los encerraban en una jaula con Mr. Muggs para enseñarles una lección a sus padres.

A principios de 1978 Tim y Grace Stoen, exmiembros del templo, formaron un grupo de «parientes preocupados». El grupo mandó cartas a sus congresistas y posteriormente consiguieron apoyo para recuperar a sus hijos y demandar a Jim Jones por 56 millones de dólares. El hijo de Tim era parte de la «familia de arcoíris» de Jim Jones. La batalla por la custodia

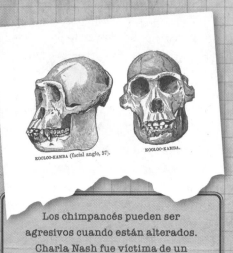

KOOLOO-KAMBA (facial angle, 57).   KOOLOO-KAMBA.

Los chimpancés pueden ser agresivos cuando están alterados. Charla Nash fue víctima de un chimpancé que le arrancó el rostro y las manos en un ataque de ira.

de Victor llevó a los Stoen y sus abogados hasta Guyana con un citatorio para Jones y las cosas se pusieron tensas.

En la comuna los recibieron armados con implementos de agricultura y rifles. El asedio a Jonestown duró seis días y para evitar un conflicto más grande las autoridades y los Stoen decidieron retirarse.

Jones vio en esta situación un pretexto perfecto para elevar la paranoia. En sus sermones comenzó a hablar de cómo el gobierno de los Estados Unidos venía por sus hijos ayudado por la CIA y que querían destruir todo.

Entonces instauró el plan de contingencia que llamó «White Night», que consistía en que todos, incluyendo los niños, se tenían que formar en una fila. Ya formados se les daría un pequeño vaso con un líquido rojo diciéndoles que era veneno y al tomarlo se tendrían solo 45 minutos de vida. La primera vez que el plan se activó, todos tomaron el líquido sin chistar. Cuando pasaron los 45 minutos y nadie había muerto, el reverendo Jones explicó que el veneno no era real y que acababan de pasar por una prueba de lealtad, pero les advirtió que el momento en el que sería necesario que murieran por sus propias manos, estaba cerca.

> Ese líquido rojo era aceite 3 en 1 para lustrar muebles.

> Te dejaba bien lustrado el taburete.

Estos ejercicios de contingencia eran practicados varias veces a la semana con dos objetivos primordiales: condicionar psicológicamente a sus seguidores a tomar medidas drásticas sin cuestionar y acostumbrarlos a que era «una prueba» para que cuando se tratara de usar la solución final, la gente estuviera programada para creer que era simplemente otra simulación.

El artículo del *Chronicle*, la batalla de custodia de los Stoen y la búsqueda de justicia del papá de Houston no podían ser ignorados más tiempo. El 17 de noviembre Leo Joseph Ryan Jr., un congresista de Estados Unidos, viajó a Guyana junto con su asistente y varios miembros de la cadena televisiva norteamericana NBC; su plan era verificar si los rumores de que Jonestown era una prisión eran verdaderos.

Después de negociar se les permitió la entrada al campamento. Hicieron varias entrevistas con los miembros, y Jones, un poco tembloroso y obviamente hasta su madre en anfetaminas, también se prestó a ser entrevistado ante la cámara. En una escena se ve a Jim con uno de sus hijos adoptivos de 6 años a su lado, al que le preguntan si quiere irse de Jonestown y el niño contesta simplemente «no». Su negativa, como un mal augurio, se haría realidad, y el niño nunca dejaría Jonestown vivo.

A pesar de todo, la mayoría de las personas solo tenía cosas positivas que decirle al congresista; algunas por temor, otras verdaderamente creían que el gobierno era el villano. Cuando parecía que no se podría exponer nada, uno de los camarógrafos de NBC recibió un papel a escondidas que decía: «Por favor ayúdenos a escapar de Jonestown».

Esa noche se organizó la adquisición de dos avionetas para sacar a la gente que quisiera irse. Regresaron el 18 de noviembre a Jonestown, para ese entonces 11 personas ya habían desertado huyendo por la selva y ahora Ryan le exigió a Jones que para probar que ese lugar no era una prisión dejara ir a la gente que quería hacerlo. Jones dijo que todos eran libres de partir.

Mucha gente partió, incluido Larry Layton, quien era un fiel seguidor de Jones. Los desertores advirtieron que no era posible que Larry quisiera irse, que algo estaba raro. Jones les dio sus pasaportes, dinero para pagar el viaje de Georgetown a los Estados Unidos y dijo:

—¿Ven?, estaban aquí por elección; si antes hubieran expresado que tenían ganas de irse, hubieran podido hacerlo.

La gente se subió a una de las trocas que los llevaría al aeropuerto y arrancó. En ese momento Don «Ujara» Sly tomó al congresista por la espalda gritó: «¡Hijo de puta, te vas a morir!» e intentó cortarle el cuello, afortunadamente dos personas lograron detener al atacante.

Todos partieron al aeropuerto. El congresista estaba preocupado, no solo por el ataque que acababa de recibir, sino porque solo había conseguido persuadir a 26 personas de desertar. Para una población de más de 900, era un porcentaje muy bajo, que ante los ojos de las autoridades podría interpretarse como que la gente realmente estaba contenta en Jonestown. Para Jim Jones era todo lo contrario; en su enferma, anfetaminada, paranoica y demagoga mente, si ahora se habían ido 26, mañana se podrían ir 50 y luego 100, y después perdería todo.

Le tronó mal la tacha, al día siguiente andaba bien deprimido, con los labios secos y vomipopis.

Detrás del convoy de desertores salió una camioneta con hombres armados.

Jones había instruido a Larry Layton que esperara a que el avión estuviera en el aire, sacara la pistola que traía escondida en su poncho, matara a todos y luego estrellara el avión. Así castigaría a los disidentes y a las personas que habían osado atacar su paraíso además de garantizar que se cumpliera su última profecía. Mientras tanto, él llamó a toda su gente y le dijo que había tenido una visión, que el avión en el que iba el congresista se iba a estrellar, no por algo que él hubiera hecho, pero que todos lo iban a culpar y que, al morir un congresista, el gobierno de los Estados Unidos mandaría al ejército a matar a todos.

Esos weyes que avientan la piedra y esconden la mano tienen un lugar especial en el infierno.

Pero suelen ganar los torneos inframuros de softbol (son inframuros, porque son intramuros en el inframundo).

En el aeropuerto, aun cuando los disidentes estaban por abordar los aviones, seguían preocupados por la presencia de Larry.

El congresista, su asistente y los camarógrafos seguían abajo grabando un último video con los de NBC cuando la camioneta que los iba siguiendo apareció en la pista de aterrizaje. Una lluvia de balas destruyó el avión.

El ataque quedó grabado en video; casi todos los presentes resultaron heridos y varios murieron, entre ellos el congresista, que recibió más de 20 disparos. Dentro del avión Larry comenzó a ejecutar a los pasajeros. Varios exmiembros lograron huir a la jungla, Larry y los hombres de la camioneta, para asegurarse de que todos estuvieran muertos, les disparaban en el brazo o la pierna y si mostraban señales de vida los ejecutaban. Del convoy de rescate original solo un exmiembro y el reportero sobrevivieron al ataque.

En Jonestown, Jim Jones pronunció las palabras que ya eran habituales para los jonestowneanos: es hora del «White Night». A las 4 de la tarde la gente comenzó a formarse, Jones propuso que esta era la única forma de salvar a los niños de ser esclavizados y a los demás de ser masacrados por lo que venía.

—Hay que ser bondadosos con los niños y los ancianos; esto no es un suicidio, es un acto revolucionario —les dijo Jones.

¿Qué no las «White Night» son las fiestas de *whitexicans* donde todos se visten de blanco?

Igual estando en una de esas fiestas te dan ganas de matarte.

Muchos de los presentes pensaban que solo se trataba de otro simulacro y no opusieron resistencia. Maria Katsaris, una de las más nuevas amantes de Jones, preparaba el Flavor Aid de uva con una fórmula perfeccionada por el Dr. Schacht, que contenía una mezcla de tranquilizantes y cianuro de potasio. En ese momento regresó la camioneta con los sicarios:

—¡Lo matamos, matamos al congresista y a los demás! Todos están muertos.

—Se acabó, el congresista fue asesinado —dijo solemne Jones, y de inmediato llamó al Dr. Schacht y a unas enfermeras que se presentaron con jeringas preparadas con el veneno.

Jones les informó a todos que las fuerzas de la Guyana ya venían en camino y que iban a torturar a sus hijos.

—Primero, los más pequeños; si algún padre quiere morir junto a ellos está bien, es la forma más humanitaria de hacerlo —les dijo Jones para avivarlos.

Pero no hay nada humanitario en tomar cianuro. Los últimos minutos de la muerte por cianuro son brutales, marcados por convulsiones, jadeos incontrolables de desesperación por falta de aire, comienza a salir espuma de la boca, compuesta de vómito y saliva, hasta que finalmente la persona muere.

Como ver a James Brown en concierto.

«I (don't) Feel Good».

Los primeros en sufrir fueron los bebés. Cuando comenzaron las convulsiones y la espuma en la boca, los niños, que eran los siguientes, comenzaron a gritar y llorar. Maria Katsaris les dijo a los infantes que los bebés no estaban llorando de dolor, sino porque el Flavor Aid estaba amargo.

A su vez, los guardias armados se acercaron a los padres para asegurarse de que no se echaran para atrás. Madres y padres voluntariamente vaciaron jeringas de veneno en las bocas de sus propios hijos. Antes de que dieran las 6 de la tarde más de 200 bebés y niños habían muerto. Seguían los adultos.

Un tambo con varios litros de bebida de uva fue llevado a la multitud. Todos comenzaron a tomarse el veneno, y los que no querían eran forzados a punta de pistola o simplemente se les inyectaba en el cuello. Los que estaban demasiado débiles, viejos o enfermos para salir de su cama eran visitados por guardias y enfermeras que les administraban la dosis fatal por medio de las jeringas.

Marceline, al ver las atrocidades que estaban ocurriendo, le pidió a su esposo que detuviera todo. Jones, quien siempre grababa sus discursos, quedó grabado diciéndole a su esposa: «Mother, Mother, cálmate, no hagas esto; da la vida por tus hijos». Jones le informó que todos sus hijos, que estaban en Georgetown en un campeonato de básquet, habían sido informados de la prerrogativa «White Night» y para ese momento ya habían muerto. Marceline quedó devastada por la noticia, enmudeció y se tomó con tristeza y resignación el veneno.

«Te dije que no dejáramos que Jimba preparara las aguas locas».

¿Les platiqué de mi amigo que canasteó a todo un camión en un viaje a un concierto? También terminó mal, pero por lo menos todos bailaron.

En efecto, Stephan Jones había recibido dicha orden, pero decidió no llevarla a cabo e intentar detener a su padre. Mientras intentaba comunicarse con él, su acompañante de viaje, Sharon Amos, tomó a los niños y junto con Chuck Beikman se encerraron en el baño del hotel, donde Sharon asesinó a cuchilladas a sus tres hijos y luego se cortó las venas, Beikman intentó cortarle el cuello a Stephanie pero fue detenido a tiempo.

La muerte había llegado a Jonestown, y Jim pronunció su último sermón:

—No cometimos suicidio. Cometimos un acto de suicidio revolucionario para protestar por las condiciones de un mundo inhumano...

El caset de la grabadora se acabó después de eso y Jim Jones, como el cobarde e hipócrita que siempre había sido, se rehusó a tomar cianuro. Se acostó en el piso con una almohada debajo de su cabeza y murió de un disparo en la sien.

> Hasta el idiota de Adolf se tomó el cianuro antes de dispararse.

Los primeros en arribar a Jonestown después de la masacre fueron las tropas de defensa de Guyana. Se encontraron con una escena espeluznante. Todos estaban muertos, incluyendo Mr. Muggs y el resto de los animales. Por las condiciones de humedad de la jungla los cuerpos estaban cubiertos de larvas, inflados y en un avanzado estado de descomposición.

Los primeros reportes indicaron que había por lo menos 383 cuerpos, ese número subió a 408 el día siguiente. Cuando al fin arribaron las fuerzas navales estadounidenses descubrieron que esos 408 cuerpos eran solo la primera capa de cadáveres, debajo había otra, y debajo de esa, otra más. La mayoría de los cuerpos estaban tan descompuestos que el ejército tuvo que usar palas de nieve para recoger los restos.

> Estaban en capas, como el helado napolitano, las cebollas o los ogros.

> Tanto que me gusta la lasaña…

Después de una semana de investigación la cuenta llegó a 909 hombres, mujeres y niños muertos en Jonestown. Contando a Sharon Amos y los asesinatos en el hotel, más Ryan y los demás, la cuenta final de la masacre en Jonestown quedó en 918 muertos. Los cuerpos, o lo que quedó de ellos, fueron enterrados en el cementerio de Evergreen en Oakland, Estados Unidos.

Ningún lugar quería tener el cadáver de Jim Jones, así que fue cremado y sus cenizas aventadas sin contemplaciones al Atlántico. ▮

TRIVIA TENEBROSA:

EN ALGÚN PUNTO, EL AYUNTAMIENTO DE INDIANÁPOLIS LE OFRECIÓ A JONES EL PUESTO DE DIRECTOR DEL DEPARTAMENTO DE INCLUSIÓN, CUYA FUNCIÓN ERA COMBATIR EL RACISMO EN LA CIUDAD. JONES RÁPIDAMENTE LOGRÓ UN CAMBIO. Llevaba a algunos aliados negros a restaurantes conocidos por no ser incluyentes, si les negaban el servicio, regresaba al día siguiente con un contingente de negros a que se pararan afuera del restaurante, sin protestar ni nada, simplemente ahuyentando a la clientela. Cuando esa presión orillaba al dueño a hacer un trato, Jones simplemente le ofrecía que si el lugar abría sus puertas a gente de color, él se encargaría de llenarlo. La mayoría accedía porque no hay racista al que no le guste el dinero.

¿TU LIGUE ES UN LÍDER DE CULTO?

¡AHH, EL AMOR! TE HACE PERDONAR LO QUE SEA A TU PAREJA, PERO CONFIAR A CIEGAS TE PUEDE METER EN PROBLEMAS. ASÍ QUE ANTES DE DAR EL SIGUIENTE PASO, PREGÚNTATE: ¿HABRÁ ALGO DETRÁS DE ESOS OJITOS PIZPIRETOS? ¿SERÁ PASIÓN, LUJURIA O SOLO ESTARÁ REPASANDO MENTALMENTE LA RECETA PARA HACER GAS SARÍN?

Si llega a la primera cita diciendo que Dios le habla a través de su Unefon y que necesita que le prestes tu tarjeta de crédito para comprar un E-Metro Mark VIII Ultra a meses sin intereses para medirte el thetán, pues sales corriendo, ¡obviamente!

Pero ¿qué pasa cuando las *red flags* no están ondeando a los cuatro vientos? ¿Estarás en peligro o solo es el tipo de locura que te dará el mejor sexo de tu vida?

LLÉVATE ESTE *QUIZ* A TU CITA Y TE DIREMOS SI TU LIGUE ES UN LÍDER DE CULTO O NO.

---

1. Hizo una reservación en tu restaurante favorito. ¡Qué gran detalle! Te pones tu *outfit* con más *drip* y cuando llegas al restaurante, **¿qué trae puesto?**

a) Unos Nike «decades» negros bien *cool* que le gustan mucho.
b) Sandalias prehispánicas.
c) Crocs.

2. Llegando al restaurante, pide tragos para ambos, ¿qué pidió?

a) Flavor Aid de uva.
b) Media caguama tibia que tienes que compartir con dos de sus compas que «se topó ahí».
c) Una copa de vino, a pesar de que le dijiste que ni te gusta.

3. La velada es tan romántica como soñabas, pero falta música. Se acerca a la rocola y escoge una canción de los Beatles, tu banda favorita, **¿cuál pone?**

a) «Helter Skelter».
b) Ninguna: los Beatles están sobrevalorados. Prefiere el postpunk yugoslavo.
c) «Give Peace a Chance», para explicarte por qué la carrera solista de Lennon es mucho más trascendental que la de los Beatles.

4. Durante el postre, la conversación revela que le cuesta trabajo pensar en el futuro, ¿qué razón te da?

a) Asegura que se acerca una catástrofe apocalíptica nunca antes vista.
b) Por el cambio climático causado por el capitalismo.
c) Porque, según Nietzsche, todo se reduce a nada, y por lo tanto nada tiene sentido.

5. Llega la cuenta y…

a) Te convence de que sería un honor para ti pagarla.
b) Se enoja porque no haces el gesto de «¡ay yo pago!» y paga de mala gana.
c) Insiste que cada quien pague la mitad aunque pidió lo más caro.

6. Se suben al carro y comienzan a manejar rumbo a su casa, ¿qué sucede en el camino?

a) Te da un tríptico con información sobre el origen extraterrestre de la raza humana.
b) Sigue tensa la situación porque no intentaste pagar. Ambos fingen no darse cuenta.
c) Pones Leyendas Legendarias y dice: «No, prefiero "La Cotorrisa"».

7. Llegan a su casa y se sirven otro trago, ¿qué sigue?

a) Empieza a tirar indirectas.
b) Empieza a tirar indirectas.
c) Empieza a tirar indirectas.

8. La situación se pone candente, ¿qué hace?

a) Te lleva a su recámara, cierra la puerta y te muestra los cuarzos que usará para alinearse con la deidad Ninhursag.

b) Te pide disculpas porque no funciona su aire acondicionado, pero te dice que tiene un abanico de mano en la otra litera.

c) Te dice que le gustaría recitarte un poema pero que no puede pensar en uno más bello que tú.

9. Pasaste la noche en su departamento. La mañana siguiente…

a) Te despierta en cuanto sale el sol para darte engrudo de desayuno mientras te habla del nuevo orden mundial y sus beneficios.

b) Te despierta en cuanto sale el sol para darte engrudo de desayuno mientras te habla del nuevo orden mundial y dice que por su culpa no consigue trabajo estable.

c) Te despierta en cuanto sale el sol, te dice que ya no hay engrudo pero que ya te pidió un Uber con pago en efectivo.

10. Te quiere proponer una segunda cita, ¿cómo lo hace?

a) Te encierra en el cuarto, te quita el celular y te dice: «¡Nos vemos mañana!».

b) Te invita a una ceremonia de ayahuasca con su compa el chamán, quien está dispuesto a darte un descuento si pagas por ambos.

c) Te manda *nudes* a las 8:04 a. m., claramente tomadas en el baño de su universidad.

¡REVISA TUS RESPUESTAS!

SI RESPONDISTE MAYORMENTE A

Tu ligue definitivamente es un líder de culto. Lo importante es que ya te diste cuenta, ahora el truco es salir de ahí sin daño a tu cartera, tus relaciones interpersonales o tus órganos internos.

SI RESPONDISTE MAYORMENTE B

Tu ligue probablemente vive en una comuna. Es posible que terminen en muerte colectiva, pero será por inanición. Si le dices que sí, tendrás que compartir el único baño con sus seis *roomies*; por cierto, ese baño no tiene puerta y nunca hay papel.

SI RESPONDISTE MAYORMENTE C

Tu ligue es un estudiante de sociología. No vas a terminar en un culto, pero te va a pedir prestado para la colegiatura. Vayan a terapia los dos y por el amor de Dios no adopten un perrhijo para tratar de mantener viva la llama del amor.

MOTHMAN

A FINALES DE LOS SESENTA UNO DE LOS CRÍPTIDOS MÁS FAMOSOS Y, OBJETIVAMENTE, MÁS FABULOSOS, ATERRORIZÓ A UN PUEBLO DE WEST VIRGINIA. ==LO QUE DIFERENCIA A ESTA CRIATURA DE OTROS CRÍPTIDOS ES QUE SU APARICIÓN VIENE ACOMPAÑADA DE UN FENÓMENO CONOCIDO COMO «ALTA EXTRAÑEZA».== ESTO SIGNIFICA QUE UNA VARIEDAD DE MISTERIOSOS FENÓMENOS OCURRIÓ DURANTE SU ESTANCIA.

Pero quizá lo más perturbante de Mothman es que sus llegadas por lo general se convierten en ominosos portentos de una tragedia por ocurrir. La pregunta sobre este críptido no es si existe o no, la pregunta es si viene a advertirnos de las tragedias, o a crearlas...

En la oscura noche del 12 de noviembre de 1966 cinco sepultureros que trabajaban en un cementerio se sorprendieron al ver salir de los árboles lo que describieron como una «forma humana marrón con alas» que se elevó hasta desaparecer. El avistamiento sucedió en Clendening, un pueblo cerca de West Virginia, cerca de la ciudad de Point Pleasant.

¿Era el hombre mojón volador?

El Hombre Poposilla.

Durante la Segunda Guerra Mundial, a solo 11 kilómetros de los límites de Point Pleassant, se construyó una serie de túneles y silos en forma de iglús para fabricar y almacenar explosivos. Después de la guerra los gigantes domos de concreto y el terreno de más de 2 500 hectáreas quedaron abandonados. Como todo sitio abandonado, rápidamente se convirtió en el lugar favorito de las parejas jóvenes para ir a «platicar» en su automóvil. Y al parecer, también en el lugar perfecto para que se escondiera un críptido.

Oiga, detective Capistrán, por aquí hay muchas parejas platicando, yo creo que han de estar intensas las pláticas porque hasta se mueven los carros.

No están platicando, oficial Espinosa, están «escondiendo al críptido».

La noche del 15 de noviembre de 1966 dos parejas, Roger y Linda Scarberry, y Steve y Mary Mallette, iban por la zona de TNT en un Chevy '57 a las 11:30 de la noche, en camino a hacer lo que los adolescentes hacían en lugares abandonados antes de que se inventara *Netflix and chill*.

Roger Scarberry tenía 18 años y era él quien iba manejando por aquellos solitarios caminos de terracería. De repente su novia Linda gritó aterrorizada, todos voltearon hacia la dirección donde ella estaba mirando, y ahí, en la oscuridad, vieron dos círculos rojos brillantes que los estaban observando, tenían aproximadamente cinco centímetros de diámetro y estaban a unos 15 cm de distancia uno del otro.

Roger pisó el freno... todos vieron los dos círculos ondular de un lado a otro; cuando estos brincaron del techo de un edificio los jóvenes se percataron de que las esferas rojas eran parte de lo que parecía ser un animal enorme. La criatura humanoide cayó en el suelo cerca de una de las entradas al edificio, era de color grisáceo, medía alrededor de dos metros y tenía dos enormes alas pegadas a la espalda. Volteó a ver a los jóvenes con sus ojos hipnóticos, Steve Mallette gritó: «Vámonos de aquí» y Roger pisó el acelerador a fondo.

«Te dije que te trajeras el matamoscas gigante, pero nunca me haces caso».

«Para qué te traes la lámpara matamosquitos, no hay dónde conectarla».

Justo antes de llegar a la ruta 62 las dos parejas soltaron otro grito al ver que otra criatura, o la misma, estaba parada sobre una colina justo a la orilla del camino. Cuando pasaron a su costado la entidad abrió sus enormes alas y voló directo hacia arriba. El viejo Chevy iba a 160 km/hr; aun así, la criatura los alcanzó e iba justo atrás de ellos, no aleteaba y hacía un ruido parecido al chillido de un ratón gigante. La entidad alada los siguió casi hasta los límites de la ciudad. Rogers luego contaría que alcanzó a ver un perro muerto en el camino, pero que cuando regresaron al día siguiente, el cadáver había desaparecido.

Así que Mothman vendía comida china.

Los adolescentes manejaron directo a la oficina del alguacil Millard Halstead. Le contaron lo que les había sucedido, el alguacil conocía a los jóvenes de toda la vida y no dudó de su historia, regresó esa noche a investigar, pero no encontró nada. Cuando se disponía a reportarse a la comisaría la radio que estaba usando de repente lanzó un chillido tan alto que la conversación se hizo imposible.

A la mañana siguiente el sheriff George Johnson llamó a una conferencia de prensa sobre lo ocurrido, la prensa entrevistó a las parejas sobre el hombre pájaro y en menos de 24 horas la prensa le puso nombre a la criatura; tomando como inspiración a Batman, popular en ese tiempo, lo bautizaron como Mothman.

Casi todo el pueblo decidió ir en busca de la criatura. Era un pueblo de 6 000 personas, con 22 iglesias y sin internet. Inspeccionaron en los alrededores de una fábrica de TNT, entre los matorrales de la fábrica que no estaban clausurados, y en eso, Mothman apareció de nuevo: dos ojos de color rojo intenso se vislumbraron en las alturas, el cuerpo humanoide, sus piernas largas, sus enormes alas.

Sus piernas de Nicki Minaj y sus alas como las que me dio una morra en la secundaria.

Raymond y Victoria Wamsley, acompañados de la señora Marcella Bennett y su bebé Teena, eran de las pocas personas que no buscaban a la criatura; iban a visitar a Ralph Thomases, un amigo que vivía en las cercanías de la planta de TNT. Cuando arribaron, tres niños les informaron que sus papás no estaban, después de platicar un poco decidieron regresar. Mientras caminaban hacia el auto escucharon balazos a la distancia, provenientes de la fábrica abandonada, sin prestarles atención continuaron hacia su auto; dos ojos rojos se levantaron detrás del carro.

El Mothman había descendido del cielo haciendo un aterrizaje de superhéroe, y luego comenzó a enderezarse lentamente, ya erecto abrió sus alas, todos entraron en pánico. A la aterrorizada señora Bennett se le cayó su bebé al suelo; sabía lo que estaba pasando, pero no podía reaccionar: estaba hipnotizada con los dos ojos rojos que los observaban.

Dentro de las posibles causas de la mollera sumida nadie menciona la «caída abrupta al piso porque la mamá vio a Mothman».

Raymond tomó al bebé, y apresuró a las mujeres a que corrieran a la casa; ahí se encerraron. Mientras Raymond llamaba a la Policía, las aterrorizadas mujeres y los niños escucharon los pasos lentos del Mothman que subieron al porche de la casa y luego vieron sus enormes ojos rojos asomándose por una de las ventanas. Después de varios minutos de pánico intenso, escucharon al Hombre Polilla aletear y desaparecer; cuando la policía arribó ya no encontraron al intruso.

> Andaba buscando prestado, esos ojos rojos son de droga, se iba robar el tanque de gas para empeñarlo. Como mi compa el Motilla que nomás nos íbamos a dormir y escuchábamos sus pasos en la azotea.

Así comenzó el *tour* del terror de Mothman.

Al día siguiente, del otro lado del río Ohio, del lado opuesto de la fábrica de TNT, una maestra de música, Roy Grose, se asomó por la ventana de su cocina y vio dos enormes ojos rojos sobrevolando por el jardín. Esa tarde, un joven de 17 años conducía por la ruta 7, no lejos de la casa de la señora Grose, cuando un pájaro enorme se lanzó de repente hacia su automóvil y lo persiguió un kilómetro y medio.

El 18 de noviembre dos bomberos de Point Pleasant estaban en el área de la fábrica de TNT cuando encontraron un pájaro gigante con grandes ojos rojos. Se siguieron reportando avistamientos del Mothman en los condados de Mason, Lincoln, Logan, Kanawha y Nicholas.

> Ahí estaba Mothman erecto, venudo y babeando.

> «Lo hubiera visto, oficial, era un pájaro enorme, casi me voy de boca cuando lo vi».

La gente viajaba durante cientos de kilómetros para sentarse en el área de la fábrica abandonada toda la noche, con la esperanza de ver a la criatura. Los que tuvieron la mala suerte de verlo juraron que nunca quisieran volver a pasar por esa experiencia. Estar frente a él evocaba horrores indescriptibles.

Como platillo volador, el Mothman se deleitaba persiguiendo autos y parecía tener una inclinación por asustar mujeres.

La noche del 20 de noviembre cinco adolescentes que conducían a lo largo de Campbells Creek se sorprendieron cuando las luces de sus faros rebotaron en una criatura parecida a un pájaro, de tamaño humano, parada junto a una cantera de roca. Al ser alumbrado por las luces del automóvil, el Mothman se perdió en el bosque.

Unos días después un anciano salió a su jardín delantero en la noche para ver por qué su perro ladraba tanto y se encontró cara a cara con la criatura gris de ojos llameantes. Quedó paralizado durante varios minutos. De repente la criatura voló y el señor logró salir de su trance.

«Discúlpeme, Hombre Polilla, es que me perdí en sus hermosos ojos rojos, brillantes como focos traseros de Corvette cuando frena».

Pero las visitas del Mothman no eran lo único forteano que estaba sucediendo en Point Pleasant durante este tiempo. Su llegada trajo consigo una serie de fenómenos extraños, o de «alta extrañeza», como múltiples avistamientos de OVNI, Hombres de Negro y la aparición del enigmático **INDRID COLD.**

No sé qué es eso de Indrid Cold pero suena refrescante.

«Prueba el nuevo Indrid Cold, la bebida energética forteana que te dejará frío».

Este personaje, que apareció el mismo mes que Mothman, fue visto por Woodrow Derenberger en las carreteras rurales de West Virginia, y su encuentro lo afectaría por más de 25 años.

Cuando regresaba de un viaje de trabajo, Woodrow vio unas luces en la carretera, al principio creyó que eran de un automóvil, pero al acercarse se dio cuenta de que la luz emanaba de una nave en forma de lámpara de keroseno. De la nave salió un hombre que se acercó al auto de Woodrow. Al principio el tripulante de la nave parecía en general un hombre normal, con un buen bronceado, su cabello café oscuro peinado hacia atrás. Eso fue hasta que se acercó a hablar.

Creí que era Luis Miguel hasta que dijiste que tenía aspecto de hombre normal.

El inolvidable y misterioso visitante se acercó a la ventana, mantenía las manos cruzadas debajo de sus axilas y tenía una enorme y perpetua sonrisa, como si estuviese tratando de imitar a un ser humano amigable. Lo más misterioso de todo es que esa sonrisa nunca se quitó, porque cuando el hombre habló, no lo hizo con la boca, sino telepáticamente.

El protohombre de negro le pidió a Woodrow que bajara la ventana y luego le preguntó cómo se llamaba, le dijo que no tuviera miedo, que no le iba hacer daño y solo le deseaba felicidad; finalmente se presentó como Indrid Cold. El extraño visitante seguiría visitando a Woodrow durante décadas e igual que con todas las personas que tienen este tipo de contacto con la alta extrañeza, la vida de Derenberger fue destruida.

Además del acoso mediático y la ridiculización, Woodrow comenzó a sufrir de dolores de cabeza; los doctores que lo revisaron nunca pudieron encontrar la causa. Aunado a esto, él y sus familiares, quienes también vieron a Cold, perdieron sus trabajos; Woodrow se separó de su esposa y terminó por mudarse para buscar el anonimato, escribió un libro sobre su encuentro y aunque dejó de hablar sobre Indrid nunca se retractó de su testimonio. Murió en 1990, a los 74 años.

Les dolía la cabeza porque Indrid provocaba *brain freeze,* era la bebida energética forteana que te dejaba frío.

Ahora con 15% más de alta extrañeza.

De hecho, a esta historia le vamos a poner tres sellos más de alta extrañeza porque aquí es donde entra JOHN A. KEEL. Este reconocido experto en OVNI y fenómenos paranaturales, quien además investigó personalmente sobre el incidente de Mothman, también investigó el caso de Indrid Cold. Por sincronicidades de la vida, Keel se encontraba en el área trabajando en el proyecto del gobierno para investigar OVNI y extraterrestres conocido como el proyecto Blue Book.

«Llegué buscando OVNI y me encontré con una polilla humanoide gigante. No es lo que esperaba pero estoy satisfecho».

Después de documentar todo, Keel menciona que no sabe si la aparición del Hombre Polilla es un fenómeno que salió de toda la alta extrañeza que sucedió en este tiempo en West Virginia o si el Mothman fue quien causó dicha alta extrañeza. Y como vamos a ver en la historia, es una incógniya que quizá nunca sea resuelta.

Por esas fechas también hubo reportes de aves grandes en la zona, pájaros de más de metro y medio volando en bandadas y nadando cerca del río. Varios expertos señalan que podría haber sido de una de estas especies la criatura que todos estaban reportando, y es probable que algunas de las apariciones del Mothman pudieran ser atribuidas a garzas verdes, que son oriundas del lugar.

El avestruz es el ave más grande y pesada del mundo: los adultos pueden pesar hasta 150 kilogramos y alcanzar una altura de tres metros.

Pero eso no explica cómo más de 100 adultos describieron una criatura con pies humanos, de color gris, más alta que una persona común, que podía despegar del suelo de forma vertical como un helicóptero y que no tenía cara, ni pico, solo esos dos ojos rojos hipnotizantes. De hecho, el que despegara de forma vertical, que tantas personas describieron, desacredita por completo que se pudiera haber tratado de un ave; aun así, para una criatura del tamaño de Mothman sería aerodinámicamente imposible emprender el vuelo.

Era Carmen Campuzano: sin pico, sin cara y ¡solo sus ojos!

Para Mothman todo es posible, desconoce el significado de la palabra *no* (probablemente porque nunca aprendió a leer).

El 7 de diciembre John Keel, junto con la investigadora Mary Hyle, Connie Carpenter y su prometido Keith entraron a explorar el área del primer avistamiento. Se armaron solo con linternas y caminaron por los oscuros y abandonados pasillos de la antigua fábrica de TNT.

El lugar estaba misteriosamente silencioso. Tras horas de investigar y convencidos de que el lugar estaba completamente abandonado decidieron salir, y justo en los últimos cuartos antes de la salida escucharon un grito horripilante.

—Esos ojos... aquí está —dijo Connie; enseguida la histeria total se apoderó de ella y disolvió cualquier semblanza de tranquilidad que había mostrado minutos atrás.

Tuvieron que sacarla del lugar y cuando por fin se tranquilizó lo suficiente, comentó:

—Dos ojos rojos, los vi, en la pared de ahí atrás.

Si no era una superficie reflejante, ni era el Motilla robándose otra vez un tanque de gas para vender el cobre, definitivamente era Carmen Campuzano.

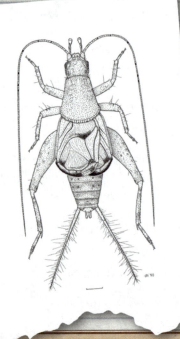

Keel volvió al lugar para revisar que no hubiera alguna superficie reflejante que Connie pudiera haber confundido con los ojos, pero no había tal cosa. Luego el ambiente se volvió opresivo; el grupo comenzó a entrar en pánico sin aparente razón. Keel notó que había bajado la presión justo en el área en donde estaban.

—¡Vámonos de aquí, estoy sangrando! —les dijo Mary Hyle llevándose la mano a una de sus orejas, por donde estaba sangrando debido al brusco cambio de presión.

O por haber escuchado el *DJ set* de Carmen Campuzano.

Solo los grillos machos emiten sonidos. También hay especies de grillos que son mudos.

Una vez que todos regresaron a sus respectivas casas y hoteles, Keel decidió dar una vuelta más por la fábrica de TNT.

Cuando estaba pasando por un punto específico del camino junto a la fábrica sintió un miedo sobrecogedor que no pudo explicar, escalofríos recorrieron todo su cuerpo y los vellos de sus brazos se erizaron. En cuanto atravesó ese pedazo de camino el sentimiento desapareció por completo. Decidió detener su auto y regresar a pie; en cuanto llegó al punto, la sensación de terror puro se apoderó de su cuerpo, tanto que aun estando a metros de su auto pensó que tal vez sería preferible quedarse parado en ese punto hasta que amaneciera. Toda esa área estaba extrañamente quieta, no había ruidos naturales, ni viento, ni siquiera se escuchaba el ruido de los grillos que permeaba todas las noches de Point Pleasant.

Finalmente logró convencerse de que esa no era una buena idea y teorizó que la sensación que lo invadió podría estar siendo causada por un haz de ondas ultra o infrasónicas. Keel estaba muy adelantado a su tiempo: en años recientes se han hecho experimentos sobre este fenómeno y se cree que varias experiencias paranormales pueden ser explicadas por sonidos ultrasónicos.

La conexión contemporánea con este fenómeno y el de los fantasmas lo hizo el científico británico Vic Tandy en el año 2000, cuando una noche sintió algo casi idéntico a lo que describió Keel en aquel camino solitario: Vic notó que una noche, en el laboratorio, los cabellos en la parte de atrás de su cuello se erizaron, un terror lo acogió y luego vio una sombra por la orilla de su ojo. Al día siguiente notó que el extractor del laboratorio estaba vibrando pero no producía sonido, siendo un científico midió la frecuencia con que vibraban las aspas y se percató de que era de 18.98 Hz. Dedujo que esa vibración resonaba con sus ojos, lo que lo hizo alucinar la sombra y al mismo tiempo era la causante de esa sensación de inquietud y terror que sentía. A este fenómeno se le conoce como «vibración simpatética». (Esto no explica todo el fenómeno; solo 22% del personal del laboratorio tuvo experiencias).

Lo curioso con el caso de la zona de miedo que experimentó Keel es que volvió al día siguiente en busca de torres de transmisión de radio o transformadores o líneas de alto voltaje en el área, y no encontró ninguna. Keel se convenció de que lo que se pasaba en Point Pleasant no solo se centraba en el Mothman.

Point Pleasant es el punto P de Mothman.

Si quieren saber más del punto P de Mothman, les recomiendo el libro *Fap for the Mothman*, una obra maestra de la criptoerótica.

También había un alto índice de fenómenos OVNI; lo que explica la cantidad de avistamientos de Hombres de Negro en todo ese tiempo.

Los encuentros con el Mothman continuaron, incluso se logró tener evidencia física del ser: el 14 de enero, Ed Christiansen llegó a su casa cuando sus hijos le contaron que habían visto a la criatura caminando sobre el techo de su casa y el porche. Ed advirtió huellas humanas en la nieve que aparecían en un lugar, luego a unos metros de distancia, y finalmente las volvió a encontrar frente a un edificio abandonado y luego en la lejana parte de atrás.

Mothman siguió siendo visto por meses, la extrañeza fue en aumento: luces en el cielo eran comunes, disturbios en las frecuencias de radio, Hombres de Negro, dos personas en trajes cuadriculados trepando en el puente Silver, y la señora Virginia Thomas tuvo una visión: «Vi mucha gente que no conozco en el río, había gente ahogándose y muchos regalos de Navidad flotando». Eso fue lo que Virginia le comunicó a Keel el 2 de noviembre de 1967.

«Veo a Turboman flotando en el río y a un niño muy decepcionado de su padre».

Al ET flotando en el río jajaja.

El 15 de diciembre de 1966, 13 meses después de que apareciera el Mothman, su extraña visita concluiría.

El metálico puente atirantado Silver, que conectaba a Point Pleasant con Gallipolis en Ohio, y era utilizado a diario por cientos de personas, colapsó. A las 5:04 de ese fatídico día un eslabón número 13 que formaba parte de una de las cadenas de suspensión sucumbió y creó una catástrofe. Numerosos carros cayeron al río, las personas que no quedaron atrapadas en sus automóviles y se ahogaron fueron prensadas por los pedazos de concreto que cayeron desde las alturas. Ese día murieron 46 personas, dos nunca fueron encontradas y cientos resultaron heridas.

Tras el fatídico incidente, el Mothman, que había aparecido la mayoría de las veces en el sector 13 de la planta de TNT, dejó de ser visto, por lo menos en Point Pleasant.

Y desde entonces la ominosa presencia de Mothman se asocia a la de un heraldo o al mal agüero de un siniestro por venir.

Y ahora quién viera al Kun Agüero, toda una celebridad de Twitch.

Se rumora que en 1986 varios testigos reportaron haber visto al Hombre Polilla en la cercanía de Chernobyl; en 2009, reportes del Mothman salieron a la luz justo antes de la pandemia de la gripe H1N1 en México; igualmente, en 2011 fue visto de nuevo justo antes de la falla del reactor nuclear en Fukushima, Japón, y recientemente fueron reportados 13 casos alrededor de Chicago.

¿Sabes si es posible contratarlo para bodas?

Te sale más barato contratar al arqui Benavides, el hombre pájaro regio, ese güey trabaja en multimedios, hace lo que sea por dinero.

Hay muchos misterios en torno a Mothman, pero uno de los más grandes es, precisamente, ¿qué o quién es?

El propio John Keel teoriza en su libro *The Eight Tower*: «Es probable que sean distorsiones de nuestra realidad, insertadas en nuestra continuidad espacio-tiempo por las fuerzas del superespectro. Podrían ser entidades compuestas de átomos altamente condensados, como los del plutonio, que vibran en otra frecuencia. Y como las criaturas con este tipo de masa que viven en el superespectro pueden alterar sus frecuencias, entonces pueden moverse a través de un espectro electromagnético, algo que las culturas antiguas llamaban transmogrificación».

Pero su consistencia atómica tan condensada, al igual que la del plutonio, sería altamente inestable, y quizá por eso estas entidades tienen que alimentarse ya sea de algo físico, como lo que vemos con las mutilaciones de ganado, o de algo psíquico o energético, como emociones fuertes, para poder mantener estable su composición atómica y seguir existiendo dentro de nuestro plano visible de realidad.

Los avistamientos de Mothman continúan hasta el día de hoy, y es posible que nunca se detengan.

Este críptido está rodeado de misterios, desde su origen hasta su relación con desastres: ¿los causa o los predice? Eso es algo que no se ha podido contestar. Pero la pregunta más grande es: ¿en realidad existió esta criatura?

La respuesta con la que yo decido quedarme es la que elocuentemente dio John E. Keel sobre el caso: «Hemos llegado al punto en donde la pregunta no es: ¿podrían existir estas cosas? La verdadera pregunta es: ¿qué son estas cosas?».▮

TRIVIA TENEBROSA:

JOHN E. KEEL TEORIZA QUE GRAN PARTE DEL FENÓ-MENO PARANATURAL PROVIENE Y EXISTE FUERA DEL ESPECTRO VISIBLE, EN ALGO QUE ÉL LLAMA SUPERESPECTRO.

La región visible del espectro electromagnético abarca las longitudes de onda que el ojo humano puede percibir. Con la ayuda de instrumentos especializados, podemos extender esa región y ver desde el infrarrojo hasta el ultravioleta. Keel propone que mucho más allá de estas longitudes de onda podrían existir fenómenos misteriosos que solo son visibles en ciertas circunstancias. Quizá en el futuro, con mejor tecnología, podremos ver el superespectro y resolver muchas de las dudas sobre el fenómeno paranatural.

BTK: DENNIS RADER

UNO DE LOS POCOS ASESINOS EN SERIE QUE SÍ SE COMPORTA COMO EN LAS PELÍCULAS DE HOLLYWOOD QUE TRATAN SOBRE ÉL ES BTK. **METICULOSO, METÓDICO, FAN DE DEJAR PISTAS A LOS POLICÍAS Y DEL *COSPLAY KINKY*.** Y SE HUBIERA SALIDO CON LA SUYA MUY PROBABLEMENTE SI NO HUBIERA SIDO PORQUE PASABA MÁS TIEMPO PREOCUPADO POR SU *BRANDING* QUE POR MANTENERSE FUERA DE LA CÁRCEL.

El *cosplay kinky* es en el que te disfrazas, vas queriendo más y más, bailas hasta quemarte, y sabes a dónde van los muertos.

El *branding* es clave. Es más importante optimizar el CTR a través del SEO y el UX para fomentar el *brand awareness* que preocuparse por no dejar evidencia incriminante por todos lados.

Dennis Rader nació el 9 de marzo de 1945, en Pittsburg, Kansas. Su padre era exmarine, su madre era atenta con él y tenía tres hermanos menores. De niño y adolescente tuvo buenos modales, fue criado como luterano, y desde joven perteneció a los Boy Scouts.

Está raro que nadie se haya dado cuenta de que *scouting* en español es «escultismo», e incluye la palabra *cultismo*: es una gran *red flag*.

De seguro tenía un parche de *scout* por memorizarse el salmo 119 de la Biblia, que por cierto es el más largo y por lo tanto es un salmón.

El saberte de memoria demasiados salmos se conoce como salmonelosis… ¡Maldita sea, ya me lo pegaste, Espinosa!

Curiosamente, a pesar de tener, o hasta donde sabemos, lo que se considera una infancia normal, Dennis desarrolló uno de los síndromes de la tríada McDonald: asesinar animales. Atrapaba tortugas y luego las amarraba del cuello y las colgaba de los árboles; también lo hacía con gatos y perros.

Algunas especies de tortugas adquirieron la capacidad de retraer el cuello para lanzar velozmente la cabeza hacia adelante y así cazar a sus presas.

Otra cosa que lo hacía diferente a los demás niños era que, desde que entró en la adolescencia, sus fantasías sexuales casi inmediatamente se fijaron en el *bondage* y el control. Su primer *target* o blanco, como en un futuro llamaría a sus víctimas, fue Annette Funicello del show de televisión *Los Mouseketeers*. Su fantasía creció y formó un fetiche por las pantis de mujeres, al grado de que comenzó a robarse las que podía encontrar en los tendederos, secándose en los patios de los vecinos; este fetiche luego creció a ponérselas, y después lo hizo con vestidos, que también se robaba.

No todos los que se roban pantaletas son malas personas, algunos son grandes entrenadores de artes marciales.

Happosai lo hacía como deporte, el maestro Roshi lo hacía como trueque.

Hablando de anime, igual que Goku, el padre de Rader era un clásico padre ausente que llegaba muy cansado del trabajo. Su madre pasaba más tiempo leyendo y viendo televisión que atendiendo a su hijo cuando comenzó la pubertad. No hubo un abuso físico o algo que forjara la mente criminal que conoceremos dentro del pequeño Rader, aunque se dice que en un punto se les cayó y sufrió un golpe en la cabeza, lo cual podría confirmar varias cosas, pero no sabemos si el dato es real.

Es que sí da hueva cuidar todo el tiempo a los hijos, a veces te descuidas y agarran un carbón prendido y tienes que ponerles mostaza, mayonesa y jamón antes de que llegue su mamá.

Pero definitivamente algo estaba mal en su cabeza, la cual terminó de romperse en un momento por el que todos pasamos: el despertar sexual; en el caso de Rader, se creó una asociación del sexo con la violencia que le duraría toda la vida. De hecho, en una ocasión, como fantasía de video porno de MILFs, la madre de Rader se aterrorizó cuando se quedó atorada en el sillón porque su anillo se enredó con un resorte. Cuando su madre le pidió ayuda, Rader sintió excitación al verla desesperada y atrapada.

En algún lugar del inframundo Freud acaba de sentir excitación al leer este párrafo.

Y no solo pasa en los videos de MILF, también en los de *ebony*, *swingers*, *cougars*, *creampie*, cornudos, lencería, BBW, ASMR, por mencionar algunos.

No olvides el *femdom*, Borre, nunca olvides el *femdom*.

Para él era emocionante ver a una mujer desamparada, y fue el comienzo de sus ideas sobre querer mantenerlas atrapadas e indefensas y mirándolo con terror. Eso quedó grabado en su mente y se convirtió en la imagen que siempre buscaba. Este fetiche creció leyendo novelas de crimen *pulp*, las cuales en muchas ocasiones mostraban a mujeres atadas o a punto de ser abusadas antes de que el héroe las salvara. Rader comenzó a identificarse no con el apuesto detective, sino con los criminales.

Sus fantasías comenzaron a crecer, sobre las revistas y fotos de mujeres de catálogos o periódicos dibujaba sogas y otros tipos de *bondage*, como el arte japonés de amarrar eróticamente: *kinbaku*. Este fetiche se solidificó cuando en una ocasión una maestra lo regañó en clase. Esto lo excitó, así que Rader fue a casa de su profesora, donde comenzó a espiarla por la ventana, luego se amarró una cuerda en el cuerpo mientras se masturbaba.

Sí le sabía a los nudos: un nudo cuadrado al cuello y uno de pescador al miembro.

Era tan bueno para hacer nudos que pasó de «boy» a «me bengo» scout.

Así, Rader formó un condicionamiento entre el *bondage*, el control y el orgasmo, un condicionamiento que lo seguiría por el resto de su vida.

Este tipo de amarres no los tienen ni en Catemaco.

Se persignaba en el nombre del *bondage*, el control y el orgasmo, amén.

De adolescente, Rader asistió por dos semestres a la Universidad de Salina pero terminó enlistandose en la Fuerza Aérea. Llegó a trabajar en las bases de Alabama, Okinawa, Tokio, Corea del Sur, Turquía y Grecia instalando antenas. Se adaptó muy bien a la vida en el Ejército, alcanzó el grado de sargento, le otorgaron varias medallas por su servicio, y finalmente fue dado de alta en 1970, pero se quedó como voluntario dos años más. Después se asentó en los suburbios de Park City, que quedaban a 10 kilómetros de Wichita.

Entiendo lo de amarrarse y amarrar gente por placer, pero ¿amarrarte dos años de voluntario en el Ejército? Sí tenía pedos este güey.

Rader se casó con Paula Dietz el 22 de mayo de 1971 y consiguió un trabajo en el departamento de carnicería para el supermercado Leekers IGA, donde su esposa trabajaba como contadora. En los siguientes años tuvieron un hijo y una hija: eran la típica familia americana, Rader llegó al grado de Eagle Scout, económicamente estaban bien y además decidió regresar a la universidad, donde se graduó en electrónica en 1973 del Butler County Community College.

«Hijo, como Eagle Scout es de suma importancia que aprendas a hacerte nudos de *shibari* tú solo, no son parte del currículum pero con gusto te los enseño, solo acompáñame a espiar a una de tus maestras».

«Papá, la tengo amarrada desde que empezó el fin de semana, yo creo que ya tiene sus manitas moradas».

«Ese es mijo».

Después de la carnicería pasó por varios trabajos hasta que llegó a los sistemas de alarmas ADT, donde aprendió una habilidad que aplicaría en sus ataques: deshabilitar alarmas y encontrar los puntos débiles para ingresar a hogares. En esa época se empeñó en conseguir un título en administración de justicia, aunque tardó seis años para graduarse porque su ortografía y gramática eran muy malas. Irónicamente, esta mala ortografía luego se convertiría en una de las pistas para su captura.

Nunca te conviertas en asesino, Joe, te lo digo por tu bien.

Con las palabras que has asesinado con tu dislexia es suficiente.

Dennis Rader vivía una doble vida: para la sociedad y su familia, era el esposo perfecto, miembro de la comunidad, de la iglesia y de los Boy Scouts; pero en su vida privada, su fetiche sexual lo consumía.

Cuando tenía la oportunidad se vestía de mujer, usando ropa interior, ligueros, medias y tacones que incluían una máscara de una cara femenina y se amarraba a sí mismo, a veces en posiciones tan complicadas que varias veces se quedó atorado y estuvo a punto de ser descubierto por su familia. Además, se tomaba fotos que luego utilizaba para masturbarse fantaseando que él era una de sus víctimas y saciar sus fantasías, pero llegó un tiempo en que las fotos no iban a ser suficientes para sus monstruosas necesidades.

Fue una víctima de la falta de internet con pornografía gratuita; qué tristeza estar a medio «puñito muslero» con tus fotos, disfrazado de mujer, y que llegue tu familia.

«Puedo explicarlo, mi amor, es para que Júnior se gane una insignia».

En 1974 lo despidieron y eso pudo haber sido el detonante para su transformación en asesino. Mientras estaba desempleado, su rutina consistía en llevar a su esposa a su trabajo en el hospital para veteranos en Wichita. Esta pérdida de estructura y todo el tiempo libre lo condujeron a que sus fantasías fueran más prolongadas; fue cuando comenzó la segunda etapa de los asesinos en serie, la fase del *trolling*: la cacería o el acecho.

Rader hacía su *trolling* caminando o manejando por diferentes colonias o universidades donde podía encontrar el perfil de víctima que estaba buscando, y una vez que la veía, esta mujer se convertía en «su proyecto». Y entraba en la fantasía de Rader, quien para este tiempo ya estaba desarrollando su otra personalidad a la que le puso el poco imaginativo nombre de BTK, que significa Bind Torture Kill (atar, torturar, matar o ATM). Básicamente una lista de sus fantasías sexuales en orden.

Este *remake* de ATM de Pedro Infante se está poniendo muy raro.

Parece que me va amarrar ♫

El BTK lo está haciendo ♫

Parece que me va amarrar ♫

¡Ay, mamá!, me esta coch**** ♫

Fue afinando esta personalidad de a poco: como niño chiquito, hacía dibujos de cómo torturaría a sus víctimas; incluso, como buen diseñador gráfico, pasó por varias versiones de lo que en un futuro se convertiría en su logo de BTK: B mayúscula eran *bubis* con todo y pezones.

En noviembre de 1974 Rader consiguió trabajo en ADT, pero la fantasía ya había crecido tanto que Rader cruzaría la línea de la fantasía a la realidad.

Cuando estaba haciendo su logo se decía a sí mismo: «Métele más diseño», y al final no se pagó porque «no estaba chingón» pero igual terminó usándolo.

El primer «proyecto» de Rader fue Julie Otero de 34 años, que se acababa de mudar. Rader comenzó espiando el hogar de los Otero, apuntando sus rutinas y analizando la mejor forma de entrar a la casa. Su fantasía se acercó aún más a la realidad cuando armó lo que llamaba su «hit kit», que era una bolsa de lona que contenía una pistola, cuerda, cuchillos, cinta engomada y herramientas para ingresar a la casa.

El 15 de enero de 1974, a las 8 de la mañana, el asesino BTK entró al patio de los Otero y cortó la línea telefónica, luego entró a la casa por la puerta trasera, que sabía que estaba abierta; cuando entró, Rader se topó con el esposo de Julie, su hija Josephine y su hijo Joey. BTK entró en pánico, pero no se echó atrás con su plan. Confrontó a Joe Otero con la pistola y le dijo que era un criminal buscado y que necesitaba dinero, comida y un auto, exigió que sacaran al perro y luego se llevó a toda la familia a una de las recámaras, donde les ordenó que se acostaran boca abajo y les ató las manos y piernas.

Detective Capistrán, el sospechoso ató a las víctimas usando un nudo ocho.

Probablemente lo haya aprendido en los Scouts, oficial Espinosa. ¡Rápido!, busque restos de galletitas.

La familia se quejó varias veces de que estaban incómodos con las ataduras; incluso Joe, que tenía una costilla rota por un accidente automovilístico, se lo hizo saber, y Rader le puso una almohada para que estuviera más cómodo y a los demás los desamarró y amarró de nuevo para que estuvieran más a gusto. A pesar de toda su planeación, había salido para la chingada; Rader notó que como no llevaba máscara, podrían identificarlo. Entonces tomó la decisión de acabar con ellos. Y es cuando todo se convirtió en una película de terror de Mr. Bean.

Mr. Bean-TK.

Para los hispanoparlantes es el Sr. BT-Kacahuate.

Primero le puso una bolsa en la cabeza a Joe y la amarró con cuerda a su cuello, pero este logró romperla y toda la familia comenzó a gritar. Rader decidió asfixiar a Julie, quien estaba en la cama. La estranguló manualmente y cuando creyó que estaba muerta se pasó a asfixiar a la pequeña Josephine. Una vez que terminó con ella le puso una bolsa en la cabeza a Joey, en eso Julie Otero recobró la conciencia y comenzó a gritar. Rader corrió a ahorcar a Julie con la cuerda, ella le pidió que por favor perdonara a su hijo; curiosamente, Rader hizo caso. Así que le quitó la bolsa a Joey y luego regresó a asesinar a Julie. Para este punto Joe volvió a romper la bolsa que tenía en la cabeza, así que Rader terminó de asfixiar a Julie y corrió a ponerle en la cabeza a Joe una camiseta y sobre ella una bolsa de plástico que luego amarró con cable.

Si mientras lees este párrafo pones la canción «Show», de The Benny Hill, todo toma otro sentido.

Con todo aparentemente «bajo control», decidió regresar a su plan inicial y llevó a Joey a otra recámara, donde le puso sobre la cabeza una camiseta y bolsa de plástico igual que a su papá, y el pequeño de 9 años murió de una combinación de estrangulación y asfixia. Cuando Rader regresó a la recámara Josephine había despertado, se la llevó al sótano donde la ahorcó colgándola de un tubo, y una vez muerta le quitó los pantalones y tuvo lo que él llama «fantasías sexuales».

Él les llama «fantasías sexuales», nosotros lo llamamos «un crimen bien pinche enfermo».

Después de terminar de masturbarse, utilizó la técnica de la «regla de la mano derecha» caminando por toda la casa y tocando una pared con su mano derecha para asegurarse de recorrer todo el espacio. Durante su recorrido se robó un radio y el reloj de Joe. Rader ordenó la casa un poco, buscando no dejar evidencia, tomó las llaves del auto de los Otero y se fue al estacionamiento de un supermercado donde aventó las llaves al techo del mismo. Todo había salido de la chingada pero ya estaba fuera de la casa; sin embargo luego se percató de que se le había olvidado un cuchillo, así que tuvo que regresar a pie para recuperar su arma y por fin se retiró del lugar.

Clásico que te quedas pensando: «Apagué la estufa, traigo los papeles, ¡en la madre, dejé la evidencia del asesinato!».

Lo que BTK no supo en ese tiempo es que los Otero tenían otros tres hijos que estaban en la escuela cuando él atacó; ellos tuvieron la desgracia de ser quienes descubrieron la horripilante escena del crimen cuando regresaron de clases.

Así nació BTK y Rader pasó a las dos últimas fases del proceso de un asesino en serie: la del asesinato en sí y la fase del tótem, trofeo y memoria.

Muchos asesinos en serie culminan su proceso con esta fase; tomar un trofeo o tótem es esencial para crear un puente entre sus deseos y la realidad de actuar sobre su fantasía. Sin el macabro *souvenir*, algunos asesinos en serie ni siquiera podrían estar seguros de que hicieron realidad su fantasía; en otros casos, algunos asesinos en serie usan sus trofeos para prolongar el placer y la excitación que sintieron durante el asesinato.

«Maté a la mitad de una familia y solo me traje esta pinche playera».

Esta última era justamente la razón por la que Rader tomaría artículos y luego fotografías de sus víctimas.

Cruzada la línea, BTK no tardó mucho en atacar de nuevo: tres meses después, el 4 de abril de 1974, entró en la casa de Kathryn Bright por la puerta trasera y se escondió en una recámara, esperándola pacientemente. De nuevo, a pesar de haber estado observando por meses y aprendiéndose la rutina, su plan perfecto fue interrumpido por una tétrica coincidencia: ese día Kathryn llegó a su casa acompañada por su hermano Kevin Bright, de 19 años; igual que con los Otero, Rader los encañonó y les contó la misma historia de ser un hombre buscado, hizo que Kevin amarrara a Kathryn en una recámara y luego Rader lo llevó a otro cuarto, donde lo ató a una de las patas de la cama. Igual de pendejo que siempre, en esta ocasión Rader olvidó su «hit kit» así que había improvisado los amarres con lo que encontró en la casa, esto suscitó que cuando intentó estrangular a Kevin él pudiera soltarse y los dos hombres comenzaron a pelear. Durante la trifulca, Rader pudo sacar una de sus pistolas, traía una .22 y una Magnum, y le disparó a Kevin en la cabeza.

Después se pasó al cuarto donde estaba Kathryn; la estaba estrangulando pero ella también logró soltarse y ambos comenzaron a pelear, justo cuando logró dominarla y Kathryn estaba a punto de morir, Rader escuchó ruido en la otra recámara; fue a revisar y se topó con la sorpresa de que ni para matar con un balazo en la cabeza servía. Kevin seguía con vida, así que Rader comenzó a estrangularlo, entonces Kevin brincó del suelo, le arrebató el revólver Magnum y apuntó, pero Rader metió el dedo justo detrás del gatillo para que este no pudiera ser activado, después tomó su .22 y le disparó a Kevin en la cara.

Con Kevin muerto, regresó con Kathryn que intentaba escapar; comenzó a estrangularla de nuevo, pero se desesperó porque estaba tardando demasiado, así que decidió apuñalarla. Cuando estaba haciendo esto, SuperKevin salió corriendo por el pasillo, abrió la puerta de la casa y comenzó a gritar por ayuda. Esto hizo que Rader dijera: «A la verga con esto», y huyó por la puerta trasera. Los paramédicos encontraron a Kathryn viva, pero falleció en el hospital, y

Kevin «el Inmatable» Bright logró sobrevivir al incidente e incluso testificó en contra de Rader cuando fue capturado.

Fue en octubre del año 1974 cuando Rader dejó su primera pista, algo que se convertiría en su *modus operandi*, una carta describiendo lo que había hecho a los Otero, la cual fue encontrada años después dentro de un libro de ingeniería en una biblioteca.

«Nadie va a encontrar mi carta en este libro de termodinámica avanzada, a nadie le importa el efecto de la temperatura sobre la fugacidad».

En estos tiempos sería nomás: «Nadie va a encontrar mi carta dentro de un libro en una biblioteca».

Completamente atípico de los asesinos en serie, cuando nació el hijo de Rader en 1975, el asesino BTK se tomó un *break* para hacerse cargo de él. Durante los siguientes tres años siguió buscando víctimas; el 17 de marzo de 1977 Rader «decidió que era tiempo de otro asesinato, de una forma u otra». Entró en la casa de una mujer llamada Cheryl, a quien conoció en un bar y le puso «Proyecto verde» porque era un meco *nerd* y les ponía nombres clave a todos sus proyectos.

Oye, como *nerd* eso me ofende.

¿Y como meco también?

Pero, como todos sus planes mecos, este también salió mal porque la noche elegida Cheryl nunca llegó a su casa. Rader decidió que de todas formas encontraría a alguien. Caminando por la calle Hydraulic se topó con un niño de 5 años llamado Steve Relford, Rader sacó una foto de su propia esposa e hijo y le preguntó a Steve si sabía quiénes eran. Steve dijo que no y continuó en camino a su casa con el mandado que le había pedido su madre. Rader lo siguió sigilosamente y pronto llamó a la puerta donde el mismo Steve respondió. BTK se hizo pasar por un detective que estaba buscando a la familia de la foto y logró entrar en la casa.

Había tres niños en el hogar: Steve, su hermano de 8 años y una hermana de 4. Rader apagó bruscamente la televisión, bajó las persianas y sacó su Magnum calibre .357. Le dijo a Cheryl que tenía un problema con fantasías sexuales y que iba a abusar de ella. Para salvar a sus hijos, Cheryl no ofreció resistencia, incluso le ayudó a Rader a poner cobijas y juguetes en el baño, donde encerraron a los niños.

BTK les prestó sus juguetes: mi primer kit de *bondage*, «hit kit» para niños, un tiro al blanco con la cara de Kevin y unos trolls para peinarlos por eso del *trolling*.

Rader dejó que Cheryl se fumara un cigarro antes de sacar el «hit kit» de su portafolio y tomar unas cuerdas para amarrarla sobre la cama. Le puso una bolsa en la cabeza y la estranguló con una cuerda, y cuando se estaba masturbando sobre el cadáver comenzó a sonar el teléfono; Rader se asustó y no quiso arriesgarse así que huyó, dejando a los tres niños vivos.

El 8 de diciembre BTK atacó a Nancy Fox de 25 años, la estaba esperando dentro de su casa cuando ella llegó de trabajar. Le dijo lo mismo que a las demás, que tenía un problema de fantasías sexuales, la ató y luego le confesó que él era el responsable de los asesinatos de los Otero. La estranguló y luego se masturbó y dejó semen sobre su bata. Al día siguiente él mismo haría la llamada a la Policía para reportar el crimen, esta sería la primera vez que las autoridades conocieron la voz del asesino.

Poco tiempo después mandó su primera carta a la estación de televisión KAKE, eran los inicios de 1978. Ahí se responsabilizaba por los asesinatos que había cometido y para confirmar su identidad aportó pruebas que solo el asesino sabría.

Como todo un insoportable meco, junto con la carta presentó propuestas para su nombre de asesino, las que incluían: BTK, el Estrangulador de Wichita, el Espectro del Garrote, el Estrangulador *Bondage*, el Asfixiador y el Estrangulador Poético. Y como posdata agregó un poema titulado «Oh Death, to Nancy».

No te puedes autoapodar, los apodos te los ganas. El Poca Luz no se puso así él solo, es más, tal vez ni vio venir ese apodo.

Tiempo después mandó dos cartas idénticas, una a la estación y otra a la casa de Anna Williams de 63 años, que contenía un poema titulado «Oh Anna, por qué no apareciste» junto con un dibujo de lo que Rader tenía planeado hacerle; en ese momento ella se enteró de que en abril Rader la había estado esperando dentro de su casa con su «hit kit», pero por azares del destino ella llegó tarde y Rader se había cansado de esperar y se fue.

En las cartas mencionaba algo que él llamaba el «factor X», que era como le decía a su impulso de matar, y en otra correspondencia llamaba a su lado oscuro «el minotauro», el cual, según él, le estaba avisando a la Policía de su existencia y de que no iba a parar. Por este tiempo el periódico decidió publicar una de las cartas de BTK, y una mañana, mientras Rader leía orgullosamente su carta en el periódico, su esposa alcanzó a leer el artículo sobre su hombro y le dijo: «Mira, escribe mal esa palabra, igual que tú». Pero como Rader era un don nadie en la familia, su esposa nunca sospechó que el buen padre podría ser un asesino en serie.

«Mira, amor, el asesino está igual de pendejo que tú, pero por lo menos él tiene claro lo que quiere, por muy pendejo y maldito que sea».

Y el BTK riendo en su mente como villano de anime.

El comentario lo asustó tanto que consideró matar a su esposa, pero eso nunca sucedió. Después del asesinato de Nancy Fox, Rader dejó de asesinar por casi ocho años; esto no significa que sus fantasías estuvieran bajo control, siempre estaba *trolleando*: juntó más de 55 «proyectos» durante todo ese tiempo. Cuando no podía asesinar, el proceso de buscar proyectos más el poder revivir dichas fantasías con sus trofeos era suficiente para calmar su instinto asesino y tener periodos increíblemente largos entre asesinatos.

Viviendo de sus glorias pasadas, como tu compa el que estaba en las fuerzas básicas del Cruz Azul hasta que se chingó la rodilla.

Pero un asesino en serie no solo vive de trofeos y glorias pasadas, y el minotauro tenía que salir.

El 17 de abril de 1985, mientras estaba en un campamento de Boy Scouts, dijo que iría por pastillas para su dolor de cabeza; en lugar de hacer eso manejó a la ciudad de Wichita, se estacionó en un boliche y pidió un taxi. Fingió que estaba muy ebrio y le pidió al taxi que lo dejara cerca de la casa donde vivía

Marine Hedge de 53 años. Entró y se escondió en el clóset hasta que ella llegó, se durmió y fue entonces cuando salió de su escondite y la estranguló. Luego tomó el cuerpo y usó el auto de Marine para llevársela al sótano de la iglesia a la que asistía, ya que tenía llaves por ser un miembro de confianza.

En el sótano le tomó fotos amarrada en diferentes poses de *bondage* y cuando terminó se deshizo del cuerpo, regresó al boliche, tomó su automóvil y retornó con los Scouts, completando su coartada perfecta. Por primera vez el idiota concretó uno de sus planes a la perfección; de hecho, pasaron 20 años antes de que las autoridades se dieran cuenta de que Marine también había sido víctima de BTK.

> Bien dicen que «la práctica hace al maestro». No estoy de acuerdo con lo que hizo, pero hasta cierto punto puede funcionar como inspiración para alcanzar tus metas, siempre y cuando tus metas no sean matar gente como este hdlv.

> Ahora no se le olvidó el cuchillo, pero cuando llegó al campamento se dio cuenta de que se le olvidaron las pastillas.

Y su instinto asesino siguió acechando, el 16 de septiembre de 1986, a las 10 de la mañana, se hizo pasar por reparador de teléfonos para ingresar a la casa de Vicki Wegerle, de 28 años. La estranguló con un par de pantimedias y le tomó fotos a su cuerpo en diferentes poses. Se robó el auto de su víctima, y a pocas cuadras de la casa se topó con el esposo de Viki, Bill Wegerle, quien reconoció el auto de su esposa, pero se siguió de largo. Cuando llegó a su casa descubrió el cuerpo de Vicki y encontró algo de alivio al ver que su hijo de 2 años estaba a salvo en otro cuarto. Bill se convirtió en el sospechoso número uno de la policía por 18 años, pues como BTK no había atacado en tanto tiempo, la Policía no asoció el crimen con él.

Su último asesinato ocurrió el 19 de enero de 1991 y usó la misma coartada de escapar de un campamento Boy Scout y luego regresar. Asesinó a Dolores Davis, que vivía a unas casas de la propia. Igual que con Vicki, se llevó el cuerpo de Dolores y lo dejó debajo de un puente, donde fue descubierto 13 días después. De nuevo, nadie lo conectó con BTK, y esto comenzó a irritar al narcisista de Rader. Así que, como yorkie en busca de atención, decidió mandar más cartas.

En 1988 mandó una carta a la señora Fager; su esposo y dos hijas habían sido asesinadas y BTK le escribió para decirle que no había sido él pero que admiraba al verdadero asesino (Bill Butterworth). Luego la correspondencia se detuvo, así que después de más de 100 000 horas de trabajo investigativo invertido en el caso BTK, la Policía decidió declarar la investigación como un «cold case» o caso frío y asignaron a un solo detective para estar al tanto, el teniente Kenneth Landwehr.

Rader había sido despedido de ADT, y poco después del asesinato de Dolores consiguió trabajo como oficial de conformidad de parques y control de animales. Durante este tiempo no asesinó, pero se volvió odiado por los vecinos porque llegaba a medir el tamaño del pasto, y si estaba más largo de lo indicado los multaba. En una ocasión «durmió» al perro equivocado y otra, multó a una señora porque el color de su manguera era el incorrecto. En otras palabras, Rader solo cambió su necesidad de poder y control: pasó de asesinar a ser culero.

Pasaron 30 años sin que se supiera nada de BTK, pero en 2004 se publicó un artículo en el periódico *The Eagle*: «BTK caso no resuelto» en el que se especulaba que lo habían encarcelado o había muerto, porque «los asesinos en serie no dejan de matar, hasta que los detienen». Sin querer, esto logró hacer que BTK saliera de su coladera. Rader no pudo dejar pasar la oportunidad de presumirle a todos que era más inteligente que ellos.

Le mandó una carta al periódico para avisárles que seguía vivito y fantaseando e incluyó una copia de la licencia de conducir de Vicki Wegerle para comprobar que en efecto el asesino BTK seguía libre y vivo. Esta nueva ola de atención revivió algo en el viejo guardia del vecindario y en enero de 2005 alertó a una estación de televisión en Wichita de que había dejado dos paquetes para la Policía. Estos paquetes eran dos cajas de cereal, la primera que encontraron era del cereal Special K con BTK escrito con plumón, dentro tenía notas y una Barbie atada a un codo de lavabo imitando el asesinato de Josephine Otero y la licencia de manejar de Nancy Fox.

Oiga, detective Capistrán, como que los juguetes de las cajas de cereal cada vez se ponen más raros.

Eso le pasa por comprar cereal «nutritivo», oficial Espinosa, no sea tonto y cómprese unos Fruti Lupis, ahí sí vienen los juguetes chidos.

La otra caja era del cereal Toasties, que tenía escrita una B, luego encerró la T del nombre Toasties y abajo puso la K y agregó «BOX GRAM», o sea, «BTK cajagrama», como telegrama, de BTK, ¿le entendieron?... Supergracioso y astuto este hombre. Dentro venían más notas. La primera caja se encontró sobre la carretera y la de Toasties tuvieron que buscarla en la basura porque el brillante BTK la había dejado en un Home Depot y un empleado la había tirado. Dentro de esta caja venía un mensaje con una pregunta: «¿Puedo comunicarme con un *floppy* y no ser rastreado a una computadora? Sé honesto. Pongan un comunicado en el periódico que diga "Rex, todo estará bien" y me comunicaré en febrero o marzo».

Es como la clásica tragedia griega cuando tu mamá te decía: «Hijo, ven para acá, no te voy a pegar» con la chancla en la mano y tú confiabas en ella y cuando ibas te soltaba el chanclazo en el hocico.

Las autoridades, obviamente mintiendo como siempre, siguieron las instrucciones de BTK para que les mandara un *floppy*, sabiendo que sería fácil rastrearlo. Y el idiota de Rader les creyó y lo mandó. El *floppy* tenía un archivo que decía «esta es una prueba». Los detectives inmediatamente buscaron en el metadata del *floppy* y descubrieron que había sido utilizado en la biblioteca pública y en la iglesia luterana por alguien llamado Dennis, googlearon la iglesia y vieron que el presidente de la congregación se llamaba Dennis Rader.

Detective Capistrán, ¡lo encontramos! Resulta que el tal Dennis Rader tiene dos estrellas de calificación en Yelp, mire usted.

No sea tonto, oficial Espinosa, ese es un Denny's.

También revisaron las cámaras del Home Depot y pudieron determinar que quien dejó la caja manejaba una camioneta Jeep Grand Cherokee negra, así que con estos datos fueron a casa de Rader, donde vieron la misma camioneta estacionada en su cochera. Al revisar todo lo que tenían sobre Dennis se enteraron de que tenía una hija; con una orden de cateo pudieron obtener pruebas de ADN que extrajeron de un papanicolau que Kerri Rader se había hecho unos meses atrás.

«Kerri, te tenemos una buena y una mala: la buena es que no tienes cáncer, la mala es que tu padre es BTK».

Se comparó el ADN de Kerri con el de la evidencia en las escenas del crimen y se comprobó que ella era la hija de BTK. El 25 de enero de 2005 Dennis Rader fue arrestado. Al principio se declaró inocente, pero no pasó mucho tiempo para que confesara todo; su confesión grabada duró 30 horas. Fue encontrado culpable de 10 asesinatos y se le sentenció a 10 cadenas perpetuas.

TRIVIA TENEBROSA:

CUANDO UN ASESINO EN SERIE ESTÁ EN SU FASE DE AURA, SU COMPORTAMIENTO ES COMPLETAMENTE IMPULSIVO, SE VUELVE INCONSCIENTE A CUALQUIER ESTÍMULO EXTERNO Y SOLO OBEDECE ESE ESTÍMULO INVISIBLE Y COMPLETAMENTE DOMINANTE DE CUMPLIR SU FANTASÍA. Los colores se vuelven más vivos, los olores son más intensos y las sensaciones más potentes. En ese momento el asesino serial es casi una criatura que desafía la definición de ser humano, el asesino es simplemente una máquina biológica manejada por un instinto primordial de complacer sus necesidades. El ritual de asesinar se fusiona con el mecanismo autonómico de supervivencia, casi como si el asesino se convirtiera en un ser unicelular que solo reacciona a un abrumador estímulo químico.

CÓMO HACER UN SIGILO

INSTRUCCIONES

1. Se escribe la frase de intención.

2. Se eliminan las vocales.

3. Se procede a eliminar las consonantes que se repiten.

4. Llegamos a esta serie de letras con las que se construirá el sigilo.

5. Se forma un monograma. No importa si se alteran las letras en su orientación o forma.

6. El monograma se estiliza y si se desea se pueden añadir más elementos, decorativos o simbólicos, lo importante es que el resultado sea del agrado del creador.

ES MI INTENCIÓN RECOMENDAR ESTE LIBRO.

ES MI INTENCIÓN RECOMENDAR ESTE LIBRO.

SM NT NC N R C M N D R S T L B R

SM NT NC N R C M N D R S T L B R

SMNTCRDLB

Desde que tengo memoria me han fascinado los temas que aparecen en este libro. Mis mejores recuerdos radican en esos momentos en los que yo leía sobre fantasmas, miraba un documental de asesinos en serie u observaba por mi ventana, esperando ver un ovni. Mi pasión por lo desconocido proviene de una incesante necesidad de conocer más. Después de décadas de investigación, pude plasmar una pequeña parte en estas páginas. Espero que este libro les dé, como a mí, una experiencia que recuerden con júbilo, o que, por lo menos, los inspire a la curiosidad, la búsqueda por el asombro y la fascinación que nos ofrece lo desconocido.

José Antonio Badía

Cuando era niño devoraba tantos libros como me fuera posible, leía historias fantásticas sobre fenómenos inexplicables y me preguntaba si realmente existen cosas sobrenaturales en nuestro mundo. También observaba las luces del cielo nocturno, con la esperanza de ver algo sorprendente. En la adolescencia mi curiosidad se desvió hacia algo más terrestre: los seres humanos y su capacidad de cometer atrocidades. Leía historias sobre asesinos, tratando de entender cómo y por qué llegaban a cometer crímenes tan terribles. Toda mi vida he sido curioso, desde pequeño aprendí a analizar cualquier cosa que se me pusiera enfrente. Soy escéptico ante fenómenos que carecen de una explicación lógica, pero no pierdo la esperanza de que algún día puedan comprobarse como reales. En lo que eso sucede, seguiré haciendo lo que más disfruto: buscarle el lado cómico a todo.

Eduardo Espinosa

Al escribir este libro tuve muchas preguntas, como: «¿de dónde vienen tantas historias?», «¿dónde se pueden encontrar?», «¿por qué hay tantas coincidencias?». Y me di cuenta de que siempre estuvieron enfrente de mí: al escuchar lo que tienen que contar los más viejos de mi familia, o cada vez que volteaba al cielo y veía algo raro, al hacer una caminata por el bosque, abrir un libro de lo desconocido, o al escuchar una anécdota que me llevara fuera de este mundo a través de una experiencia real o ficticia. Este tipo de cosas me hacen cuestionarme y alimentan mi búsqueda del conocimiento con todo lo que me parece interesante y tiene algo por enseñar. Me gusta que como especie abordamos los temas de misterio desde el principio de los tiempos y que los hemos mantenido vivos a través de todos estos años. Ahora le tocó a *Leyendas Legendarias* contarles esas historias para que no se queden en el olvido; esperamos que les causen tanta curiosidad que les despierte el hambre de conocimiento.

Mario López Capistrán